Horst Pötzsch

Die deutsche Demokratie

bpb: Bundeszentrale für politische Bildung

Bonn 2004 (3., aktualisierte Auflage)
© Bundeszentrale für politische Bildung 1995
Redaktion: Hildegard Bremer, Rüdiger Thomas
Umschlagtitelseite: Der Reichstag in Berlin
Gestaltung: Michael Rechl
Satz und Lithographie: Werbeagentur Rechl, Wanfried-Aue
Druck: Bonifatius Druck Buch Verlag, Paderborn
ISBN 3-89331-515-2

Inhalt

Verzeichnis der Schaubilder

Vorwort

Politik betrifft uns alle. Sie beeinflusst unser Leben, auch wenn wir uns dessen nicht bewusst sind. In einer freiheitlichen Gesellschaft ist niemand verpflichtet, sich politisch zu engagieren. Doch wer die Politik den anderen überlässt, verzichtet freiwillig darauf, über seine ureigenen Angelegenheiten mitzubestimmen.

Viele Bürgerinnen und Bürger sind unzufrieden mit den Parteien, sie ärgern sich über manche politische Entscheidung, klagen über Fehler und Versäumnisse und über bürokratische Vorschriften. Demokratie braucht Kritik, doch wenn wir Kritik üben, sollten wir nicht vergessen: Der Staat sind wir alle gemeinsam. Wir leben in einer Demokratie, das heißt auch: Wir leben in einer Gesellschaft, die wir selbst mitgestalten können. Unsere Verfassung garantiert uns nicht nur das Recht, unsere Meinung frei zu äußern, wir können uns auch auf vielfältige Weise an der Gestaltung der Politik selbst beteiligen.

In allen Lebensbereichen gilt: Wer nicht Bescheid weiß, kann nicht mitreden. Erst wenn man weiß, wo es langgeht, kann man zielgerecht handeln. Wer von der Politik nichts wissen möchte, verzichtet auf den Durchblick und verliert die Orientierung. Nur wer sich ein eigenes Urteil bildet, findet einen Ansatz, auf die Gestaltung der Politik selbst Einfluss zu nehmen. In der Politik ist es ähnlich wie im Sport: Wer nicht mitmacht, kann nicht gewinnen. Und wer abseits steht, kann keine Tore schießen.

Diese Broschüre informiert über die deutsche Demokratie. Sie bietet eine allgemein verständliche Einführung in die Grundlagen der politischen Ordnung unseres Landes. In Wort und Bild wird anschaulich dargestellt, was zur Demokratie in Deutschland gehört und wie sie funktioniert.

Politik ist ein Wettstreit zwischen konkurrierenden Parteien und Interessengruppen, Programmen und Zielvorstellungen, der sich nach verbindlichen Regeln vollzieht. Die wichtigsten Regeln, die unser Zusammenleben bestimmen, sind in unserer Verfassung, dem Grundgesetz, festgelegt. Sie bilden das Fundament unserer demokratischen Gesellschaft und werden daher im ersten Teil dieser Broschüre erläutert. Anschließend wird dargestellt, welche Möglichkeiten allen Bürgerinnen und Bürgern offenstehen, sich an der Gestaltung der Politik zu beteiligen. Wir alle haben das Recht, bei der Besetzung der Parlamente unsere eigene Wahl zu treffen, wir können in Parteien, Interessenverbänden, Bürgerinitiativen mitarbeiten und in vielfältigen anderen Formen auf politische Entscheidungen Einfluss nehmen.

Wir leben in einer repräsentativen Demokratie, in der wir über die politischen Angelegenheiten nicht alle gemeinsam direkt entscheiden, sondern gewählten Volksvertretungen das Mandat zur politischen Entscheidung übertragen haben. Die Parlamente mit dem Recht der Gesetzgebung (Legislative) bilden den Kern des politischen Institutionengefüges, zu dem Regierung und Verwaltung (Exekutive) sowie die Rechtsprechung (Judikative) als die unabhängige, politisch neutrale Staatsgewalt gehören.

Diese Broschüre gibt Auskunft über Bundestag und Bundesregierung, Bundesrat, Landesparlamente und Landesregierungen ebenso wie über Amt und Aufgaben des Bundespräsidenten. Sie unterrichtet über Organisation und Arbeitsweise der Verwaltung in Bund und Ländern und legt dar, wie sich die kommunale Selbstverwaltung vollzieht. Sie beschreibt, wie unsere Rechtsordnung aufgebaut ist und wie wir bei Gericht zu unserem Recht kommen können. Sie gibt Auskunft über die wichtigsten internationalen Organisationen, denen die Bundesrepublik Deutschland angehört: von der Europäischen Union über die NATO bis zu den Vereinten Nationen.

Wer einen kurz gefassten Gesamtüberblick über die deutsche Demokratie haben möchte, sollte dieser Gliederung als einer Art Leitfaden folgen. Wer Antwort auf eine konkrete Frage sucht, kann das Stichwortverzeichnis zurate ziehen.

Diese Einführung kann naturgemäß nicht alle Themen in der gewünschten Ausführlichkeit berücksichtigen. Sie möchte daher auch zur weitergehenden Beschäftigung mit Theorie und Praxis der Politik in Deutschland anregen, vor allem aber zum eigenen politischen Engagement ermutigen.

Rüdiger Thomas

Grundlagen

Demokratie

Demokratien wollen nahezu alle Länder der heutigen Welt sein. Kaum ein politisches Regime bezeichnet sich nicht als demokratisch. Autoritäre Herrschaftssysteme in Asien, Afrika und Lateinamerika berufen sich ebenso auf die Demokratie wie traditionell demokratische Länder der westlichen Welt. Das galt gleichermaßen für die zusammengebrochenen »realsozialistischen« Systeme Mittel- und Osteuropas, die sich als »Volksdemokratie« oder »sozialistische Demokratie« bezeichneten.

Was ist eigentlich Demokratie? Die deutsche Wiedergabe des griechischen Wortes als »Volksherrschaft« ist nicht sehr aussagekräftig. Das Volk kann Herrschaft auf verschiedene Weise ausüben. In den kleinen überschaubaren Stadtstaaten des antiken Griechenland kam das Volk, das waren damals die freien Männer, auf dem Marktplatz zusammen und stimmte über die Gesetze ab. In den heutigen Großstaaten ist diese Form direkter Demokratie nicht mehr praktikabel. Das Volk kann in der modernen Massendemokratie die Herrschaft nur mittelbar und indirekt ausüben, indem es sie auf Vertreter (Repräsentanten) überträgt.

»Die Freiheit führt das Volk« von Eugène Delacroix (1830), eine Allegorie der Julirevolution von 1830 in Paris

Die Demokratie des Grundgesetzes

Artikel 20

(1) Die Bundesrepublik Deutschland ist ein demo-kratischer und sozialer Bundesstaat.

Mit diesem Artikel legt das Grundgesetz die De-mokratie als die Grundlage und den Rahmen un-serer Verfassungsordnung fest. Die Demokratie des Grundgesetzes kann auf einige wenige Prinzi-pien zurückgeführt werden:

Artikel 20

(2) Alle Staatsgewalt geht vom Volke aus. Sie wird vom Volke in Wahlen und Abstimmungen und durch besondere Organe der Gesetzgebung, der vollziehen-den Gewalt und der Rechtsprechung ausgeübt.

Volkssouveränität

Jede staatliche Machtausübung muss durch das Volk legitimiert sein. Die staatlichen Organe müs-sen entweder, wie die Parlamente, aus Volkswah-len hervorgehen oder, wie die Regierung und die von ihr berufene Verwaltung, von den gewählten Repräsentanten eingesetzt werden. Die Amtsin-haber sind dem Volke bzw. seinen Repräsentan-ten verantwortlich und können aus ihrem Amt entfernt werden.

Repräsentativsystem

Die Verfassungsgeber haben sich für ein reines Re-präsentativsystem entschieden. Das Volk übt die Staatsgewalt nicht direkt aus, sondern überträgt sie durch Wahlen Repräsentanten, den Abgeord-neten, die in seinem Auftrag die Entscheidungen im Staat treffen. Die in Art. 20 Abs. 2 genannten Abstimmungen sind nur für den Fall einer Neu-gliederung der Länder (→ Seite 21) vorgesehen. Einer solchen Neugliederung muss die betroffene Bevölkerung durch Volksentscheid zustimmen. Dagegen enthalten fast alle Landesverfassungen Bestimmungen über Volksbegehren und Volks-entscheide. Die Entscheidung gegen die Aufnah-me von Elementen direkter Demokratie in das Grundgesetz wurde durch die negativen Erfah-rungen in der Zeit der Weimarer Republik beein-flusst. In den letzten Jahrzehnten mehren sich jedoch die Forderungen nach einer direkten Be-teiligung der Bürger an den politischen Entschei-dungen. Der Erfolg der Bürgerbewegungen in der ehemaligen DDR gab diesen Forderungen neuen Auftrieb. Die entsprechenden Anträge fanden in der Verfassungskommission jedoch nicht die er-forderliche Zweidrittelmehrheit.

Mehrheitsprinzip

In einer Demokratie gilt der Grundsatz, dass bei Wahlen und Abstimmungen die Mehrheit ent-scheidet und dass die Minderheit die Mehrheits-entscheidung anerkennt. Sie hat dafür die Chance, bei künftigen Wahlen und Abstimmungen ihrer-seits die Mehrheit zu erringen, und kann erwarten, dass dann ihre Entscheidungen respektiert wer-den. Das Mehrheitsprinzip ist eine Kompromiss-lösung. Die Entscheidung der Mehrheit muss nicht »richtig« sein. Das Mehrheitsprinzip gewährleistet aber, dass Konflikte friedlich ausgetragen werden.

Streitbare Demokratie

Die Weimarer Republik hatte es zugelassen, dass ihre Feinde die Demokratie zerstörten. Jede Be-stimmung der Weimarer Reichsverfassung konn-te mit Zweidrittelmehrheit geändert werden, so-gar die Grundrechte konnten außer Kraft gesetzt und die Demokratie beseitigt werden.

Anders als die Weimarer Republik ist die Demo-kratie des Grundgesetzes nicht nur eine formale Demokratie, sondern eine Wertordnung, die frei-heitliche demokratische Grundordnung (› Seite 12) mit ihren unantastbaren Prinzipien. Das Bun-desverfassungsgericht hat das »Bekenntnis zu ei-ner streitbaren Demokratie« im KPD-Urteil des Jahres 1956 so präzisiert:

Das Grundgesetz nimmt »aus dem Pluralismus von Zielen und Werten ... Grundprinzipien der Staatsgestaltung heraus, die ... als absolute Werte und unverzichtbare Schutzgüter anerkannt und deshalb entschlossen gegen alle Angriffe vertei-digt werden sollen; soweit zum Zwecke dieser Verteidigung Einschränkungen der politischen Betätigungsfreiheit der Gegner erforderlich sind, werden sie in Kauf genommen.«

19. Januar 1919:
Die erstmals stimmberechtigten Frauen drängen sich vor den Wahllokalen

Argumente für und gegen direkte Demokratie

Pro	Kontra
Die Zeit ist gekommen, den Bürgerinnen und Bürgern Möglichkeiten direkter Beteiligung an politischen Entscheidungen einzuräumen. Das Deutschland von heute ist mit der Weimarer Republik nicht vergleichbar. Demokratisches Bewusstsein und Informationsgrad der Bevölkerung sind heute ungleich höher als damals.	Der Parlamentarische Rat hat sich aufgrund der Erfahrungen mit Volksentscheiden in der Weimarer Republik für eine reine Repräsentativdemokratie entschieden. Es gibt keinen Grund, an dieser Entscheidung zu rütteln.
Die Verfassungen der meisten alten und aller neuen Länder der Bundesrepublik sehen Volksbegehren und Volksentscheide auf Landes- und kommunaler Ebene vor. Sie sind auch vielfach praktiziert worden, teilweise mit großem Erfolg und ohne negative Begleiterscheinungen.	Elemente direkter Demokratie sind auf kommunaler und Landesebene wegen der Überschaubarkeit der zu entscheidenden Fragen und der geringen Zahl der Abstimmungsberechtigten praktikabel. Für die komplexen Probleme der Bundespolitik sind sie nicht geeignet.
Der Missbrauch von Plebisziten kann dadurch ausgeschlossen werden, dass zu bestimmten Problemen – etwa Haushalt, Steuern, Außenpolitik – Volksbefragungen nicht zugelassen werden.	Für Volksbefragungen müssen komplizierte politische Probleme auf eine einfache Ja-oder-Nein-Alternative reduziert werden. Entscheidungen in der pluralistischen Demokratie sind aber auf Kompromisse angelegt.
Die Mindestbeteiligung kann hoch angesetzt werden, um die Durchsetzung von Minderheitsinteressen zu verhindern.	Aktive, gut organisierte Minderheiten können ihre Sonderinteressen durchsetzen. Ebenso kann es zur Missachtung von Interessen nicht durchsetzungsfähiger Mehrheiten kommen.
Es können lange Fristen für eine umfassende Information der Bevölkerung vorgesehen werden, um Manipulationen und Entscheidungen aufgrund kurzfristiger Stimmungen zu erschweren.	Der Manipulation würde Tür und Tor geöffnet. Macht würde denen zufallen, die die dem Volk vorzulegenden Fragen formulieren und Zugang zu den Medien haben. Direkte Demokratie ist eine »Prämie für jeden Demagogen« (Theodor Heuss).
Das repräsentative System wird durch direkte Bürgerbeteiligung nicht abgeschafft, sondern ergänzt. Das Parlament bleibt der Ort politischer Auseinandersetzung und Entscheidung. Volkabstimmungen können jedoch das Parlament zwingen, sich mit Themen zu befassen, die die Gesellschaft bewegen.	Ein per Volksabstimmung beschlossenes Gesetz kann leicht den Anschein größerer Legitimität gewinnen. Es ist auch weniger korrigierbar als parlamentarische Entscheidungen. Es könnte sich die Tendenz entwickeln, das Parlament nur noch weniger wichtige Fragen entscheiden zu lassen.

Blick auf das umgebaute Reichstagsgebäude, den neuen Sitz des Bundestages in Berlin. Die gläserne Kuppel scheint optisch als Bindeglied zwischen Geschichte und Zukunft des Hauses zu vermitteln. Am 19. April 1999 wurde das historische Bauwerk offiziell dem Deutschen Bundestag übergeben

Gefährdungen der Demokratie

»Glauben Sie, die Demokratie, die wir in der Bundesrepublik haben, ist die beste Staatsform, oder gibt es eine andere, die besser ist?« Auf diese Frage des Instituts für Demoskopie Allensbach antworteten 75 Prozent der Bürger der alten Bundesrepublik 2001: »Die Demokratie ist die beste Staatsform«, 7 Prozent zogen eine andere Staatsform vor, und 18 Prozent waren unentschieden. Von den befragten Bürgern in den neuen Bundesländern zeigten sich knapp halb so viele von den Vorzügen der Demokratie überzeugt, und die stärkste Gruppe waren die Unentschiedenen. Aber auch in Westdeutschland vergingen nach dem Ende der nationalsozialistischen Diktatur 30 Jahre, bis eine Zweidrittelmehrheit die demokratische Staatsform bejahte. Die große Zustimmung darf nicht zu dem Schluss führen, dass die Demokratie ungefährdet sei. Die Demokratie kann in Deutschland nicht, wie in den alten Demokratien des Westens, auf eine ungebrochene Tradition zurückblicken. Die Geschichte der Demokratie in Deutschland war eine Geschichte gescheiterter Versuche. Erst der zweite demokratische Staat ist bisher, trotz aller Schwächen und Mängel, eine Erfolgsgeschichte gewesen. Viele betrachten diese Erfolge als selbstverständlich. Sie erwarten viele Leistungen vom Staat, halten aber selbst Distanz, weil sie meinen, »die da oben machen doch, was sie wollen«. Manche haben ein idealisiertes Bild von einer harmonischen, problemlos funktionierenden Demokratie. Gemessen am Ideal schneidet die Realität schlecht ab. Eine harmonische, konfliktfreie Gesellschaft existiert jedoch nirgendwo. Wenn die Demokratie nicht die ideale Ordnung von Staat und Gesellschaft ist, so ist bisher jedenfalls noch keine bessere erfunden worden. Es ist die einzige, die ein System von Spielregeln zur Verfügung stellt, in dem Konflikte friedlich ausgetragen, Kompromisse gefunden und Fehler korrigiert werden können.

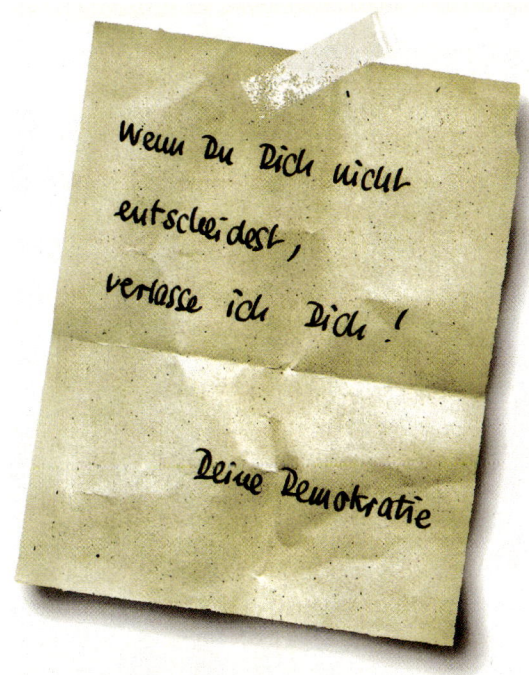

Wenn Du Dich nicht entscheidest, verlasse ich Dich!

Deine Demokratie

Wahljahr 1994: »Wählen gehen« – eine Aktion der Zeitungen in Deutschland

Grundgesetz

Am 3. Oktober 1990 trat die DDR der Bundesrepublik Deutschland und damit dem »Geltungsbereich des Grundgesetzes« bei. Damit wurde der Auftrag der Präambel des Grundgesetzes an das deutsche Volk erfüllt, »in freier Selbstbestimmung die Einheit und Freiheit Deutschlands zu vollenden«. Alle Deutschen leben in einem Staat mit völkerrechtlich gesicherten Grenzen und mit einer Verfassung, die sich in über 50 Jahren bewährt hat und von der überwiegenden Mehrheit der Deutschen als die beste Verfassung seiner Geschichte angesehen wird.

Einzug der Mitglieder des Vorparlaments in die Frankfurter Paulskirche am 30. März 1848 (Holzstich nach einer Zeichnung von Fritz Bogen)

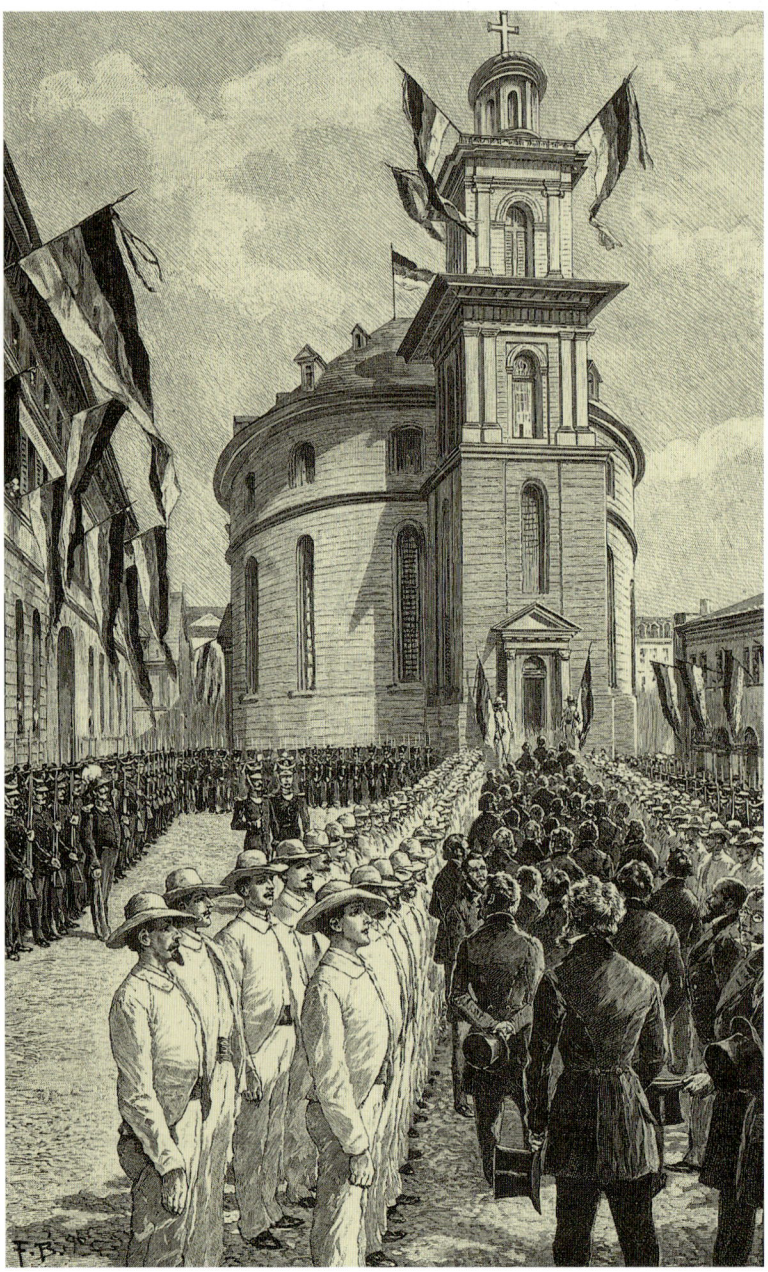

Paulskirchenverfassung

Die erste freiheitliche Verfassung der Deutschen war 1849 von der Nationalversammlung in der Frankfurter Paulskirche verabschiedet worden. Die Hoffnungen der liberalen und demokratischen Bewegung, die nationale Einheit als souveräne Entscheidung des deutschen Volkes auf parlamentarischem Wege zu erreichen, gingen nicht in Erfüllung. Der deutsche Nationalstaat sollte erst 1871 von Bismarck als Bund deutscher Fürsten gegründet werden. Das Deutsche Reich war eine konstitutionelle Monarchie mit obrigkeitsstaatlichen Zügen, die als Folge der Niederlage im Ersten Weltkrieg ihr Ende fand.

Weimarer Verfassung

Am 31. Juli 1919 verabschiedete die in Weimar tagende Nationalversammlung die »Verfassung des Deutschen Reiches«, die Weimarer Verfassung. Das Reich wurde eine demokratische parlamentarische Republik. Dieser zweite Versuch, Deutschland in eine parlamentarische Demokratie westlicher Prägung zu verwandeln, stieß von Beginn an auf erhebliche Vorbehalte. Die demokratischen Kräfte in Politik, Verwaltung, Wirtschaft und Gesellschaft blieben schwach. Die Republik scheiterte an den Lasten des verlorenen Krieges und an wirtschaftlichen Krisen, die zur politischen Radikalisierung und zur Abwendung vieler Bürger von der Demokratie führten.

Die Verfassung des Deutschen Reichs

~~Entwurf~~
~~einer~~

Die Verfassung des Deutschen Reichs.
Vom 11. August 1919.

– Das deutsche Volk, einig in seinen Stämmen und von dem Willen beseelt, sein Reich in Freiheit und Gerechtigkeit zu erneuen und zu festigen, dem inneren und dem äußeren Frieden zu dienen und den gesellschaftlichen Fortschritt zu fördern, hat sich diese Verfassung gegeben.

Erster Hauptteil.
Aufbau und Aufgaben des Reiches.

Erster Abschnitt
Reich und Länder.

Artikel 1.
– Das deutsche Reich ist eine Republik.
Die Staatsgewalt geht vom Volke aus.

Artikel 2.
– Das Reichsgebiet besteht aus den Gebieten der deutschen Länder. Andere Gebiete können durch Reichsgesetz in das Reich aufgenommen werden, wenn es ihre Bevölkerung kraft des Selbstbestimmungsrechts begehrt.

Artikel 3.
– Die Reichsfarben sind schwarzrotgold. Die Handelsflagge ist schwarzweißrot mit den Reichsfarben in der oberen inneren Ecke.

Artikel 4.
– Die allgemein anerkannten Regeln des Völkerrechts gelten als bindende Bestandteile des deutschen Reichsrechts.

Artikel 5.
– Die Staatsgewalt wird in Reichsangelegenheiten durch die Organe des Reichs auf Grund der Reichsverfassung, in Landesangelegenheiten durch die Organe der Länder auf Grund der Landesverfassungen ausgeübt.

Artikel 6.
Das Reich hat die ausschließliche Gesetzgebung über:
1. die Beziehungen zum Ausland;
2. das Kolonialwesen;

Artikel 179.
Soweit in Gesetzen oder Verordnungen auf Vorschriften und Einrichtungen verwiesen ist, die durch diese Verfassung aufgehoben sind, treten an ihre Stelle die entsprechenden Vorschriften und Einrichtungen dieser Verfassung. Insbesondere treten an die Stelle der Nationalversammlung der Reichstag, an die Stelle des Staatenausschusses der Reichsrat, an die Stelle des auf Grund des Gesetzes über die vorläufige Reichsgewalt gewählten Reichspräsidenten, der auf Grund dieser Verfassung gewählte Reichspräsident.
Die nach den bisherigen Vorschriften dem Staatenausschuß zustehende Befugnis zum Erlaß von Verordnungen geht auf die Reichsregierung über; sie bedarf zum Erlaß der Verordnungen der Zustimmung des Reichsrats nach Maßgabe dieser Verfassung.

Artikel 180.
Bis zum Zusammentritt des ersten Reichstags gilt die Nationalversammlung als Reichstag. Bis zum Amtsantritt des ersten Reichspräsidenten wird sein Amt von dem auf Grund des Gesetzes über die vorläufige Reichsgewalt gewählten Reichspräsidenten geführt.

Artikel 181.
Das Deutsche Volk hat durch seine Nationalversammlung diese Verfassung beschlossen und verabschiedet. Sie tritt mit dem Tage ihrer Verkündung in Kraft.

Schwarzburg, den 11. August 1919

Der Reichspräsident.
Ebert

Das Reichsministerium.
Bauer
Herman Müller
Noske
David

Demokratiegründung

Der dritte Anlauf zur deutschen Demokratie begann unter noch weit schwierigeren Bedingungen. Das Grundgesetz entstand in einer Zeit, die geprägt war von beispielloser Not im Gefolge eines verheerenden Krieges, unter der moralischen Belastung durch die Verbrechen des nationalsozialistischen Regimes, in einem geteilten Land, das unter der Herrschaft der Siegermächte stand. Als die Spannungen zwischen den Westmächten und der Sowjetunion sich immer mehr verschärften und eine Einigung über die Wiederherstellung eines gesamtdeutschen Staates immer unwahrscheinlicher wurde, kamen die Westmächte überein, einen westdeutschen Teilstaat zu errichten. Die Militärgouverneure der drei Westzonen forderten die Ministerpräsidenten der westdeutschen Länder auf, eine Nationalversammlung einzuberufen, um eine Verfassung auszuarbeiten. Sie sollte durch eine Volksabstimmung in Kraft gesetzt werden. Die Ministerpräsidenten befürchteten, dass damit die Teilung Deutschlands auch staatsrechtlich besiegelt würde. Sie bestanden darauf, dass kein vollgültiger Staat entstehen sollte, sondern ein Provisorium. Daher arbeitete eine von den Landtagen in den drei Westzonen gewählte Versammlung aus 65 Mitgliedern ein Grundgesetz für die einheitliche Verwaltung der Westzonen aus, das von den Parlamenten der Länder angenommen werden sollte.

Der Parlamentarische Rat

Der Parlamentarische Rat trat am 1. September 1948 zusammen. Über die Grundprinzipien der Verfassungsordnung gab es trotz unterschiedlicher Auffassungen im Einzelnen keine Meinungsverschiedenheiten. Das Grundgesetz konnte am 23. Mai 1949 unterzeichnet werden.
Die Mitglieder des Parlamentarischen Rates hatten die Zerstörung der Weimarer Republik und die Erfahrungen mit der nationalsozialistischen Diktatur vor Augen. Sie waren entschlossen, Schwächen der Weimarer Verfassung, in denen sie einen wesentlichen Grund für das Scheitern der ersten deutschen Demokratie erblickten, zu vermeiden. Demokratie und Rechtsstaat sollten nicht noch einmal durch verfassungsändernde Gesetze beseitigt werden können. Die grundlegenden Prinzipien, der Kernbereich der Verfassung, sollten unantastbar sein und auch durch verfassungsändernde Mehrheiten nicht aufgehoben werden können.

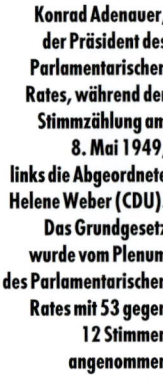

Konrad Adenauer, der Präsident des Parlamentarischen Rates, während der Stimmzählung am 8. Mai 1949, links die Abgeordnete Helene Weber (CDU). Das Grundgesetz wurde vom Plenum des Parlamentarischen Rates mit 53 gegen 12 Stimmen angenommen

Artikel 79

(3) Eine Änderung dieses Grundgesetzes, durch welche die Gliederung des Bundes in Länder, die grundsätzliche Mitwirkung der Länder bei der Gesetzgebung oder die in den Artikeln 1 und 20 niedergelegten Grundsätze berührt werden, ist unzulässig.

Dieser Artikel legt die unveränderbaren Kernelemente der Verfassung fest. Art. 1 leitet den Katalog der Grundrechte (→ Seite 15) ein und erklärt sie für unmittelbar geltendes Recht.

Artikel 20

(1) Die Bundesrepublik Deutschland ist ein demokratischer und sozialer Bundesstaat.
(2) Alle Staatsgewalt geht vom Volke aus. Sie wird vom Volke in Wahlen und Abstimmungen und durch besondere Organe der Gesetzgebung, der vollziehenden Gewalt und der Rechtsprechung ausgeübt.
(3) Die Gesetzgebung ist an die verfassungsmäßige Ordnung, die vollziehende Gewalt und die Rechtsprechung sind an Gesetz und Recht gebunden.

Auch als »Verfassung in Kurzform« bezeichnet, enthält dieser Artikel die tragenden Strukturprinzipien des Grundgesetzes:

◆ Demokratie,
◆ Bundesstaat,
◆ Rechtsstaat,
◆ Sozialstaat.

Freiheitliche demokratische Grundordnung

Das Grundgesetz bezeichnet die Verfassungsordnung der Bundesrepublik Deutschland als freiheitliche demokratische Grundordnung. Sie basiert auf den genannten Strukturprinzipien. Das Bundesverfassungsgericht hat ihre Elemente bereits 1952 im Einzelnen definiert:

»So lässt sich die freiheitliche demokratische Grundordnung als eine Ordnung bestimmen, die unter Ausschluss jeglicher Gewalt- und Willkürherrschaft eine rechtsstaatliche Herrschaftsordnung auf der Grundlage der Selbstbestimmung des Volkes nach dem Willen der jeweiligen Mehrheit und der Freiheit und Gleichheit darstellt. Zu den grundlegenden Prinzipien dieser Ordnung sind mindestens zu rechnen:

◆ die Achtung vor den im Grundgesetz konkretisierten Menschenrechten, vor allem vor dem Recht der Persönlichkeit auf Leben und freie Entfaltung,
◆ die Volkssouveränität,
◆ die Gewaltenteilung,
◆ die Verantwortlichkeit der Regierung,
◆ die Gesetzmäßigkeit der Verwaltung,
◆ die Unabhängigkeit der Gerichte,
◆ das Mehrparteienprinzip und
◆ die Chancengleichheit für alle politischen Parteien mit dem Recht auf verfassungsmäßige Bildung und Ausübung einer Opposition.«

Verfassungsreform

Das Grundgesetz erfährt mehr Zustimmung als alle bisherigen deutschen Verfassungen. Wo Kritik geübt wird, zielt sie nicht auf die verfassungsmäßig festgelegte Ordnung, sondern auf die politische Praxis, die an den hohen Ansprüchen des Grundgesetzes gemessen wird und ihnen nicht immer genügen kann. Damit die Verfassung nicht ständig von wechselnden politischen Mehrheiten geändert werden kann, sind hohe Hürden errichtet worden. Eine Änderung des Grundgesetzes bedarf der Zustimmung von zwei Dritteln der Mitglieder des Bundestages und zwei Dritteln der Stimmen des Bundesrates (Art. 79 Abs. 2).
Bis 2002 ist das Grundgesetz 51-mal geändert worden, mehr als 140 Artikel wurden abgeändert, neu eingefügt oder aufgehoben. Zu den wichtigen Änderungen zählen die »Wehrverfassung« von 1956 und die Notstandsgesetzgebung von 1968, die der gewandelten Stellung der Bundesrepublik Deutschland im internationalen Staatensystem

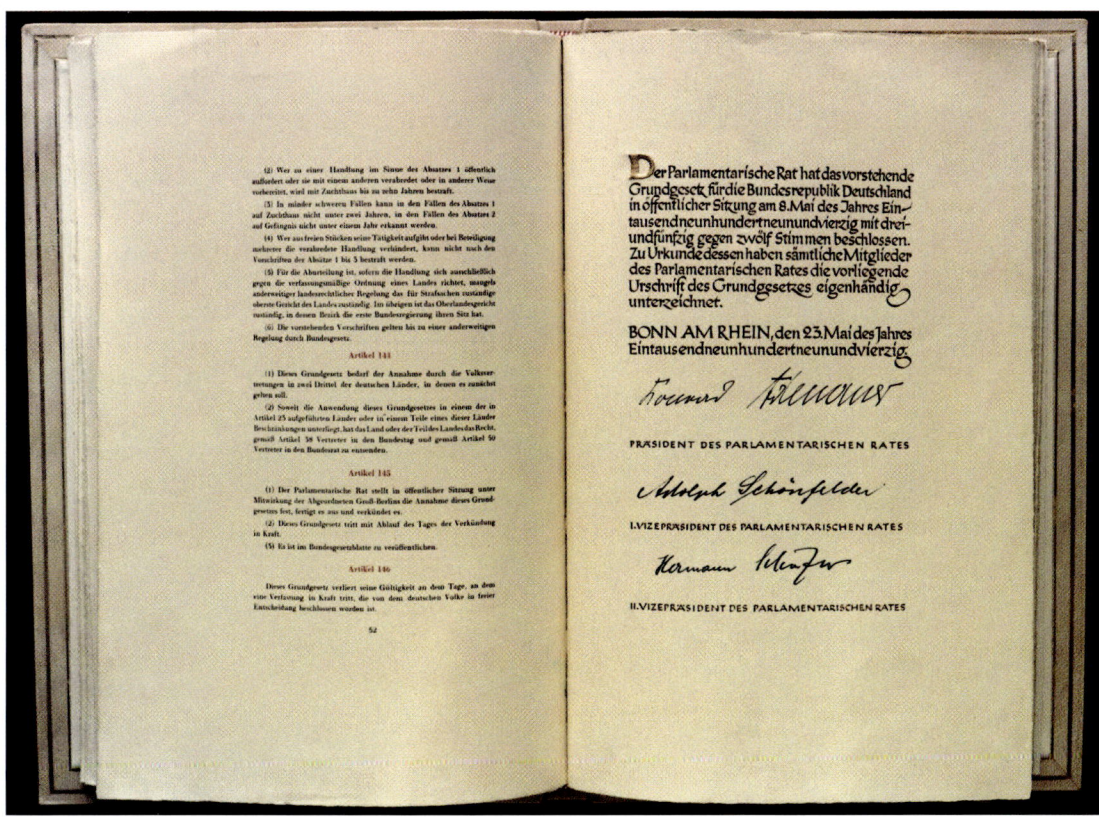

Letzte Doppelseite
der Urschrift
des Grundgesetzes
vom 23. Mai 1949

Rechnung trugen, sowie die zahlreichen Veränderungen der Zuständigkeiten von Bund und Ländern. Bedeutsam waren auch die Senkung des aktiven Wahlalters auf 18 Jahre, die verfassungsrechtliche Gewährleistung der Verfassungsbeschwerde (→ Seite 116) und die Einsetzung des Wehrbeauftragten (→ Seite 66).

Durch die fortschreitende Auflösung der DDR und die sich abzeichnende Wiedervereinigung entstand eine neue Lage. Nach dem Grundgesetz gab es zwei Wege, die deutsche Einheit herzustellen. Nach Art. 146 konnte eine neue Verfassung für das wieder vereinigte Deutschland ausgearbeitet werden, die das Grundgesetz abgelöst hätte. Den anderen Weg eröffnete der frühere Art. 23. Danach konnten »andere Teile Deutschlands« dem Geltungsbereich des Grundgesetzes beitreten. Die schnelle Vereinigung entsprach dem Willen der überwältigenden Mehrheit der Menschen in der DDR und war auch durch die außenpolitische Lage geboten. Die am 18. März 1990 neu gewählte Volkskammer der DDR beschloss am 23. August 1990 den Beitritt zur Bundesrepublik Deutschland nach Art. 23.

Nach der Wiederherstellung der deutschen Einheit wurde das Grundgesetz geändert, um der neuen Situation Rechnung zu tragen. In der Präambel heißt es jetzt, das Grundgesetz gelte für das gesamte deutsche Volk. Der bisherige Art. 23, der den Gel-tungsbereich des Grundgesetzes für „andere Teile Deutschlands" offen hielt, ist entfallen. Durch den Beitritt der neuen Länder hat sich die Zusammensetzung des Bundesrates geändert, das Stimmenverhältnis wurde neu festgelegt (Art. 51).

Ein neuer Art. 23 schuf die verfassungsmäßige Grundlage für die Mitgliedschaft Deutschlands in der Europäischen Union (EU). Der Bundestag kann, heißt es dort, Hoheitsrechte auf die EU übertragen. Die Einführung des Euro machte es notwendig, den Artikel über die Bundesbank zu ergänzen. Aufgaben und Befugnisse der Bundesbank können der Europäischen Zentralbank übertragen werden (Art. 88).

Zu den wichtigen Änderungen des Grundgesetzes in den letzten Jahren gehört die Änderung des Asylrechts. Asyl kann danach nicht mehr beanspruchen, wer aus einem sicheren Drittland einreist oder aus einem Land stammt, in dem es keine politische Verfolgung gibt (Art. 16a).

Ergänzt wurde auch der Artikel über die Unverletzlichkeit der Wohnung. Auf richterliche Anordnung können Wohnungen abgehört werden (Art. 13).

Weitere wichtige Änderungen und Ergänzungen betreffen die Förderung der Gleichberechtigung von Männern und Frauen (Art. 3) und die Einführung des Staatsziels, die „natürlichen Lebensgrundlagen und die Tiere" zu schützen (Art. 20a).

Die Grundrechte der Paulskirchenverfassung, die später Eingang in die Weimarer Verfassung und in das Grundgesetz fanden (Lithographie von Adolf Schroeder, Mainz 1848)

Grundrechte

Artikel 1

(1) Die Würde des Menschen ist unantastbar. Sie zu achten und zu schützen ist Verpflichtung aller staatlichen Gewalt.

Mit dieser feierlichen Erklärung beginnt der erste Artikel des Grundgesetzes. Die Grundrechte sind in Art. 1 bis 19 an die Spitze des Grundgesetzes gestellt worden. Der hohe Rang, den die Verfassungsgeber den Grundrechten beimaßen, erklärt sich aus den Erfahrungen der Weimarer Republik und der Zeit des nationalsozialistischen Regimes. Die Weimarer Verfassung enthielt ebenfalls einen Katalog von Grundrechten, doch sie waren nicht einklagbar, und sie konnten durch Notverordnungen außer Kraft gesetzt werden. Eine Notverordnung, die Verordnung des Reichspräsidenten »zum Schutz von Volk und Staat«, leitete die nationalsozialistische Willkürherrschaft ein, und die Entwürdigung des Menschen begann.

Abwehrrechte und Grundlage der Wertordnung

Viele betrachten die Grundrechte als etwas Selbstverständliches, das ihre persönliche Sphäre kaum berührt. Wie die geschichtliche Erfahrung zeigt, sind sie keineswegs selbstverständlich gewährleistet, und sie beeinflussen den Alltag des Einzelnen und das Zusammenleben aller in Staat und Gesellschaft. Grundrechte schützen den Freiheitsraum des Einzelnen vor Übergriffen der öffentlichen Gewalt, es sind Abwehrrechte des Bürgers gegen den Staat. Zugleich sind sie Grundlage der Wertordnung der Bundesrepublik Deutschland, sie gehören zum Kern der freiheitlich-demokratischen Ordnung des Grundgesetzes.

Menschen- und Bürgerrechte

Zu unterscheiden ist zwischen allgemeinen Menschenrechten, die jedem zustehen, und Bürgerrechten, die nur für Staatsangehörige gelten. Menschenrechte sind überstaatliche Rechte, sie gehören zur Natur des Menschen, es sind natürliche, angeborene Rechte (→ Naturrechtslehre, Seite 24). Dazu gehören die meisten Freiheitsrechte oder Grundfreiheiten, wie Freiheit der Person, Meinungsfreiheit, Glaubensfreiheit. Bürgerrechte sind beispielsweise das Recht der Vereinigungs- und Koalitionsfreiheit und Freizügigkeit. Im Grundgesetz beginnen die Menschenrechte mit den Worten: »Jeder hat das Recht …«, bei den Bürgerrechten heißt es: »Alle Deutschen haben das Recht …«.

GRUND- • ART. 1: SCHUTZ DER MENSCHENWÜRDE • RECHTE
• ART. 2: FREIHEIT DER PERSON •
• ART. 3: GLEICHHEIT VOR DEM GESETZ •
• ART. 4: GLAUBENS- UND GEWISSENSFREIHEIT •
• ART. 5: FREIE MEINUNGSÄUSSERUNG •
• ART. 6: SCHUTZ DER EHE UND FAMILIE •
• ART. 7: STAATLICHE SCHULAUFSICHT, ELTERNRECHTE •
• ART. 8: VERSAMMLUNGSFREIHEIT •
• ART. 9: VEREINIGUNGSFREIHEIT •
• ART. 10: BRIEF- UND POSTGEHEIMNIS •
• ART. 11: RECHT DER FREIZÜGIGKEIT •
• ART. 12: FREIE BERUFSWAHL •
• ART. 13: UNVERLETZLICHKEIT DER WOHNUNG •
• ART. 14: GEWÄHRLEISTUNG DES EIGENTUMS •
• ART. 15: ÜBERFÜHRUNG IN GEMEINEIGENTUM •
• ART. 16: STAATSANGEHÖRIGKEIT •
• ART. 16A: ASYLRECHT •
• ART. 17: PETITIONSRECHT •
• ART. 18: VERWIRKUNG DER GRUNDRECHTE •
• ART. 19: EINSCHRÄNKUNG DER GRUNDRECHTE •

• ART. 20: WIDERSTANDSRECHT •
• ART. 33: GLEICHER ZUGANG ZU ÖFFENTLICHEN ÄMTERN •
• ART. 38: WAHLRECHT •
• ART. 101: RECHT AUF DEN GESETZLICHEN RICHTER •
• ART. 103: ANSPRUCH AUF RECHTLICHES GEHÖR VOR GERICHT •
• ART. 104: RECHTSGARANTIEN BEI FREIHEITSENTZIEHUNG •

Freiheits-, Gleichheits- und Unverletzlichkeitsrechte

Eine andere Einteilung unterscheidet zwischen Freiheitsrechten, wie dem Recht auf freie Meinungsäußerung, Gleichheitsrechten, zum Beispiel dem Recht auf Gleichheit vor dem Gesetz und der Gleichberechtigung von Mann und Frau, und Unverletzlichkeitsrechten oder Abwehrrechten, wie Unverletzlichkeit der Wohnung, Freizügigkeit, Brief-, Post- und Fernmeldegeheimnis.
Über den Grundrechtskatalog in Art. 1–19 hinaus enthält das Grundgesetz noch weitere Grundrechte:
- Art. 20 Abs. 4: Widerstandsrecht,
- Art. 33: Gleicher Zugang zu öffentlichen Ämtern,
- Art. 38: Wahlrecht,
- Art. 101, 103 und 104: Justizielle Grundrechte.

Garantien der Grundrechte

Im Unterschied zur Weimarer Verfassung sind die Grundrechte im Grundgesetz mit besonderen Garantien ausgestattet:

Artikel 1
(3) Die nachfolgenden Grundrechte binden Gesetzgebung, vollziehende Gewalt und Rechtsprechung als unmittelbar geltendes Recht.

Die Grundrechte sind geltendes Recht. Keine der drei Staatsgewalten kann etwas tun oder unterlassen, was im Widerspruch zu ihnen steht. Die Grundrechte können notfalls bis zum Bundesverfassungsgericht eingeklagt werden (→ Verfassungsbeschwerde, Seite 116).

Artikel 79
(1) Das Grundgesetz kann nur durch ein Gesetz geändert werden, das den Wortlaut des Grundgesetzes ausdrücklich ändert oder ergänzt. (...)
(2) Ein solches Gesetz bedarf der Zustimmung von zwei Dritteln der Mitglieder des Bundestages und zwei Dritteln der Stimmen des Bundesrates.
(3) Eine Änderung dieses Grundgesetzes, durch welche die Gliederung des Bundes in Länder, die grundsätzliche Mitwirkung der Länder bei der Gesetzgebung oder die in den Artikeln 1 und 20 niedergelegten Grundsätze berührt werden, ist unzulässig.

Die Grundrechte dürfen nicht beseitigt werden. Auch eine mit Zweidrittelmehrheit beschlossene Verfassungsänderung darf die Grundsätze der Unantastbarkeit der Menschenwürde und der Rechtsstaatlichkeit, die auch die Garantie der Grundrechte enthalten, nicht antasten.

Artikel 19
(1) Soweit nach diesem Grundgesetz ein Grundrecht durch Gesetz oder auf Grund eines Gesetzes eingeschränkt werden kann, muß das Gesetz allgemein und nicht nur für den Einzelfall gelten. (...)
(2) In keinem Falle darf ein Grundrecht in seinem Wesensgehalt angetastet werden.

Nur solche Grundrechte dürfen eingeschränkt werden, für die dies im Grundgesetz ausdrücklich vorgesehen ist. Zum Beispiel ist das Grundrecht der Versammlungsfreiheit für Versammlungen unter freiem Himmel durch das Versammlungsgesetz eingeschränkt (Art. 8 Abs. 2). Solche gesetzlichen Beschränkungen müssen allgemein und nicht nur für den Einzelfall gelten. Die »Bannmeile« um Parlamente zum Beispiel gilt für alle. Ein Grundrecht darf nicht in seinem Kern (»Wesensgehalt«) angetastet werden. Wenn Versammlungen unter freiem Himmel eingeschränkt sind, bleibt die Versammlungsfreiheit grundsätzlich erhalten.
Die Grundrechte dürfen nicht aberkannt werden. Wer aber bestimmte Grundrechte zum Kampf gegen die freiheitliche demokratische Grundordnung missbraucht, verwirkt sie, das heißt, er kann sich beim Einschreiten der Staatsgewalt nicht auf das betreffende Grundrecht berufen.
Gegen Versuche, die verfassungsmäßige Ordnung und damit die Grundrechte zu beseitigen, haben alle Deutschen das Recht zum Widerstand (→ Seite 26f.).

Soziale Grundrechte

Die Bundesrepublik Deutschland ist nach Art. 20 ein Sozialstaat. Das Grundgesetz enthält aber nur wenige soziale Grundrechte (→ Seite 27f.). Darin unterscheidet es sich von der Weimarer Verfassung, die weit reichende soziale Verpflichtungserklärungen aufweist, darunter die Zusicherung, jeder Deutsche solle die Möglichkeit haben, durch Arbeit seinen Unterhalt zu erwerben. Diese begründeten keine Rechtsansprüche und blieben folgenlos, weil sie angesichts der wirtschaftlichen Misere nicht eingelöst werden konnten.
Soziale Grundrechte unterscheiden sich von den überlieferten Freiheits- und Gleichheitsrechten in einem zentralen Punkt. Die letzteren schützen

Briefmarke aus der Reihe »Grundgedanken der Demokratie«. Das Motiv bezieht sich auf die im Grundgesetz (Art. 5) garantierte freie Meinungsäußerung in Wort, Schrift und Bild

Rechte der Bürger. Sie fordern vom Staat, Eingriffe zu unterlassen, und sind gerichtlich einklagbar. Soziale Grundrechte begründen Ansprüche von Bürgern. Sie fordern vom Staat, Eingriffe vorzunehmen. Die Problematik wird deutlich, wenn die Konsequenzen bedacht werden:

Das Grundrecht auf Unverletzlichkeit der Wohnung (Art. 13) beispielsweise schützt den Einzelnen vor ungerechtfertigten staatlichen Eingriffen in die Privatsphäre. Ein Grundrecht auf Wohnung würde den Staat verpflichten, jedem Bürger eine angemessene Wohnung zu verschaffen. Wohnungen müssten auf Staatskosten errichtet und vom Staat verwaltet werden. Es müsste gesetzlich geregelt werden, welche Wohnfläche jedem zusteht und wie viel dafür zu zahlen ist.

Ein Grundrecht auf Arbeit würde den Staat in die Pflicht nehmen, jedem einen Arbeitsplatz zu garantieren. Der Staat müsste selbst Arbeitsplätze schaffen oder die Privatwirtschaft veranlassen, Arbeitsplätze bereitzustellen. In jedem Fall müsste der Staat für die finanziellen Folgen einstehen, wenn die Arbeitsplätze sich als nicht wirtschaftlich erweisen. Die erforderliche staatliche Lenkung des Arbeitsmarktes würde das Grundrecht auf freie Wahl des Berufs und des Arbeitsplatzes sowie die Tarifautonomie (→ Seite 44f.) einschränken.

Angesichts der begrenzten finanziellen Mittel könnten Ansprüche, die aus sozialen Grundrechten erwachsen, immer nur begrenzt eingelöst werden. Unerfüllte Ansprüche müssten zur Enttäuschung führen und könnten Zweifel an der Verbindlichkeit der Verfassung auslösen.

In den Verfassungen zahlreicher Bundesländer, darunter in denen aller neuen Bundesländer, sind soziale Rechte auf Arbeit, soziale Sicherheit und Wohnung niedergelegt. Es sind Staatszielbestimmungen mit allgemein verpflichtendem Charakter und Bindung an die finanziellen Möglichkeiten. In der brandenburgischen Verfassung heißt es beispielsweise: »Das Land ist verpflichtet, im Rahmen seiner Kräfte für die Verwirklichung des Rechts auf soziale Sicherung, (... auf eine angemessene Wohnung, ... auf Arbeit) zu sorgen.«

Rechte und Pflichten

Das Grundgesetz spricht, anders als die Weimarer Verfassung, nicht ausdrücklich von Grundpflichten. Einige wenige Pflichten sind aufgeführt, so die Pflicht zur Verfassungstreue für Inhaber des (wissenschaftlichen) Lehramts (Art. 5 Abs. 3), die Pflicht der Eltern zur Pflege und Erziehung der Kinder (Art. 6 Abs. 2), die Wehrpflicht und die Pflicht zum zivilen Ersatzdienst (Art. 12 a).

Ein Katalog von Grundpflichten würde dem Geist einer demokratischen Verfassung widersprechen. Demokratie setzt voraus, dass jeder aus eigener Verantwortung seinen Pflichten gegenüber der Gemeinschaft nachkommt.

Die selbstverständliche Verbindung von Rechten und Pflichten stellt Art. 33 Abs. 1 her: *Jeder Deutsche hat ... die gleichen staatsbürgerlichen Rechte und Pflichten.* Der Bestand des demokratischen Rechtsstaates hängt von der Einsicht eines jeden Bürgers ab, dass Rechte und Pflichten eine untrennbare Einheit bilden.

Die Menschenrechtskonvention des Europarats

Über die Garantie der Grundrechte im Grundgesetz hinaus genießen die Bürgerinnen und Bürger der Bundesrepublik Deutschland auch den Grundrechtsschutz der Europäischen Konvention zum Schutze der Menschenrechte und Grundfreiheiten des Europarats. Sie wurde 1950 verabschiedet und trat 1953 in Kraft. Das Abkommen verpflichtet die Mitgliedsstaaten, die klassischen Menschenrechte zu schützen.

Beschwerden können von Mitgliedsstaaten gegen andere Mitgliedsstaaten erhoben werden (Staatenbeschwerde). Auch Bürger können, nachdem sie den innerstaatlichen Rechtsweg ausgeschöpft haben, Klage erheben (Individualbeschwerde). Bis 1998 wurden Beschwerden wegen Verletzung der Konvention von der Europäischen Kommission für Menschenrechte geprüft, nur in Ausnahmefällen entschied der Europäische Gerichtshof für Menschenrechte (EGMR) als zweite Instanz. Dieser ist aus Berufsrichtern zusammengesetzt. Jeder Mitgliedsstaat (2002: 41) entsendet einen Richter. Je nach Bedeutung des Falles entscheidet die Große Kammer mit 17 Richtern, eine Kleine Kammer mit 7 Richtern oder ein Ausschuss von 3 Richtern. Die Zahl der Anrufungen stieg von 404 im Jahre 1981 auf 13 858 im Jahre 2001.

Alle Entscheidungen des Gerichtshofes sind verbindlich, sie müssen von den Staaten befolgt werden. Die Tätigkeit des Gerichtshofes hat wesentlich dazu beigetragen, dass Menschenrechte und Grundfreiheiten in Europa einen hohen Wert darstellen. Viele grundlegende Urteile, in denen Staaten verurteilt wurden, haben zu Änderungen der Gesetzgebung und des Umganges der Mitgliedsstaaten mit den Menschenrechten geführt.

Bundesstaat

Mit der Entscheidung für eine bundesstaatliche Ordnung knüpften die Verfassungsgeber an alte deutsche Verfassungstraditionen an. Manche Länder der Bundesrepublik Deutschland, wie Bayern, Mecklenburg, Sachsen, die Hansestädte Bremen und Hamburg, können auf eine jahrhundertelange Geschichte zurückblicken. Der erste Bundesstaat auf deutschem Boden, der Norddeutsche Bund, entstand 1867. Auch das Bismarckreich und die Weimarer Republik waren Bundesstaaten. 1933 wurden die föderalistischen Strukturen zerschlagen, und der nationalsozialistische Führerstaat wurde an ihre Stelle gesetzt. In der DDR wurden die fünf Länder 1952 aufgelöst und durch 15 Bezirke ersetzt, die von der Ostberliner Zentrale regiert wurden.

Die föderalistische Ordnung hatte anfangs wenig Rückhalt in der Bevölkerung. Im Laufe der Zeit hat sich das Meinungsbild gewandelt, die Zustimmung zum föderalistischen System ist heute fast einhellig, es gibt nur noch wenige Befürworter eines zentralistischen Staates.

Das Siegel des Norddeutschen Bundes mit den Wappen der 22 Bundesstaaten

Deutsche Kleinstaaterei: Im Jahre 1848 ist Hessen-Homburg als souveräner Staat (23 000 Seelen) gleichrangig neben Russland (56 Millionen Seelen) im Lexikon aufgeführt

Staaten	Seelen=zahl
Anhalt Köthen	40,000
Baden	300,000
Baiern	4,300,000
Belgien	4,000,000
Braunschweig	260,000
Bremen	64,000
Dänemark	2,300,000
Frankfurt	66,000
Frankreich	35,000,000
Griechenland	800,000
Großbritannien	31,000,000
Hamburg	175,000
Hannover	1,700,000
Hessen Darmstadt	800,000
Hessen Homburg	23,000
Hohenzollern Hechingen	19,000
Holland	3,100,000
Italien	18,500,000
Kurhessen	730,000
Lübeck	54,000
Mecklenburg	580,000
Nassau	400,000
Oesterreich	37,000,000
Portugal	3,500,000
Preußen	15,000,000
Rußland	56,000,000
Sachsen	1,700,000
Sachsen=Coburg	140,000
Sachsen=Meiningen	150,000
Sachsen=Weimar	250,000
Schweden u. Norwegen	4,200,000
Spanien	12,000,000
Türkei	12,000,000
Waldeck	57,000
Würtemberg	1,600,000

Was spricht gegen den Bundesstaat?

Die Verfechter eines Zentralstaates führen gegen die föderalistische Ordnung ins Feld:

- Der Bundesstaat ist zu kompliziert. Der Entscheidungsprozess ist schwerfällig. Bund und Länder müssen langwierige Verhandlungen führen, bis es endlich zu Entscheidungen kommt, die oft nur mühsame Kompromisse darstellen.

- Der Bundesstaat ist unübersichtlich. Das Zusammenwirken im Kooperativen Föderalismus (→ Seite 21f.) mit den vielen formellen und informellen Gremien verwischt die klare Abgrenzung der Kompetenzen und lässt Entscheidungsprozesse undurchschaubar werden. Damit werden die demokratischen Prinzipien der Öffentlichkeit und Transparenz unterlaufen.

- Der Bundesstaat hat unterschiedliche Lebensverhältnisse zur Folge. Diese Situation kann für die betroffenen Bürger lästig sein, zum Beispiel verschiedene Schulsysteme, die bei Wohnortwechsel für die Kinder nachteilig sein können.

- Der Bundesstaat kostet zu viel Geld. Sechzehn (Landes-)Regierungen, Parlamente und Verwaltungen sind teurer als die entsprechenden Organe in einem Einheitsstaat.

Meinungen über den Föderalismus

Einem zentralistischen Staatsaufbau erteilt die überwiegende Zahl der Bundesbürger seit 1960 eine klare Absage. Die Zahl der Befürworter des Bundesstaates hat sich seit 1985 mit rund 70 Prozent auf hohem Niveau stabilisiert. Die positive Bewertung gilt nach der deutschen Vereinigung gleichermaßen für Ost und West.

Die Testfrage variierte im Laufe der Jahre. Lautete sie anfangs: „Sollten alle Landtage und Landesregierungen aufgelöst werden?", so hieß sie ab 1995: „Haben die Bundesländer heute zuviel Einfluß auf die Politik in der Bundesrepublik oder zuwenig oder gerade richtig?"

Umfragejahr	»Föderalisten«	»Zentralisten«
1952	21	49
1960	41	25
1970	44	27
1976	60	14
1980	63	9
1985	70	7
1992	72	6
1995	76	6
1997	74	7
Angaben in Prozent		

Quelle: Allensbacher Jahrbücher der Demoskopie 1984 – 1992, Bd. 9, S. 654 und Allensbacher Archiv, IfD-Umfragen 6019 (September), 6045 (Juni)

Was spricht für den Bundesstaat?

◆ Der Bundesstaat beschränkt die Machtkonzentration im Zentralstaat. Die klassische horizontale Gewaltenteilung zwischen Parlament und Regierung ist im heutigen Parteienstaat weitgehend unwirksam geworden, die staatliche Macht liegt in der Hand der Regierung und der sie stützenden Parlamentsmehrheit. Im föderalistischen System sind die staatlichen Aufgaben zwischen Bund und Ländern aufgeteilt. Sie müssen zusammenwirken und kontrollieren sich damit gegenseitig (vertikale Gewaltenteilung). Das geschieht vor allem durch die Mitwirkung des Bundesrates an der Gesetzgebung des Bundes (→ Seite 70f.).

◆ Der Bundesstaat ermöglicht mehr politische Beteiligung. Die Wähler können von ihrem Stimmrecht doppelt Gebrauch machen, nicht nur alle vier Jahre bei der Wahl zum Bundesparlament, sondern auch bei der Wahl zum Landesparlament.

◆ Der Bundesstaat mit seiner Gliederung in kleinere überschaubarere Einheiten sichert mehr Bürgernähe. Das politische Engagement der Bürgerinnen und Bürger wird erleichtert, und ihre Interessen werden wirksamer wahrgenommen, wenn nicht alles von einer fernen Zentrale bestimmt wird, sondern wenn Entscheidungen von Politikern und Verwaltung getroffen werden, die mit den regionalen Verhältnissen vertraut und für die Menschen leichter erreichbar sind.

◆ Der Bundesstaat kann reformfreudiger sein. Neuerungen, in einem Land ausprobiert, werden von anderen übernommen, wenn sie sich bewährt haben. Negative Auswirkungen betreffen nur einen Teil der Bevölkerung.

◆ Der Bundesstaat verbessert die Chancen der Opposition. Sie kann in den Ländern, in denen sie die Regierung stellt, politische Alternativen zur Bundesregierung anbieten und ihre Regierungsfähigkeit unter Beweis stellen.

◆ Der Bundesstaat sorgt für eine breite Reserve an politischem Führungspersonal. In den Parlamenten und Regierungen der Länder können sich Politiker bewähren und für Führungsaufgaben im Bund qualifizieren. So sind alle Bundeskanzler seit 1966 zuvor Ministerpräsidenten in Ländern (Kiesinger, Brandt, Kohl, Schröder) oder Landesminister (Schmidt Innensenator in Hamburg) gewesen. Ebenso waren alle Kanzlerkandidaten seit 1976 Regierungschefs in Ländern. Umgekehrt übernehmen Bundespolitiker oft politische Spitzenfunktionen in den Ländern.

◆ Der Bundesstaat ist eine gerade Deutschland angemessene Staatsform. Im Laufe seiner Geschichte haben sich vielfältige landsmannschaftliche und kulturelle Unterschiede und Traditionen herausgebildet. Überall gibt es städtische Zentren, die auf eine reiche Geschichte zurückblicken und politisch, wirtschaftlich, vor allem aber kulturell bedeutend sind. Diese Vielfalt würde in einem Einheitsstaat mit der Anziehungskraft seiner Metropole verkümmern. Sie kann in einem Bundesstaat am besten bewahrt werden.

Der Plenarsaal des Deutschen Bundestages in Bonn, entworfen vom Architekten Günter Behnisch. Eingeweiht wurde das Gebäude am 30. Oktober 1992. Die letzte Sitzung fand hier am 1. Juli 1999 statt. Die Transparenz des Gebäudes wurde als Symbol für die offene Demokratie verstanden, die sich über 50 Jahre in der Bundeshauptstadt Bonn entwickelt hat. Gemäß dem Bonn-Berlin-Beschluss von 1991 zogen der Bundestag, die Bundesregierung und acht der 14 Ministerien im Sommer 1999 mit ihrem ersten Dienstsitz an die Spree, während sechs Ministerien mit ihrem ersten Dienstsitz in der Bundesstadt Bonn verbleiben, die als Ausgleich zudem noch weitere Bundesbehörden aus Berlin und anderen Städten aufnimmt

Die Bundesrepublik Deutschland

Kiel •
Schleswig-Holstein

Hamburg

Mecklenburg-Vorpommern
Schwerin •

Bremen

Brandenburg

Niedersachsen
Hannover •

Potsdam • **Berlin**

Sachsen-Anhalt
Magdeburg •

Nordrhein-Westfalen
• Düsseldorf
Bonn •

Dresden •

Erfurt •
Thüringen
Sachsen

Hessen

Wiesbaden •
Rheinland-Pfalz
Mainz •

**Saar-
land**

Saarbrücken

Stuttgart •
Bayern

Baden-Württemberg

München •

Grundsätze der bundesstaatlichen Ordnung

Artikel 20
(1) Die Bundesrepublik Deutschland ist ein demokratischer und sozialer Bundesstaat.

Das Grundgesetz hat mit diesem Artikel die bundesstaatliche Ordnung, die Gliederung des Staates in Bund und Länder, zwingend vorgeschrieben. Die Entscheidung für den Bundesstaat bedeutet nicht, dass der Bestand jedes gegenwärtigen Landes in den bestehenden Grenzen garantiert ist. Eine Neugliederung der Länder und eine Verringerung der Zahl der Länder sind nach Art. 29 und 118a zulässig.

Artikel 79
(3) Eine Änderung dieses Grundgesetzes, durch welche die Gliederung des Bundes in Länder, die grundsätzliche Mitwirkung der Länder bei der Gesetzgebung oder die in den Artikeln 1 und 20 niedergelegten Grundsätze berührt werden, ist unzulässig.

Solange das Grundgesetz besteht, darf die bundesstaatliche Ordnung nicht einmal durch eine verfassungsändernde Zweidrittelmehrheit beseitigt werden. Auch die wichtigste Kompetenz der Länder, die Mitwirkung an der Gesetzgebung, muss erhalten bleiben. Das schließt die Mitwirkung an der Gesetzgebung des Bundes und das Recht einer eigenständigen Landesgesetzgebung ein.

Bundesland (Stand: 31.12.2001)	Fläche 1000 km²	Einwohner 1000
Baden-Württemberg	35,8	10 601
Bayern	70,5	12 330
Berlin	0,9	3 388
Brandenburg	29,5	2 593
Bremen	0,4	660
Hamburg	0,8	1 726
Hessen	21,1	6 078
Mecklenburg-Vorpommern	23,2	1 760
Niedersachsen	47,6	7 956
Nordrhein-Westfalen	34,1	18 052
Rheinland-Pfalz	19,8	4 049
Saarland	2,6	1 066
Sachsen	18,4	4 384
Sachsen-Anhalt	20,4	2 581
Schleswig-Holstein	15,8	2 804
Thüringen	16,2	2 411
Bundesgebiet	**357,0**	**82 440**

Artikel 28
(1) Die verfassungsmäßige Ordnung in den Ländern muß den Grundsätzen des republikanischen, demokratischen und sozialen Rechtsstaates im Sinne dieses Grundgesetzes entsprechen. (...)

In einem Bundesstaat sind die Länder Staaten, nicht nur Selbstverwaltungskörperschaften wie die Gemeinden. Sie haben eigene Verfassungen und verfügen über die Institutionen des parlamentarisch-demokratischen Regierungssystems: Parlament, Regierung, Verwaltung und Gerichtsbarkeit. Art. 28 Abs. 1 schreibt vor, dass die Verfassung und die Staatsordnung in den Ländern mit den Prinzipien des Grundgesetzes übereinstimmen müssen. Ein Bundesland dürfte beispielsweise nicht die Monarchie oder ein basisdemokratisches System einführen.

Artikel 31
Bundesrecht bricht Landesrecht.

Diese Vorschrift bezieht sich auf die Gegenstände, für die der Bund das Recht der ausschließlichen Gesetzgebung hat, und auf Bereiche, in denen Bund und Länder nebeneinander Gesetzgebungskompetenzen besitzen (→ konkurrierende Gesetzgebung, Seite 62).
Der Artikel gilt nicht für Angelegenheiten, die allein von den Ländern gesetzlich zu regeln sind, zum Beispiel das Schulwesen.
Ein ungeschriebener Verfassungsgrundsatz ist die Verpflichtung zur Bundestreue. Sie gilt für Bund und Länder. Die Länder müssen sich bundesfreundlich und der Bund muss sich länderfreundlich verhalten. Dies gilt ebenso für das Verhältnis der Länder untereinander. Die Bundesregierung darf zum Beispiel ein Land nicht deshalb benachteiligen, etwa durch Ablehnung von Investitionshilfen, weil dessen Regierung die gleiche parteipolitische Färbung hat wie die Opposition im Bundestag. Die Länder haben sich gegenseitig Hilfe zu leisten, beispielsweise durch Finanzausgleich (→ Seite 23).

Bund und Länder

Zusammenarbeit zwischen Bund und Ländern
Die Zuständigkeiten und Aufgaben des Bundes und der Länder bei Gesetzgebung (→ Seite 62) und Verwaltung (→ Seite 92) sind im Grundgesetz bis ins Einzelne geregelt. Darüber hinaus haben sich vielfältige Formen des Zusammenwirkens von Bund und Ländern und der Länder untereinander entwickelt. Man spricht vom Kooperativen

Föderalismus und drückt damit eigentlich eine Selbstverständlichkeit aus: die Verpflichtung des Bundes und seiner Glieder zur gegenseitigen Abstimmung und zur Zusammenarbeit im Interesse des Gemeinwohls. Diese Kooperation ist vielfach informeller Art, es gibt aber auch formalisierte Regelungen des Zusammenwirkens.

In regelmäßigen Abständen finden Besprechungen des Bundeskanzlers mit den Ministerpräsidenten der Länder statt. Sie dienen dem Meinungs- und Erfahrungsaustausch, oft auch der Vorbereitung wichtiger Gesetze.

Die ständige Wahrnehmung der Länderinteressen obliegt den Vertretungen der Länder beim Bund, die jedes Land in der Bundeshauptstadt unterhält. An ihrer Spitze steht der Bevollmächtigte des Landes beim Bund, zumeist der Landesminister (oder Senator) für Bundesangelegenheiten. Die Landesvertretungen halten Kontakt zu den Bundesministerien, den Ausschüssen in Bundestag und Bundesrat, zu den anderen Landesvertretungen und berichten ihrer Landesregierung über die Politik des Bundes.

Zusammenarbeit zwischen den Ländern

Mindestens einmal im Jahr treffen die Ministerpräsidenten der Länder zusammen, häufiger finden Konferenzen der Fachminister statt. Hier werden Gesetzesvorhaben der Länder, gemeinsame Initiativen im Bundesrat oder auch Gemeinschaftsprojekte benachbarter Länder (Straßenbau, Flussre-

gulierung, Hafenausbau, Müllbeseitigungsanlagen) vereinbart, entweder durch ein Verwaltungsabkommen, das die Regierungen schließen, oder durch einen Staatsvertrag, dem die Parlamente zustimmen müssen.

In der Regel beziehen sich Verwaltungsabkommen auf die erwähnten regionalen Projekte. Staatsverträge werden zumeist von allen Ländern geschlossen. Beispiele sind die Staatsverträge über die Errichtung des Zweiten Deutschen Fernsehens, über die Höhe der Rundfunkgebühren und über die Vergabe von Studienplätzen.

Die bekannteste Fachkonferenz ist die Ständige Konferenz der Kultusminister der Länder. Um ein möglichst einheitliches Bildungssystem im gesamten Gebiet des Bundes zu gewährleisten, hat die Kultusministerkonferenz bisher über tausend Beschlüsse gefasst. Geregelt wurden beispielsweise die Anerkennung der Abschlusszeugnisse und der Lehramtsprüfungen, die Dauer der Schulpflicht, die Einheitlichkeit der Prüfungsanforderungen im Abitur, Numerus clausus und Studienplatzvergabe ebenso wie Feriendauer und der gestaffelte Ferienbeginn. Die Beschlüsse müssen einstimmig sein und haben den Charakter von Empfehlungen. Sie werden erst wirksam, wenn ihnen die Landesparlamente zugestimmt haben. Im Ergebnis ist das Schulsystem einheitlicher, als es in Deutschland je gewesen ist.

Einweihung der Vertretung des Freistaates Bayern in Berlin am 10. Dezember 1998. Der Altbaukomplex wurde 1992 gekauft, renoviert und ausgebaut

Wie werden die Steuern verteilt?

Bund, Länder und Kommunen fordern von ihren Bürgern Steuern, damit sie ihre Aufgaben wahrnehmen können. Sie erheben sie entweder selbst oder haben Anspruch auf einen Teil der Steuergelder, die ihnen gemeinsam zustehen. Das Grundgesetz regelt das öffentliche Finanzwesen, die so genannte Finanzverfassung, sehr genau in Art. 104a bis 115. Festgelegt ist, welche Steuern vom Bund und von den Ländern per Gesetz erhoben werden dürfen, wie sie auf Bund, Länder und Gemeinden aufzuteilen sind und wie Unterschiede im Steueraufkommen zwischen »reichen« und »armen« Ländern auszugleichen sind.

Dem Bund stehen vor allem die meisten Verbrauchsteuern (auf Mineralöl, Tabak, Branntwein, Kaffee) und die Versicherungsteuer zu.

Die Länder erheben die Kraftfahrzeugsteuer, die Erbschaft- und Grunderwerbsteuer sowie die Biersteuer.

Bund und Ländern gemeinsam stehen zu: die Lohn- und Einkommensteuer, die Umsatzsteuer (Mehrwertsteuer) und die Körperschaftsteuer. Diese Gemeinschaftsteuern sind die ertragreichsten Steuern. Sie machen 70 Prozent der gesamten Steuereinnahmen aus. Ihr Aufkommen wird nach einem bestimmten Schlüssel aufgeteilt. Von der Lohn- und Einkommensteuer erhalten die Gemeinden 15 Prozent. Bund und Länder teilen sich die restlichen 85 Prozent. Die Körperschaftsteuer steht je zur Hälfte Bund und Ländern zu.

Die Aufteilung der Umsatzsteuer ist nach Art. 106 Abs. 4 neu festzusetzen, »wenn sich das Verhältnis zwischen Einnahmen und Ausgaben des Bundes und der Länder wesentlich anders entwickelt«. Einer solchen Neufestsetzung gehen regelmäßig heftige politische Auseinandersetzungen voraus, bis schließlich ein Kompromiss gefunden wird.

Die Wirtschaftskraft der Länder ist unterschiedlich. Das schlägt sich im Steueraufkommen nieder. Nach dem Grundgesetz muss die unterschiedliche Finanzkraft der Länder »angemessen ausgeglichen« werden. In einem Finanzausgleich erhalten die finanzschwachen einen Teil der Einnahmen der finanzstarken Länder, sodass sie wenigstens 95 Prozent des Bundesdurchschnitts pro Einwohner zur Verfügung haben. Eine neue Lage hat sich nach der Herstellung der deutschen Einheit ergeben. Die Finanzkraft der neuen Länder wird für lange Zeit nicht ausreichen, um ihre Ausgaben eigenständig zu decken. Bis 1994 ist das Defizit durch den Fonds Deutsche Einheit ausgeglichen worden. Seit 1995 sind die neuen Länder in den Länderfinanzausgleich einbezogen.

Vorab erhalten die Gemeinden 2,2 Prozent des Umsatzsteueraufkommens. Das danach verbleibende Aufkommen steht dem Bund zu 50,25 Prozent und den Ländern zu 49,75 Prozent zu.

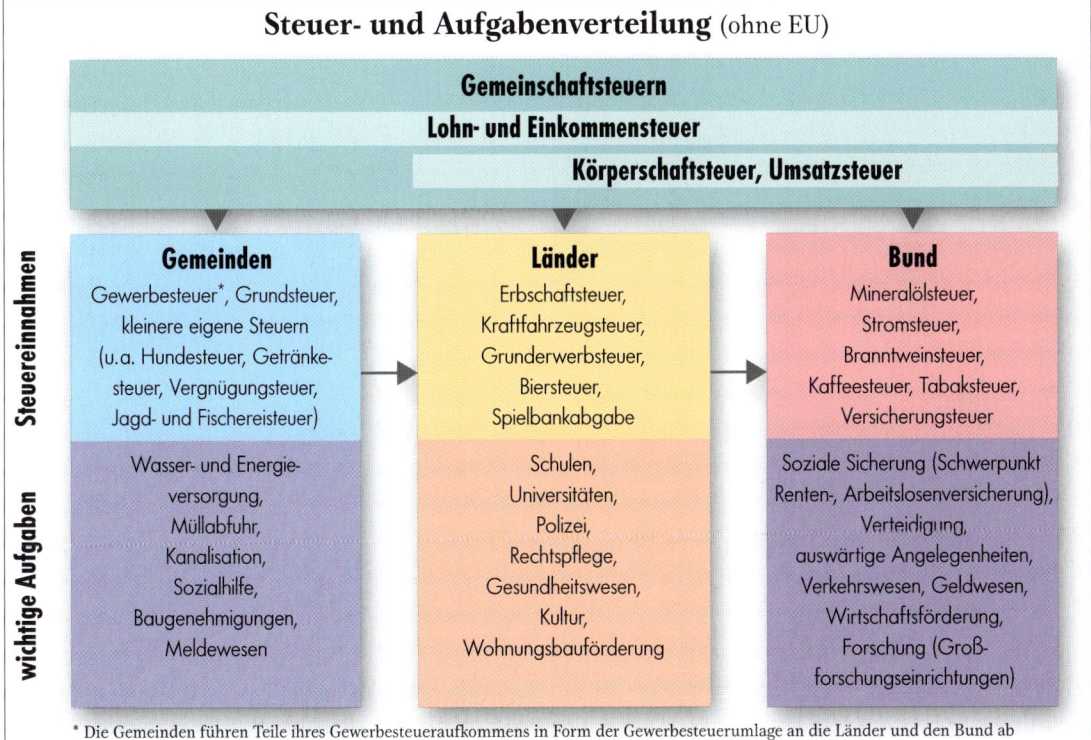

Steuer- und Aufgabenverteilung (ohne EU)

Gemeinschaftsteuern
Lohn- und Einkommensteuer
Körperschaftsteuer, Umsatzsteuer

	Gemeinden	Länder	Bund
Steuereinnahmen	Gewerbesteuer*, Grundsteuer, kleinere eigene Steuern (u.a. Hundesteuer, Getränkesteuer, Vergnügungsteuer, Jagd- und Fischereisteuer)	Erbschaftsteuer, Kraftfahrzeugsteuer, Grunderwerbsteuer, Biersteuer, Spielbankabgabe	Mineralölsteuer, Stromsteuer, Branntweinsteuer, Kaffeesteuer, Tabaksteuer, Versicherungsteuer
wichtige Aufgaben	Wasser- und Energieversorgung, Müllabfuhr, Kanalisation, Sozialhilfe, Baugenehmigungen, Meldewesen	Schulen, Universitäten, Polizei, Rechtspflege, Gesundheitswesen, Kultur, Wohnungsbauförderung	Soziale Sicherung (Schwerpunkt Renten-, Arbeitslosenversicherung), Verteidigung, auswärtige Angelegenheiten, Verkehrswesen, Geldwesen, Wirtschaftsförderung, Forschung (Großforschungseinrichtungen)

* Die Gemeinden führen Teile ihres Gewerbesteueraufkommens in Form der Gewerbesteuerumlage an die Länder und den Bund ab

Der Sachsenspiegel, zwischen 1220 und 1235 von Eike von Repkow verfasst, ist das bedeutendste Rechtsbuch des deutschen Mittelalters. Er zeichnete das überlieferte, ungeschriebene Gewohnheitsrecht des sächsischen Stammes auf, erlangte bald das Ansehen eines Gesetzbuches und bildete die Vorlage für spätere Rechtsbücher (Schwabenspiegel, Deutschenspiegel). Der Sachsenspiegel ist in fast 200 Handschriften überliefert. Hier eine Illustration aus der Heidelberger Handschrift: 1. Schöffen, Fronbote und Richter; 2. Mönch vor Richter; 3. Befragung von 21 Zeugen; 4. Beweisgegner und Gegenpartei vor dem Richter

Rechtsstaat

Die Idee eines Staates, in dem das Gesetz herrscht und der allen Bürgerinnen und Bürgern Rechtssicherheit gewährleistet, entstand schon in der griechischen Antike. Die Philosophie der Aufklärung nahm die gleichfalls aus der Antike stammende Naturrechtslehre wieder auf: Jeder Mensch besitzt in seiner Natur begründete, angeborene Rechte. Es sind vor- oder überstaatliche Rechte, die der Staat nicht verleihen, sondern nur garantieren kann.

Der Begriff des Rechtsstaats entstand im 19. Jahrhundert in Deutschland und spielt seitdem eine zentrale Rolle in der deutschen Rechts- und Verfassungsgeschichte. Die meisten anderen Staaten kennen den Begriff nicht, dort ist Rechtsstaat gleichbedeutend mit Verfassungsstaat oder Demokratie.

Unabhängigkeitserklärung der Vereinigten Staaten von Amerika, 4. Juli 1776

Folgende Wahrheiten bedürfen für uns keines Beweises: Daß alle Menschen gleich geschaffen sind; daß sie von ihrem Schöpfer mit gewissen unveräußerlichen Rechten ausgestattet sind; daß dazu Leben, Freiheit und das Streben nach Glück gehören; daß zur Sicherung dieser Rechte Regierungen unter den Menschen eingesetzt sind, die ihre rechtmäßige Autorität aus der Zustimmung der Regierten herleiten; daß, wann immer irgendeine Regierungsform diesen Zielen abträglich wird, das Volk berechtigt ist, sie zu ändern oder abzuschaffen und eine neue Regierung einzusetzen und diese auf solche Prinzipien zu errichten und ihre Gewalten solchermaßen zu organisieren, wie es ihm zur Gewährleistung seiner Sicherheit und seines Glücks am ratsamsten erscheint.

Erklärung der Menschen- und Bürgerrechte, Frankreich, 26. August 1789

Artikel 1
Die Menschen sind und bleiben von Geburt frei und gleich an Rechten. Soziale Unterschiede dürfen nur im gemeinen Nutzen begründet sein.

Artikel 2
Das Ziel jeder politischen Vereinigung ist die Erhaltung der natürlichen und unveräußerlichen Menschenrechte. Diese Rechte sind Freiheit, Eigentum, Sicherheit und Widerstand gegen Unterdrückung.

Artikel 4
Die Freiheit besteht darin, alles tun zu können, was einem anderen nicht schadet. So hat die Ausübung der natürlichen Rechte eines jeden Menschen nur die Grenzen, die den anderen Gliedern der Gesellschaft den Genuß der gleichen Rechte sichern. Diese Grenzen können allein durch Gesetz festgelegt werden.

Der liberale Rechtsstaat

Das wirtschaftlich aufstrebende Bürgertum hat die Prinzipien des liberalen Rechtsstaates im Kampf gegen den monarchischen Obrigkeitsstaat, der die Bürger als Untertanen bevormundete, durchgesetzt. Die politische Ideologie des Bürgertums, der Liberalismus, forderte die Beseitigung aller Schranken, die die Selbstentfaltung des Individuums behinderten. Der Staat sollte sich darauf beschränken, die politische Freiheit und die ungehinderte wirtschaftliche Betätigung der Bürger zu garantieren.

Grundprinzipien

Alles staatliche Handeln ist an das Gesetz gebunden (Rechtssicherheit), vor dem Gesetz sind alle Bürger gleich (Rechtsgleichheit), unabhängige Gerichte schützen die Bürger vor willkürlichen Eingriffen des Staates (Rechtsschutz).
In der Wirtschaft soll nach den Grundsätzen des liberalen Rechtsstaates das freie Spiel der Kräfte herrschen, Produzenten und Konsumenten sollen ihre wirtschaftlichen Interessen ohne staatliche Eingriffe verfolgen können, der Staat soll lediglich durch rechtliche Regelungen die Voraussetzungen dafür schaffen: Garantie des Privateigentums, freier Wettbewerb, Gewerbefreiheit, Vertragsfreiheit, freier Handel.

Rechtsstaat und soziale Frage

Die Freiheits- und Rechtsgarantien des liberalen Rechtsstaates sind wesentliche Bestandteile des heutigen Rechtsstaates. Sie erwiesen sich jedoch in zweierlei Hinsicht als ergänzungsbedürftig. Schon im 19. Jahrhundert wurde offenkundig, dass der ungehemmte Wirtschaftsliberalismus die soziale Ungleichheit und die daraus folgenden sozialen Missstände derart verschärfte, dass der Staat zum Eingreifen gezwungen war. Damit setzte eine Entwicklung ein, die zum modernen Sozialstaat führte. Das Grundgesetz verknüpft folgerichtig Rechtsstaat und Sozialstaat zum sozialen Rechtsstaat.

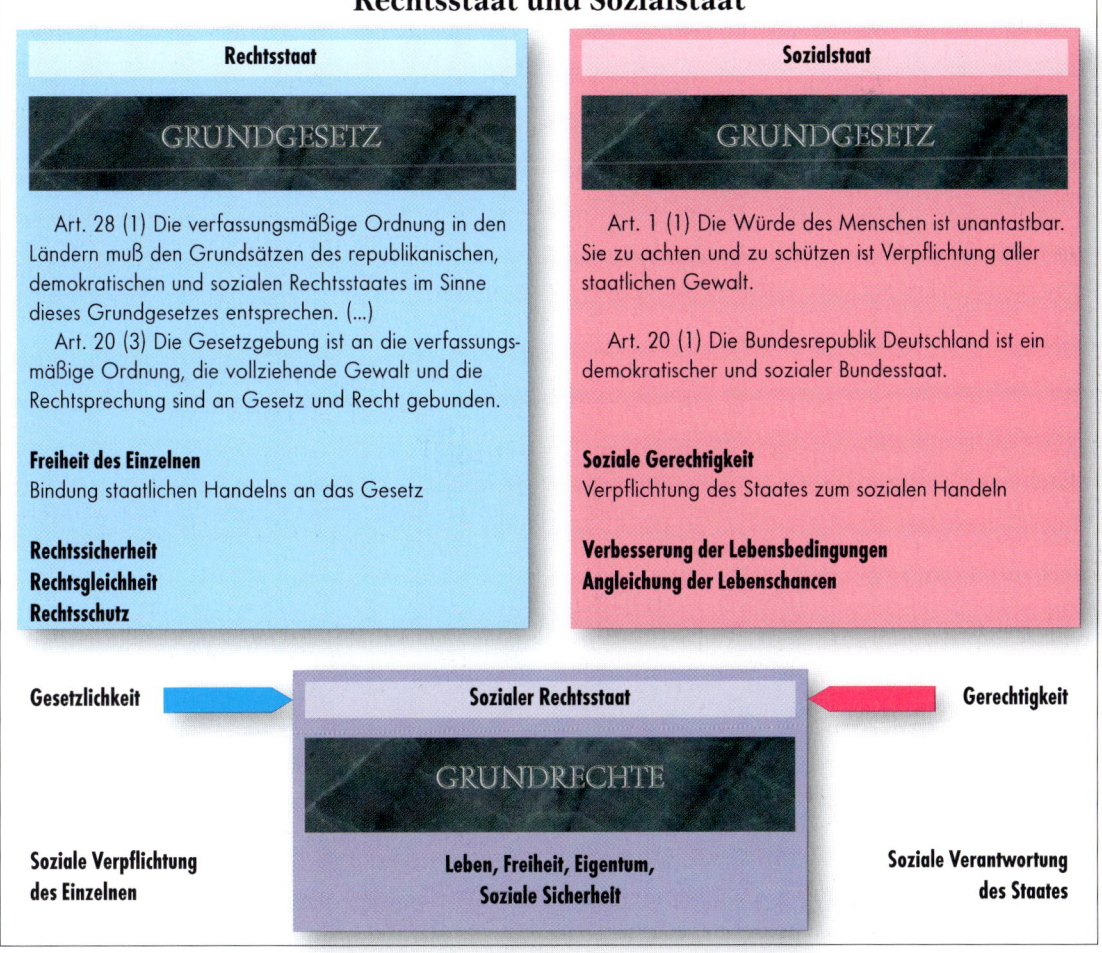

Rechtsstaat und Sozialstaat

Rechtsstaat

GRUNDGESETZ

Art. 28 (1) Die verfassungsmäßige Ordnung in den Ländern muß den Grundsätzen des republikanischen, demokratischen und sozialen Rechtsstaates im Sinne dieses Grundgesetzes entsprechen. (...)

Art. 20 (3) Die Gesetzgebung ist an die verfassungsmäßige Ordnung, die vollziehende Gewalt und die Rechtsprechung sind an Gesetz und Recht gebunden.

Freiheit des Einzelnen
Bindung staatlichen Handelns an das Gesetz

Rechtssicherheit
Rechtsgleichheit
Rechtsschutz

Sozialstaat

GRUNDGESETZ

Art. 1 (1) Die Würde des Menschen ist unantastbar. Sie zu achten und zu schützen ist Verpflichtung aller staatlichen Gewalt.

Art. 20 (1) Die Bundesrepublik Deutschland ist ein demokratischer und sozialer Bundesstaat.

Soziale Gerechtigkeit
Verpflichtung des Staates zum sozialen Handeln

Verbesserung der Lebensbedingungen
Angleichung der Lebenschancen

Gesetzlichkeit → **Sozialer Rechtsstaat** ← Gerechtigkeit

GRUNDRECHTE

Soziale Verpflichtung des Einzelnen

Leben, Freiheit, Eigentum, Soziale Sicherheit

Soziale Verantwortung des Staates

Gesetzesstaat und materieller Rechtsstaat

Spätere Erfahrungen zeigten, dass die bloße Bindung der Staatsgewalt an das Gesetz, der nur formale Gesetzesstaat, keinen Schutz vor staatlicher Willkür bietet. Das nationalsozialistische Herrschaftssystem kleidete seine Unrechtsmaßnahmen formal in Gesetze, vom Ermächtigungsgesetz bis zu den Rassengesetzen, und zerstörte damit den Rechtsstaat. In der DDR herrschte die »sozialistische Gesetzlichkeit«, in der das Recht dazu diente, den Willen der Partei zu vollstrecken. Die bloß formale Bindung der Staatsgewalt an das Gesetz reicht offensichtlich nicht aus, um den Rechtsstaat zu bewahren. Hinzutreten muss die inhaltliche Bindung an eine höherrangige Wertordnung, zum Beispiel an das Naturrecht. Das formale Prinzip des Gesetzesstaates muss ergänzt werden durch das inhaltliche, materielle Rechtsstaatsprinzip. Nach dem Grundgesetz ist die Würde des Menschen der oberste Grundwert, dem alle staatliche Gewalt verpflichtet ist.

Römischer Doppeldenar, so genannter Antoninian, geprägt um 250 n. Chr. unter Kaiser Philippus Arabs. Justitia, die Verkörperung der Gerechtigkeit, mit den Symbolen Waage und Füllhorn

Der Rechtsstaat im Grundgesetz

Artikel 28

(1) Die verfassungsmäßige Ordnung in den Ländern muß den Grundsätzen des republikanischen, demokratischen und sozialen Rechtsstaates im Sinne dieses Grundgesetzes entsprechen. (...)

Der Begriff »Rechtsstaat« kommt im Grundgesetz nur einmal vor, in Art. 28 als verbindliche Verfassungsordnung für die Länder; für den Bund wird er damit vorausgesetzt. Der Rechtsstaat findet seinen Ausdruck vor allem in der Garantie der Grundrechte (→ Seite 16) und in der Unabhängigkeit der Rechtsprechung (→ Seite 106). Darüber hinaus wird er in vielen Artikeln des Grundgesetzes näher beschrieben. Zu den wichtigsten gehören:

Artikel 20

(3) Die Gesetzgebung ist an die verfassungsmäßige Ordnung, die vollziehende Gewalt und die Rechtsprechung sind an Gesetz und Recht gebunden.

Verfassungsmäßigkeit und Rechtsbindung

Als erste deutsche Verfassung hat das Grundgesetz den Vorrang der Verfassung vor der Gesetzgebung eingeführt. Damit sollte verhindert werden, dass – wie in der Weimarer Republik – mit verfassungsändernden Mehrheiten Gesetze beschlossen werden, die gegen die Verfassung verstoßen (Verfassungsdurchbrechung).

Der Grundsatz der Gesetzmäßigkeit der Verwaltung bindet die Verwaltung an die Gesetze. Er schließt beispielsweise Ermessensentscheidungen aus, die gegen ein Gesetz oder eine andere Rechtsvorschrift verstoßen (→ Seite 88).

Artikel 19

(4) Wird jemand durch die öffentliche Gewalt in seinen Rechten verletzt, so steht ihm der Rechtsweg offen. Soweit eine andere Zuständigkeit nicht begründet ist, ist der ordentliche Rechtsweg gegeben.

Rechtsweggarantie

Jeder Bürger hat das Recht, bei einer Verwaltungsbehörde einen förmlichen Widerspruch einzureichen, wenn er sich durch deren Maßnahmen zu Unrecht belastet bzw. in seinen Rechten unmittelbar und persönlich verletzt sieht. Führt der Widerspruch nicht zum Erfolg, hat der Bürger das Recht, die Gerichte anzurufen.

Diese Rechtsweggarantie beseitigt die »Selbstherrlichkeit der vollziehenden Gewalt im Verhältnis zum Bürger« (Bundesverfassungsgericht), der Einzelne steht nicht als »Untertan« einer nach Belieben handelnden »Obrigkeit« gegenüber. In der Regel sind Verwaltungsgerichte für Klagen gegen die Verwaltung zuständig.

Glaubt ein Bürger, in einem seiner Grundrechte verletzt zu sein, kann er nach Art. 93 Abs. 1 Nr. 4 a beim Bundesverfassungsgericht Verfassungsbeschwerde einlegen (→ Seite 116).

Rechtsstaat und Widerstandsrecht

Artikel 20

(4) Gegen jeden, der es unternimmt, diese Ordnung zu beseitigen, haben alle Deutschen das Recht zum Widerstand, wenn andere Abhilfe nicht möglich ist.

Das Widerstandsrecht wurde erst im Zusammenhang mit der Notstandsgesetzgebung von 1968 in das Grundgesetz aufgenommen.

Widerstand ist nur zulässig gegen den Versuch, »diese Ordnung« zu beseitigen, das bedeutet die Verfassungsordnung, wie sie in den vorausgehenden Abs. 1-3 des Art. 20 festgelegt ist: Demokratie, Bundesstaat, Rechtsstaat, Sozialstaat.

Widerstand kann sich gegen »jeden« richten, sowohl gegen die Staatsgewalt, einen »Staatsstreich von oben«, als auch gegen revolutionäre Kräfte, einen »Staatsstreich von unten«.

Widerstand ist nur erlaubt, wenn »andere Abhilfe nicht möglich ist«. Es ist das letzte Mittel, wenn die Institutionen des Rechtsstaates, besonders unabhängige Gerichte, nicht mehr handlungsfähig sind.

Auf das Widerstandsrecht kann sich nicht berufen, wer einzelne staatliche Handlungen, zum Beispiel die friedliche Nutzung der Kernenergie, aus Gewissensgründen ablehnt.

Sozialstaat

Die Sozialstaatlichkeit ist im Grundgesetz an zwei Stellen verankert: in Art. 20 Abs. 1, der den sozialen Bundesstaat fordert, und in Art. 28, in dem die Bundesrepublik Deutschland als »sozialer Rechtsstaat« bezeichnet wird.

Anders als das Rechtsstaatsprinzip wird der soziale Auftrag des Staates, das Sozialstaatsgebot, nur an wenigen Stellen des Grundgesetzes im Einzelnen konkretisiert. Der Parlamentarische Rat hat davon abgesehen, ein verbindliches Modell des Sozialstaates vorzuschreiben. Er hat die Ausgestaltung weitgehend dem Gesetzgeber überlassen.

Sozialstaatsprinzip

Die Prinzipien des Rechtsstaates sind unveränderlich und zeitlos gültig. Soziale Gerechtigkeit, die zentrale Zielsetzung des Sozialstaates, lässt sich nicht ein für alle Mal verbindlich definieren. Ihre Ausgestaltung hängt ab von der wirtschaftlichen und sozialen Entwicklung sowie dem gesellschaftlichen Bewusstsein. Das Sozialstaatsprinzip ist somit ein dynamisches Prinzip, das den Gesetzgeber verpflichtet, die sozialen Verhältnisse immer wieder neu zu regeln.

Soziales Handeln

Das Grundgesetz sichert nur wenige soziale Grundrechte zu (→ Seite 16f.). Beispielsweise legt Art. 6 Abs. 4 fest: *Jede Mutter hat Anspruch auf den Schutz und die Fürsorge der Gemeinschaft.*

Mehrere Grundrechtsartikel fordern jedoch vom Staat soziales Handeln:

◆ Aus der Verpflichtung der staatlichen Gewalt, die Menschenwürde zu achten und zu schützen (Art. 1), folgt, dass der Staat allen seinen Bürgern das materielle Existenzminimum sichern muss.

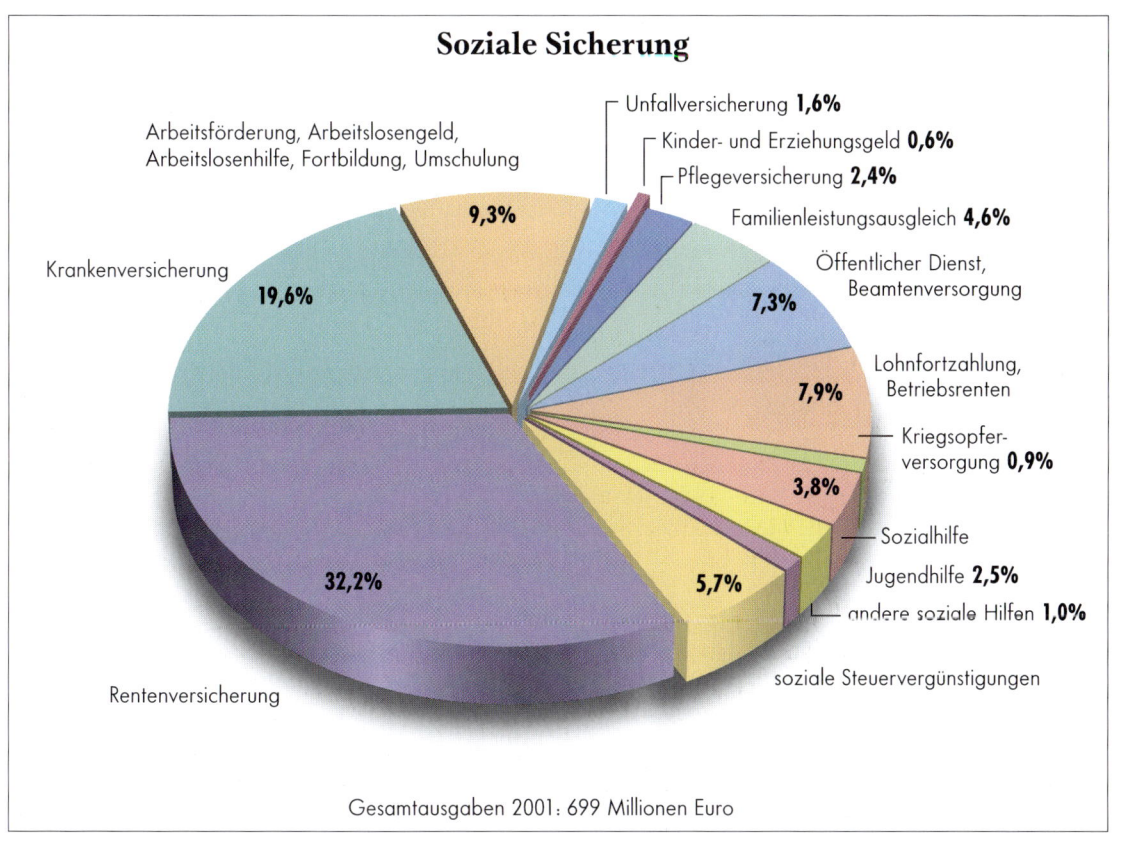

Soziale Sicherung

- Unfallversicherung **1,6%**
- Kinder- und Erziehungsgeld **0,6%**
- Pflegeversicherung **2,4%**
- Familienleistungsausgleich **4,6%**
- Öffentlicher Dienst, Beamtenversorgung **7,3%**
- Lohnfortzahlung, Betriebsrenten **7,9%**
- Kriegsopferversorgung **0,9%**
- Sozialhilfe **3,8%**
- Jugendhilfe **2,5%**
- andere soziale Hilfen **1,0%**
- soziale Steuervergünstigungen **5,7%**

Arbeitsförderung, Arbeitslosengeld, Arbeitslosenhilfe, Fortbildung, Umschulung **9,3%**

Krankenversicherung **19,6%**

Rentenversicherung **32,2%**

Gesamtausgaben 2001: 699 Millionen Euro

◆ Die Gleichberechtigung von Mann und Frau und das Diskriminierungsverbot, also das Verbot, jemanden aus irgendwelchen Gründen zu benachteiligen (Art. 3 Abs. 2 und 3), verpflichten dazu, soziale Ungleichheiten zu beseitigen und für Gleichbehandlung, zum Beispiel am Arbeitsplatz, zu sorgen.

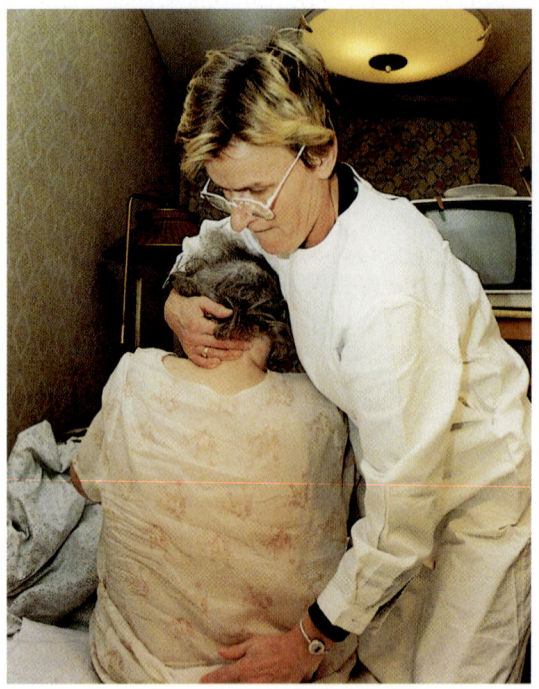

Eine Schwester einer Pflege- und Sozialstation betreut kranke Rentnerin

◆ Der Schutz von Ehe und Familie (Art. 6) gibt dem Staat auf, die finanziellen Belastungen durch Kindergeld und Steuervergünstigungen zu erleichtern und Mütter durch Kündigungsschutz und Mutterschaftsgeld abzusichern.
◆ Die Koalitionsfreiheit (Art. 9 Abs. 3) garantiert Arbeitnehmern, dass sie ihre Stellung im Arbeitsleben durch Bildung von Gewerkschaften verbessern können (→ Seite 44f.).
◆ Die Sozialbindung des Eigentums (Art. 14 Abs. 2) ist ein Teil des Sozialstaatsgebots.

Sozialpolitik

Gesetzgebung und Rechtsprechung haben das Sozialstaatsgebot auf vielfältige Weise in die Tat umgesetzt. Sozialpolitik ist nicht auf einen bestimmten Politikbereich beschränkt, sondern greift mit dem Ziel der Angleichung der Lebenschancen und der Verbesserung der Lebensbedingungen in viele Bereiche ein.

Kern der Sozialpolitik sind die klassischen Systeme der sozialen Sicherung gegen Lebensrisiken: Alter, Krankheit, Unfall, Pflegebedürftigkeit, Arbeitslosigkeit. Dazu gehören ferner Maßnahmen des sozialen Ausgleichs und der Hilfe in Notlagen: Kindergeld, Kinderfreibeträge, Erziehungsgeld, Mutterschutz, Wohngeld und Sozialhilfe.

Städtischer Kindergarten in Ostfildern

Sozialpolitik im weiteren Sinne umfasst Maßnahmen der Bildungspolitik (Ausbildungsförderung für Schülerinnen und Schüler sowie Studierende), der Wohnungsbaupolitik (sozialer Wohnungsbau, Wohnungsbauprämien), der Arbeitsmarktpolitik (Arbeitsbeschaffungsmaßnahmen, Fortbildung und Umschulung von Arbeitslosen, Kurzarbeitergeld), der Steuerpolitik (Steuerermäßigungen und -befreiungen für niedrige Einkommen).

Das Sozialstaatsgebot verpflichtet schließlich den Staat dazu, die Arbeitsbedingungen so zu regeln, dass die schwächere soziale Position der Arbeitnehmerinnen und -nehmer gestärkt wird. Dazu gehören Schutz im Betrieb durch Arbeitszeitregelungen, Schutz vor Gefahren des Arbeitslebens, Schutz vor Entlassungen sowie die oben erwähnten Maßnahmen der Ordnung des Arbeitsmarktes.

Mitbestimmung

Diese gesetzlichen Regelungen der Arbeitsbeziehungen werden ergänzt durch die Gesetzgebung über die Mitbestimmung.

Bei mittleren und kleineren Kapitalgesellschaften erfolgt die Mitbestimmung auf der Grundlage des Betriebsverfassungsgesetzes von 1952 nach der so genannten Drittelbeteiligung, das heißt, ein Drittel der Aufsichtsratsmitglieder besteht aus gewählten Arbeitnehmervertretern, den Betriebsräten. Deren Zuständigkeiten sind im Gesetz genau festgelegt. Sie reichen von qualifizierter Mitbestimmung, besonders in sozialen Belangen, über Zustimmungs- und Widerspruchsrechte, besonders bei Personalentscheidungen, bis zum Recht auf Unterrichtung und Anhörung bei wirtschaftlichen Entscheidungen. Für Behörden und Dienststellen des Bundes, der Länder und Gemeinden sowie Körperschaften, Anstalten und Stiftungen des öffentlichen Rechts gelten entsprechend die Personalvertretungsgesetze des Bundes und der Länder.

Nach dem Montanmitbestimmungsgesetz für den Bergbau und die Eisen- und Stahlindustrie (Montanindustrie) von 1951 und dem Mitbestimmungsgesetz für Großunternehmen von 1976 bestehen die Aufsichtsräte je zur Hälfte aus Vertretern der Arbeitgeber und der Arbeitnehmer. Bei Stimmengleichheit entscheidet ein zusätzliches neutrales Mitglied bzw. der Aufsichtsratsvorsitzende (→ Koalitionsfreiheit und Tarifautonomie, Seite 44f.).

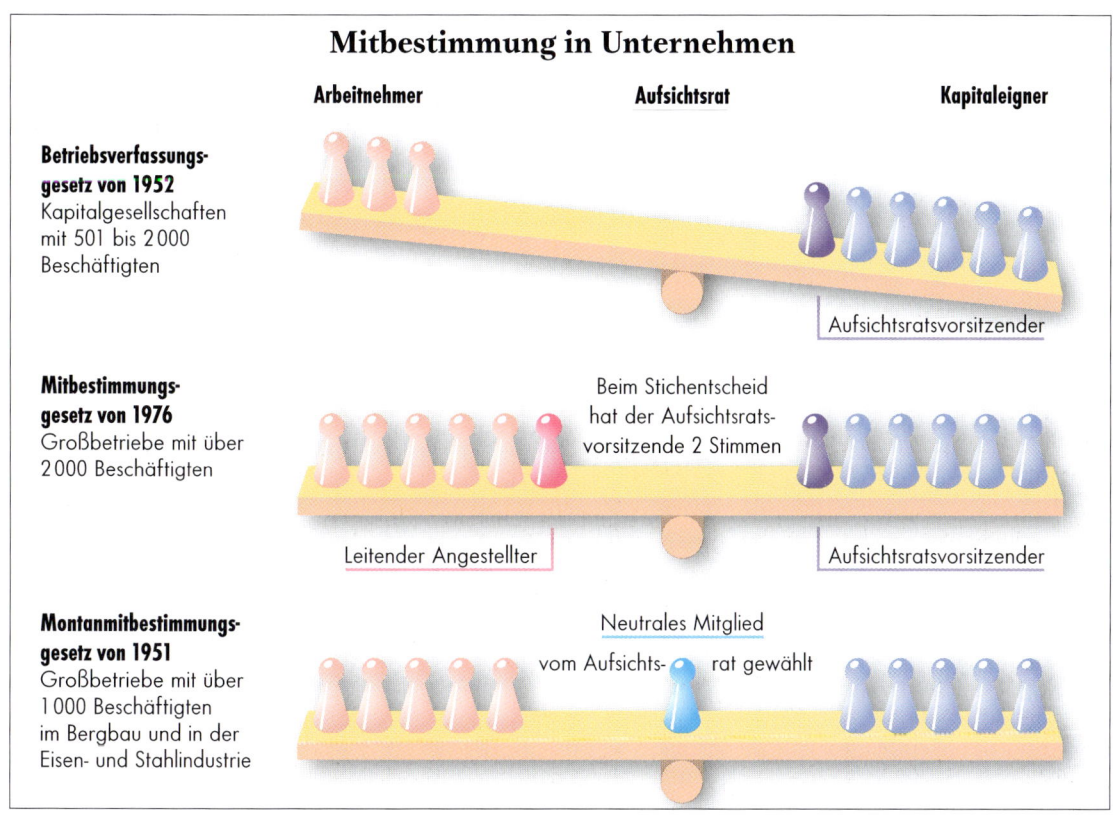

Mitbestimmung in Unternehmen

Arbeitnehmer   **Aufsichtsrat**   **Kapitaleigner**

Betriebsverfassungsgesetz von 1952
Kapitalgesellschaften mit 501 bis 2000 Beschäftigten

Aufsichtsratsvorsitzender

Mitbestimmungsgesetz von 1976
Großbetriebe mit über 2000 Beschäftigten

Beim Stichentscheid hat der Aufsichtsratsvorsitzende 2 Stimmen

Leitender Angestellter   Aufsichtsratsvorsitzender

Montanmitbestimmungsgesetz von 1951
Großbetriebe mit über 1000 Beschäftigten im Bergbau und in der Eisen- und Stahlindustrie

Neutrales Mitglied vom Aufsichts- rat gewählt

Politische Beteiligung

Die parlamentarische Demokratie leitet ihre Rechtfertigung (Legitimation) von der Zustimmung ihrer Bürger ab. Diese drückt sich aus in der Teilnahme (Partizipation) am Prozess der politischen Meinungsbildung und Entscheidung. Das bedeutet nicht, dass die Mehrheit der Bevölkerung unmittelbar politisch aktiv sein muss. Nur eine kleine Minderheit ist beispielsweise bereit, einer Partei beizutreten. Ende 2001 waren etwa 1,7 Millionen Bürger Mitglieder einer Partei, das sind etwas weniger als drei Prozent der Wahlberechtigten. Politische Beteiligung kann in vielerlei Formen erfolgen. Sie setzt politische Urteilsfähigkeit voraus und erfordert die Bereitschaft, sich für das Gemeinwesen mitverantwortlich zu fühlen.

Am Prozess der politischen Meinungs- und Willensbildung nimmt teil, wer politische Nachrichten und Kommentare in Zeitungen liest, die politische Berichterstattung in Rundfunk und Fernsehen verfolgt und Gespräche über politische Themen im Familien-, Freundes- und Kollegenkreis führt.

Formen der aktiven Beteiligung reichen von der Mitwirkung bei Unterschriftenaktionen, einem Engagement in Umwelt-, Menschenrechts- und Selbsthilfegruppen, der Teilnahme an Versammlungen und Demonstrationen, dem Schreiben von Leserbriefen und Briefen an Abgeordnete, dem Besuch von Sprechstunden der Abgeordneten, Eingaben an Parlamente und an den Bundespräsidenten, der Mitgliedschaft und Mitarbeit in Parteien, Verbänden und Bürgerinitiativen bis zur Teilnahme an den Wahlen zu Volksvertretungen und der eigenen Kandidatur bei diesen Wahlen.

Unter dem Motto »Grundrechte verteidigen – Flüchtlinge schützen – Rassismus bekämpfen« demonstrierten am 14. November 1992 in Bonn über 100 000 Menschen

Formen politischer Beteiligung

Bundesrat

Landtags-
wahlen

Bundestag

Bundestags-
wahlen

**Bundes-
präsident**

Eingaben

Landtage

Landtags-
wahlen

**Bundes-
verfassungs-
gericht**

Verfassungs-
beschwerden

**Bürgerinnen
und Bürger**

**Kommunal-
vertretungen**

Kommunal-
wahlen

**Massen-
medien**

Leserbriefe

**Petitions-
ausschüsse**

Petitionen

**Bürger-
initiativen**

Mitgliedschaft

Parteien

Mitgliedschaft

Verbände

Mitgliedschaft

Die Bereitschaft zur Übernahme politischer Funktionen ist auf einen sehr gerin-
gen Anteil der Bevölkerung
beschränkt. Bei einer Um-
frage aus dem Jahr 1994
(ipos) gaben nur drei Prozent der Westdeutschen und
vier Prozent der Ostdeut-
schen an, ein politisches Amt
auszuüben. Rund drei Viertel erklärten, sie seien nicht
bereit, ein politisches Amt
zu übernehmen, während
die restlichen Befragten ihre
grundsätzliche Bereitschaft
zu einem solchen Engage-
ment äußerten. Die Bereitschaft, politisch aktiv zu
werden, war in den alten
Bundesländern etwas höher
als in den neuen. Bei einer
neueren Umfrage (Allens-
bach) erklärten 1999 sie-
ben Prozent der Befragten,
sich politisch in einer Partei,
einem Verein oder Verband
zu betätigen.

Wahlbeteiligung bei den Bundestagswahlen 1949 – 2002[1]

100%

75%

50%

1949[2] 1953[2] 1957 1961 1965 1969 1972 1976 1980 1983 1987 1990[3] 1994 1998 2002

[1] Bis 1987 Bundesrepublik Deutschland nach dem Gebietsstand vor dem 3. Oktober 1990, ohne Berlin (West)   [2] Ohne Saarland
[3] Bundesrepublik Deutschland nach dem Gebietsstand ab dem 3. Oktober 1990

Wahlen

Wahlen sind die einfachste Form politischer Beteiligung. Für die Mehrheit der Bürger sind sie die einzige Form der direkten Teilnahme am politischen Prozess. Alle anderen Arten von Partizipation sind mit einem deutlich höheren Aufwand verbunden.

Wahlen sind die wichtigste Form politischer Beteiligung in der Demokratie. Ohne Wahlen ist Demokratie nicht denkbar. Durch Wahlen wird die politische Führung bestimmt und der politische Kurs der nächsten Legislaturperiode festgelegt.

Wahlen sind das wirksamste Instrument demokratischer Kontrolle: Wenn die Wähler mit der Politik der Regierenden unzufrieden sind, können sie diese abwählen und einen Machtwechsel herbeiführen.

Wahlgrundsätze und Wahlsystem

Artikel 38

(1) Die Abgeordneten des Deutschen Bundestages werden in allgemeiner, unmittelbarer, freier, gleicher und geheimer Wahl gewählt. Sie sind Vertreter des ganzen Volkes, an Aufträge und Weisungen nicht gebunden und nur ihrem Gewissen unterworfen.
(2) Wahlberechtigt ist, wer das achtzehnte Lebensjahr vollendet hat; wählbar ist, wer das Alter erreicht hat, mit dem die Volljährigkeit eintritt.
(3) Das Nähere bestimmt ein Bundesgesetz.

Die Grundsätze für die Wahl zum Deutschen Bundestag, zu den Landtagen und zu den Gemeindevertretungen sind im Grundgesetz in Art. 38 und Art. 28 festgelegt. Sie gelten ebenso für die Wahl der deutschen Abgeordneten zum Europäischen Parlament.

Die Wahlen sind:

- allgemein: alle Staatsbürger ab einem bestimmten Alter (in Deutschland 18 Jahre) können wählen und gewählt werden;
- unmittelbar: die Wähler wählen direkt einen Abgeordneten oder mehrere über eine Liste, nicht wie bei einer indirekten Wahl zunächst Wahlmänner, die dann die Abgeordneten wählen (wie bei der Wahl des Präsidenten der USA);
- frei: auf die Wähler darf keinerlei Druck ausgeübt werden, ihre Stimme für einen Kandidaten oder für eine Partei abzugeben; die Bürger sind auch frei, nicht zu wählen, es gibt keine Wahlpflicht;
- gleich: jede Stimme zählt gleich viel;
- geheim: es bleibt geheim, wie der Wähler abstimmt; Wahlkabine, Stimmzettel im Umschlag, Wahlurne dienen diesem Zweck.

Für die Wahl zum Bundestag und zu den Landtagen gilt ein Wahlsystem, das als personalisierte Verhältniswahl bezeichnet wird. Es entspricht im Ergebnis der Verhältniswahl, wenn es auch Elemente der Mehrheitswahl enthält.

Bei Wahlen nach dem Prinzip der Mehrheitswahl (auch Persönlichkeitswahl) wird das Wahlgebiet in Wahlkreise eingeteilt, aus denen je ein Abgeordneter zu entsenden ist. Gewählt ist der Kandidat, der die Mehrheit der Stimmen auf sich vereinigt.

Bei der Verhältniswahl stellen Parteien Listen von Kandidaten auf. Die Parlamentssitze werden nach dem Verhältnis der auf die einzelnen Listen abgegebenen Stimmen aufgeteilt.

Das Mehrheitswahlsystem begünstigt ein Zweiparteiensystem mit regierungsfähigen Mehrheiten. Das Verhältniswahlsystem führt dazu, dass alle Parteien gemäß ihrem Anteil an den Wählerstimmen im Parlament vertreten sind.

Bundestagswahl

Bei der Bundestagswahl hat der Wähler zwei Stimmen. Mit der Erststimme wählt er den Kandidaten einer Partei im Wahlkreis (Mehrheitswahl), mit der Zweitstimme die Liste einer Partei (Verhältniswahl). Die Sitze werden entsprechend den für die Listen insgesamt abgegebenen Stimmen auf die Parteien verteilt. Ausschlaggebend für die Sitzverteilung ist also die Zweitstimme. Die Listen werden für jedes der 16 Bundesländer getrennt aufgestellt (Landeslisten).

Dem 15. Deutschen Bundestag gehören 603 Abgeordnete an. 299 sind in den Wahlkreisen direkt, 304 über die Landeslisten gewählt worden. Unter den letzteren sind fünf Überhangmandate, vier für die SPD und eins für die CDU/CSU.

Der Wähler kann mit der Erststimme für den Wahlkreiskandidaten einer Partei und mit der Zweitstimme für die Liste einer anderen Partei stimmen. Er kann damit einem populären Kandidaten zum Einzug in den Bundestag verhelfen, auch wenn er eine andere Partei bevorzugt. Häufiger wird diese Aufteilung der Stimmen (Stimmen-Splitting) von solchen Wählern genutzt, die einer Koalition zur Macht verhelfen wollen. Wähler einer großen Partei stimmen für den Direktkandidaten »ihrer« Partei und für die Liste der kleineren Koalitionspartei, damit diese nicht an der Fünfprozenthürde scheitert.

In fünf Bundesländern können Jugendliche bereits mit 16 Jahren bei Kommunalwahlen ihre Stimme abgeben: in Niedersachsen und Schleswig-Holstein schon seit 1996, in Sachsen-Anhalt seit 1997, in Nordrhein-Westfalen seit 1998 und in Mecklenburg-Vorpommern ab 1999. Für eine Änderung des Wahlalters bei den Bundestags- und Landtagswahlen wäre eine Änderung von Art. 38 Abs. 2 GG, die eine Zweidrittelmehrheit erfordert, notwendig.

Auf die Zweitstimme kommt es an

Bei der Bundestagswahl hat jeder Wahlberechtigte zwei Stimmen;
sie heißen Erststimme und Zweitstimme

Wahlentscheidend ist nur die Zweitstimme

Denn nach dem Anteil der Parteien an den Zweitstimmen richtet sich ihr Anteil an den 598 Bundestagssitzen.

Was bewirkt die Erststimme?

● Die Wähler können damit direkt über die Person entscheiden, die ihren Wahlkreis im Bundestag vertritt.

● Wahlsieger ist der Kandidat, der die meisten Erststimmen erhält. Er zieht in den Bundestag ein.

● Da es 299 Wahlkreise gibt, ist damit erst die Hälfte der 598 Bundestagssitze besetzt.

● Wenn eine Partei mehr Wahlkreissieger hat, als ihr Bundestagssitze zustehen, bekommt sie entsprechend zusätzliche Sitze. Dann erhöht sich auch die Gesamtzahl der Bundestagssitze (»Überhangmandate«).

Überhangmandate entstehen, wenn für eine Partei in einem Land mit den Erststimmen mehr Kandidaten in den Bundestag gewählt werden, als ihr nach dem Ergebnis der Zweitstimmen in diesem Land zustehen.

Solche Überhangmandate fallen typischerweise dann an, wenn eine Partei bei den Zweitstimmen in einem Land zwischen 38 und 45 Prozent liegt, dort aber alle oder fast alle Direktmandate gewonnen hat.

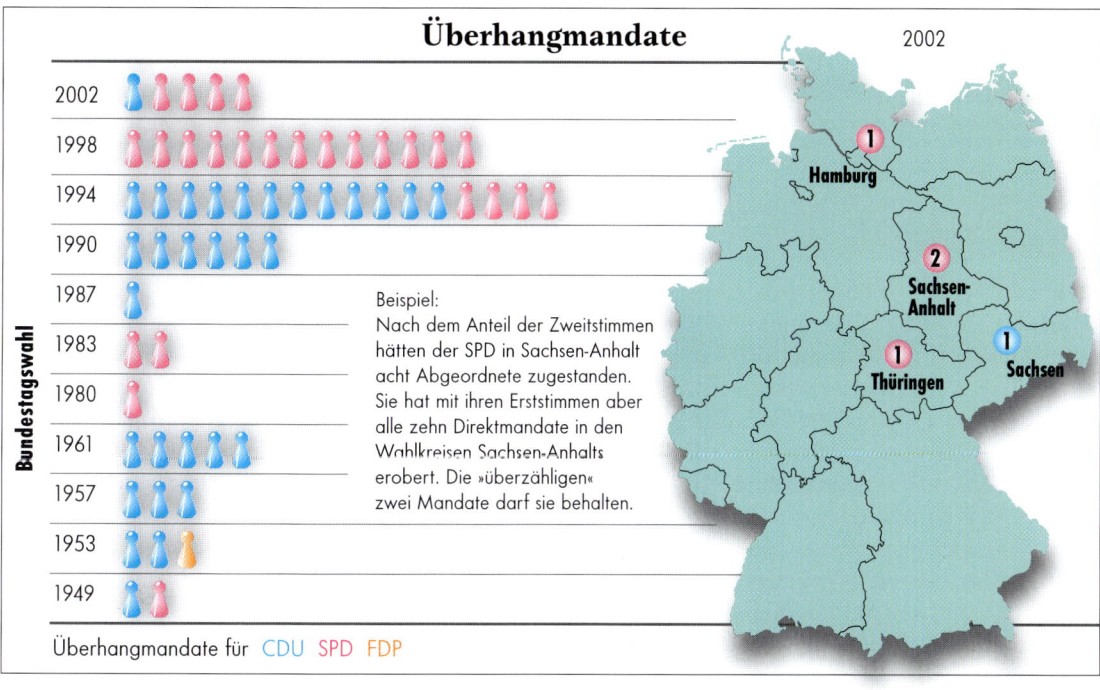

Überhangmandate

2002

Beispiel:
Nach dem Anteil der Zweitstimmen hätten der SPD in Sachsen-Anhalt acht Abgeordnete zugestanden. Sie hat mit ihren Erststimmen aber alle zehn Direktmandate in den Wahlkreisen Sachsen-Anhalts erobert. Die »überzähligen« zwei Mandate darf sie behalten.

Bundestagswahl:
2002, 1998, 1994, 1990, 1987, 1983, 1980, 1961, 1957, 1953, 1949

Überhangmandate für CDU SPD FDP

Wahlen zum Deutschen Bundestag

Quelle: Statistisches Bundesamt
[1] bis 1953 KPD, ab 1972 DKP

	1949	1953	1957	1961	1965	1969	1972	1976	1980	1983	1987	1990	1994	1998	2002	
Wahl-beteiligung	78,5%	86%	87,8%	87,7%	86,8%	86,7%	91,1%	90,7%	88,6%	89,1%	84,3%	77,8%	79,1%	82,2%	79,1%	
	402	487	497	499	496	496	496	496	497	498	497	662	672	669	603	Sitze
CDU/CSU	31,0%	45,2%	50,2%	45,3%	47,6%	46,1%	44,9%	48,6%	44,5%	48,6%	44,3%	43,8%	41,5%	35,1%	38,5%	Stimmenanteil
	139	243	270	242	245	242	225	243	226	224	223	319	294	245	248	Sitze
SPD	29,2%	28,8%	31,8%	36,2%	39,3%	42,7%	45,8%	42,6%	42,9%	38,2%	37,0%	33,5%	36,4%	40,9%	38,5%	Stimmenteil
	131	151	169	190	202	224	230	214	218	193	186	239	252	298	251	Sitze
FDP	11,9%	9,5%	7,7%	12,8%	9,5%	5,8%	8,4%	7,9%	10,6%	7,0%	9,1%	11,0%	6,9%	6,2%	7,4%	Stimmenanteil
	52	48	41	67	49	30	41	39	53	34	46	79	47	43	47	Sitze
KPD/DKP[1]	5,7%	2,2%	-	-	-	-	0,3%	0,3%	0,2%	0,3%	-	-	-	-	-	Stimmenanteil
	15	-	-	-	-	-	-	-	-	-	-	-	-	-	-	Sitze
DRP	1,8%	1,1%	1,0%	-	-	-	-	-	-	-	-	-	-	-	-	Stimmenanteil
	5	-	-	-	-	-	-	-	-	-	-	-	-	-	-	Sitze
NPD	-	-	-	0,8%	2,0%	4,3%	0,6%	0,3%	0,2%	0,2%	0,6%	0,3%	-	-	0,4	Stimmenanteil
	-	-	-	-	-	-	-	-	-	-	-	-	-	-	-	Sitze
GB/BHE	-	5,9%	4,6%	-	-	-	-	-	-	-	-	-	-	-	-	Stimmenanteil
	-	27	-	-	-	-	-	-	-	-	-	-	-	-	-	Sitze
DP	4,0%	3,3%	3,4%	-	-	-	-	-	-	-	-	-	-	-	-	Stimmenanteil
	17	15	17	-	-	-	-	-	-	-	-	-	-	-	-	Sitze
BP	4,2%	1,7%	-	-	-	0,2%	-	-	-	-	0,1%	0,1%	0,1%	0,1%	-	Stimmenanteil
	17	-	-	-	-	-	-	-	-	-	-	-	-	-	-	Sitze
Zentrum	3,1%	0,8%	-	-	-	-	-	-	-	-	0,1%	-	-	-	-	Stimmenanteil
	10	3	-	-	-	-	-	-	-	-	-	-	-	-	-	Sitze
GRÜNE	-	-	-	-	-	-	-	-	1,5%	5,6%	8,3%	3,8%	-	-	-	Stimmenanteil
	-	-	-	-	-	-	-	-	-	27	42	-	-	-	-	Sitze
Bündnis90/ Die Grünen	-	-	-	-	-	-	-	-	-	-	-	1,2%	7,3%	6,7%	8,6%	Stimmenanteil
	-	-	-	-	-	-	-	-	-	-	-	8	49	47	55	Sitze
PDS/LL	-	-	-	-	-	-	-	-	-	-	-	2,4%	4,4%	5,1%	4,0%	Stimmenanteil
	-	-	-	-	-	-	-	-	-	-	-	17	30	36	2	Sitze
Republi-kaner	-	-	-	-	-	-	-	-	-	-	-	2,1%	1,9%	1,8%	0,6%	Stimmenanteil
	-	-	-	-	-	-	-	-	-	-	-	-	-	-	-	Sitze
Sonstige	9,1%	1,7%	1,3%	4,9%	1,6%	0,9%	0,1%	0,1%	0,1%	0,1%	0,7%	1,6%	1,6%	4,1%	2,0%	Stimmenanteil
	16	-	-	-	-	-	-	-	-	-	-	-	-	-	-	Sitze

Verteilung der Mandate

Bei der Verteilung der Sitze werden nur Parteien berücksichtigt, die mehr als fünf Prozent der Zweitstimmen oder mindestens drei Direktmandate erlangt haben. Mit dieser »Sperrklausel« soll verhindert werden, dass Splitterparteien in den Bundestag kommen. Die Mandate werden bei der Bundestagswahl und bei einigen Landtagswahlen nach dem Hare-Niemeyer-Verfahren verteilt. Für die Bundestagswahl bedeutet das: Alle Zweitstimmen für eine Partei im Bundesgebiet werden mit der Zahl der insgesamt zu vergebenden Bundestagsmandate (598) multipliziert und dann durch die Gesamtzahl aller Zweitstimmen geteilt. In einem zweiten Schritt wird berechnet, wie sich die Gesamtzahl der Mandate auf die 16 Landeslisten verteilt.

Früher wurden die Mandate bei der Bundestagswahl nach dem »Höchstzahlverfahren« des belgischen Mathematikers d'Hondt berechnet. Da dieses Verfahren die großen Parteien, wenn auch geringfügig, begünstigt, wurde es seit 1987 für die Bundestagswahl und inzwischen auch für die meisten Landtagswahlen durch das Verfahren nach Hare-Niemeyer ersetzt. Dieses ist für die kleineren Parteien günstiger.

Der Bundestag wird für vier Jahre gewählt (Legislaturperiode).

34

Von der Wählerstimme zum Mandat
Verfahren der Stimmenverrechnung nach Hare-Niemeyer
Vereinfachte Modellrechnung

Beispiel: Es sind 14 Sitze zu vergeben.

Partei A	Partei B	Partei C	
10 000	6 450	2 550	Stimmenzahl

Für jede Partei wird berechnet:

$$\frac{\text{Gesamtzahl der Sitze} \times \text{Stimmenzahl der Partei}}{\text{Gesamtzahl der Stimmen aller Parteien}}$$

7,37	4,75	1,88

Vor dem Komma ist abzulesen,
wie viele Sitze jede Partei mindestens erhält.

Die dann noch zu vergebenden Sitze werden den Parteien in der Reihenfolge der größten Zahlenbruchreihe **hinter dem Komma** zugeteilt.

7,**37**	4,**75**	1,**88**
0	+1	+1

Partei A	Partei B	Partei C	
7	5	2	Sitze

Landtagswahlen

Bei den Wahlen zu den Landtagen der meisten Bundesländer gilt dasselbe Wahlsystem, zumindest mit seinen wichtigsten Merkmalen: personalisierte Verhältniswahl mit Erst- und Zweitstimme, 5-Prozent-Sperrklausel und Überhangmandate. Unterschiedlich ist teilweise die Verrechnung der Stimmen (zum Beispiel: Baden-Württemberg 70 Direktmandate, 50 Mandate, die nach dem Verhältnis der für die Parteien abgegebenen Stimmen verteilt werden; Nordrhein-Westfalen 151 Direktmandate, 50 Listenmandate; Saarland 40 Direktmandate, 11 über Landesliste).
Die Legislaturperiode der meisten Landtage dauert inzwischen fünf Jahre, bei vier Landtagen vier Jahre.

Gemeindewahlen

Die Wahlen zu den Gemeindevertretungen laufen nach denselben allgemeinen Grundsätzen ab wie die Wahlen zum Bundestag und zu den Landtagen. Die Wahlordnungen für die Gemeinderäte und Kreistage in mittlerweile zwölf Ländern weisen eine Besonderheit auf. Jedem Wähler stehen so viel Stimmen zur Verfügung, wie Gemeinde- bzw. Kreistagsmitglieder zu wählen sind (je nach Größe der Gemeinde zwischen 8 und 80). Er kann diese Stimmen auf Kandidaten verschiedener Listen verteilen. Das nennt man Panaschieren (von französisch panacher = bunt machen, mischen). Er kann außerdem verschiedenen Kandidaten auf einer Liste oder auf mehreren Listen bis zu drei

Stimmen geben, insgesamt wiederum so viele, wie die zu wählende Vertretung Mitglieder hat. Das wird als Kumulieren (von lateinisch cumulus = Haufen) oder »Häufeln« bezeichnet.

Münchner Stadtratswahl 1994: Auf dem 1,43 x 0,63 Meter großen Stimmzettel werben 21 Parteien und Wählergemeinschaften um die Gunst der Bürger

Panaschieren / Kumulieren

Wahlvorschlag 1 (X)				Wahlvorschlag 2 ( )			Wahlvorschlag 3 ( )		
A-Partei				**B-Partei**			**C-Partei**		
1. Menn, Herbert				1. Dr. Recht, Wilfried			1. Senst, Ursula	✗	
2. Rath, Susanne	✗	✗	✗	2. Kölsch, Helma	✗		2. Dr. Holz, Reiner		
3. Sang, Dieter				3. Sand, Reinhard			3. Greitz, Erich		
4. Zack, Heidi	✗	✗	✗	4. Weil, Hans			4. Gabler, Karl		
5. Koch, Klaus				5. Stelzel, Manfred			5. Kaspar, Ludwig		
6. Kohler, Lothar				6. Kehlen, Gerhard			6. Sperber, Fritz		
7. Hötzel, Norbert				7. Reinarz, Peter			7. Gaudy, Martina		
8. Lutz, Regine				8. Sager, Thorsten			8. Esch, Rüdiger		
Kölsch, Helma									
Senst, Ursula									

1949

1949

1953

1957

1965

1969

1969

1969

1980

1980

1983

1983

1994

1998

1998

1998

1957

1961

1961

1965

1972

1972

1976

1976

1987

1987

1990

1994

2002

2002

2002

2002

Parteien

Artikel 21

(1) Die Parteien wirken bei der politischen Willensbildung des Volkes mit. Ihre Gründung ist frei. Ihre innere Ordnung muß demokratischen Grundsätzen entsprechen. Sie müssen über die Herkunft und Verwendung ihrer Mittel sowie über ihr Vermögen öffentlich Rechenschaft geben.

In der modernen Massendemokratie kann der Bürger den politischen Entscheidungsprozess auf sich allein gestellt kaum beeinflussen. Politische Beteiligung vollzieht sich in erster Linie über die Mitarbeit in Parteien. Sie wirken zwar nicht allein an der politischen Meinungs- und Willensbildung mit, bestimmen aber das politische Leben in einem Maße, dass das politische System der Bundesrepublik Deutschland als Parteienstaat oder Parteiendemokratie bezeichnet wird. Dieser besonderen Rolle der Parteien trägt das Grundgesetz Rechnung, indem es in Art. 21 ihre Aufgaben und ihren Status festlegt. Nach Auffassung des Bundesverfassungsgerichts erhalten sie damit den »Rang einer verfassungsrechtlichen Institution«.

Aufgaben der Parteien

Parteien wirken bei der politischen Willensbildung mit, indem sie

◆ die unterschiedlichen politischen Vorstellungen und Interessen in der Gesellschaft artikulieren, sie zu politischen Konzepten und Programmen bündeln und Lösungen für politische Probleme suchen,

◆ in der Öffentlichkeit für ihre Vorstellungen werben und die öffentliche Meinung und die politischen Ansichten der einzelnen Bürger beeinflussen,

◆ den Bürgerinnen und Bürgern Gelegenheit bieten, sich aktiv politisch zu betätigen und Erfahrungen zu sammeln, um politische Verantwortung übernehmen zu können,

◆ die Kandidaten für die Volksvertretungen in Bund, Ländern und Gemeinden und das Führungspersonal für politische Ämter stellen,

◆ als Regierungsparteien die politische Führung unterstützen,

◆ als Oppositionsparteien die Regierung kontrollieren, kritisieren und politische Alternativen entwickeln.

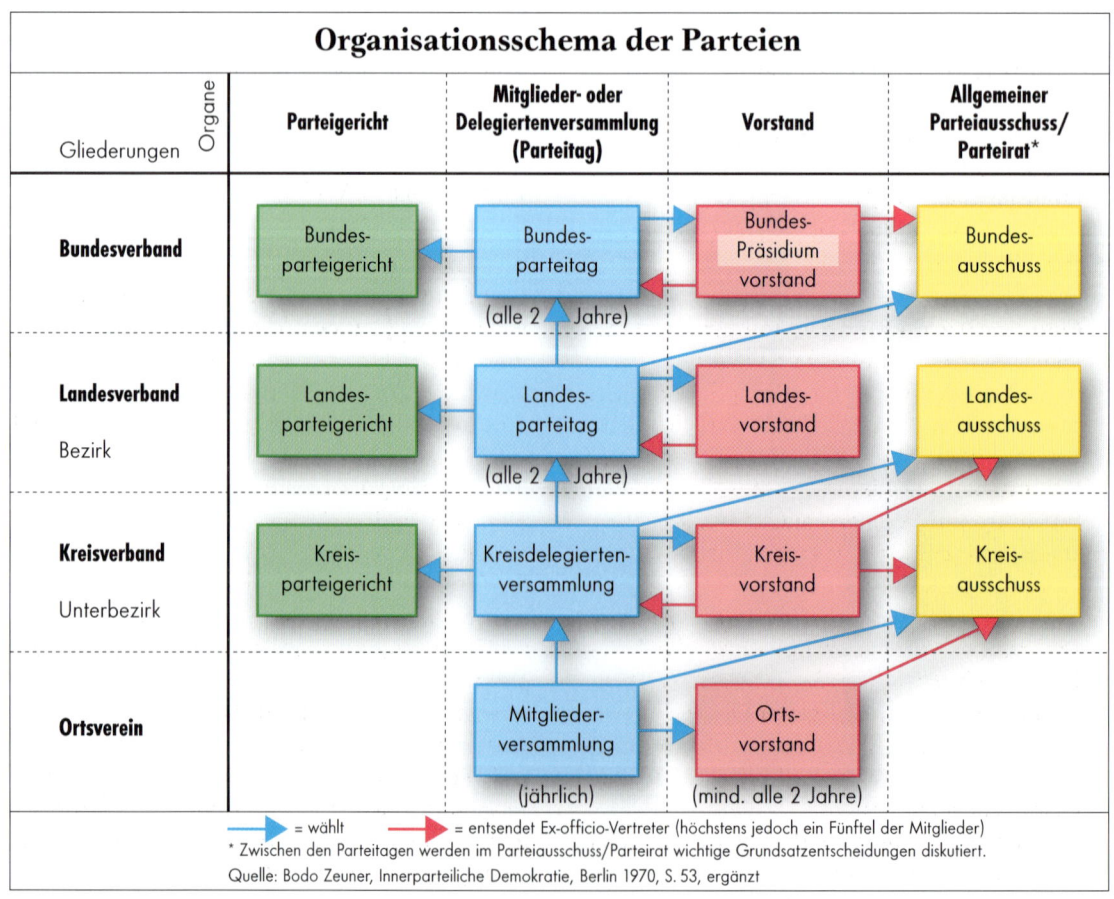

Organisationsschema der Parteien

Gliederungen / Organe	Parteigericht	Mitglieder- oder Delegiertenversammlung (Parteitag)	Vorstand	Allgemeiner Parteiausschuss/ Parteirat*
Bundesverband	Bundes-parteigericht	Bundes-parteitag (alle 2 Jahre)	Bundes-Präsidium vorstand	Bundes-ausschuss
Landesverband Bezirk	Landes-parteigericht	Landes-parteitag (alle 2 Jahre)	Landes-vorstand	Landes-ausschuss
Kreisverband Unterbezirk	Kreis-parteigericht	Kreisdelegierten-versammlung	Kreis-vorstand	Kreis-ausschuss
Ortsverein		Mitglieder-versammlung (jährlich)	Orts-vorstand (mind. alle 2 Jahre)	

→ = wählt → = entsendet Ex-officio-Vertreter (höchstens jedoch ein Fünftel der Mitglieder)
* Zwischen den Parteitagen werden im Parteiausschuss/Parteirat wichtige Grundsatzentscheidungen diskutiert.
Quelle: Bodo Zeuner, Innerparteiliche Demokratie, Berlin 1970, S. 53, ergänzt

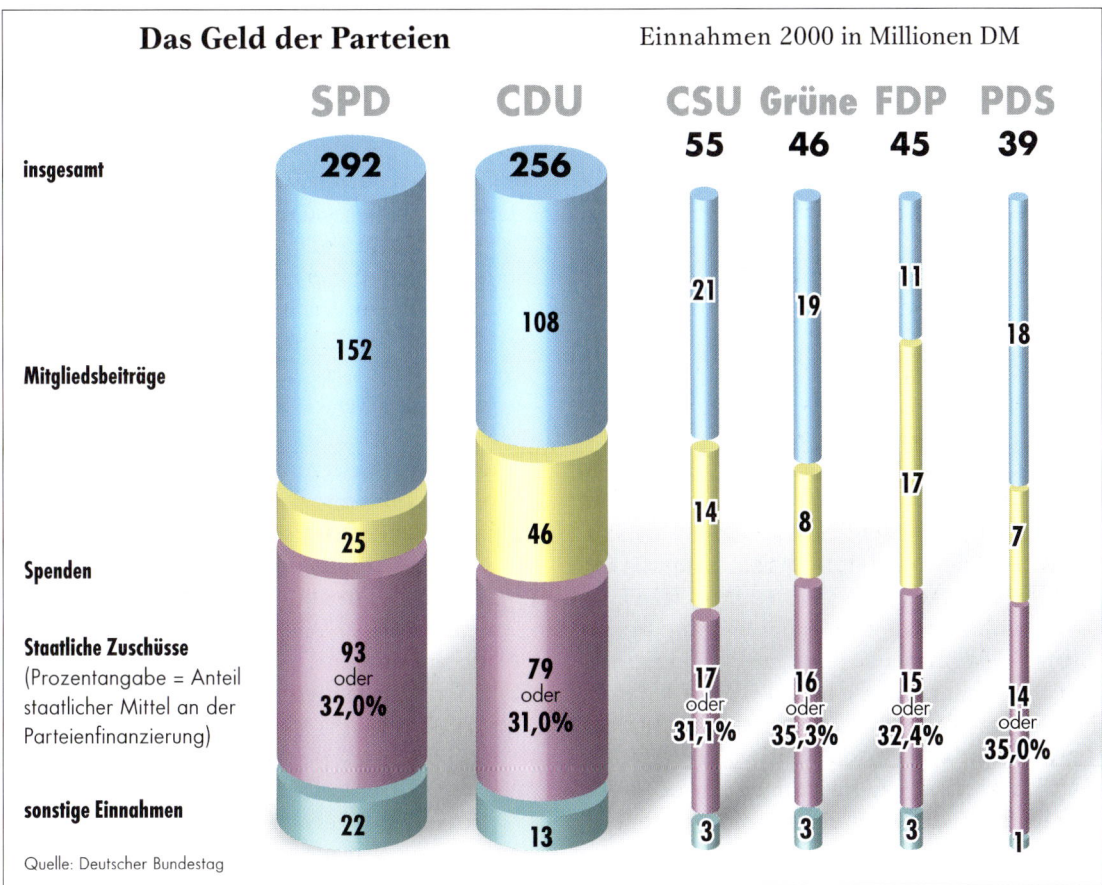

Das Geld der Parteien — Einnahmen 2000 in Millionen DM

	SPD	CDU	CSU	Grüne	FDP	PDS
			55	46	45	39
insgesamt	292	256				
Mitgliedsbeiträge	152	108	21	19	11	18
Spenden	25	46	14	8	17	7
Staatliche Zuschüsse (Prozentangabe = Anteil staatlicher Mittel an der Parteienfinanzierung)	93 oder 32,0%	79 oder 31,0%	17 oder 31,1%	16 oder 35,3%	15 oder 32,4%	14 oder 35,0%
sonstige Einnahmen	22	13	3	3	3	1

Quelle: Deutscher Bundestag

Grundsätze des Parteiensystems

Das Grundgesetz und das Parteiengesetz legen für das Parteiensystem eine Reihe von Grundsätzen fest:

◆ **Mehrparteienprinzip:** Art. 21 Satz 1 und 2 Grundgesetz schließt das Einparteiensystem aus.

◆ **Parteienfreiheit:** Jeder Bürger kann eine Partei gründen.

◆ **Chancengleichheit:** Jede Partei kann an Wahlen teilnehmen und Wahlwerbung betreiben. Dafür muss sie beispielsweise – je nach ihrem politischen Gewicht unterschiedlich lange – Sendezeiten im öffentlichen Fernsehen erhalten, auf Sichtwänden plakatieren und öffentliche Räume für Wahlveranstaltungen nutzen können.

◆ **Innerparteiliche Demokratie:** Sie ist nur für Parteien vorgeschrieben, nicht aber für alle anderen Vereinigungen. Alle Entscheidungen müssen von den Parteimitgliedern oder durch von Parteimitgliedern gewählte Delegierte in Wahlen und Abstimmungen getroffen werden. Parteiämter müssen jeweils für zwei Jahre in geheimer Wahl besetzt werden. Alle Mitglieder haben gleiches Stimmrecht.

◆ **Finanzielle Rechenschaftslegung:** Parteien müssen, wiederum anders als alle anderen Ver-einigungen, über ihre Einnahmen und Ausgaben öffentlich Rechenschaft ablegen.

Parteienfinanzierung

Parteien brauchen zur Erfüllung ihres Auftrages erhebliche Finanzmittel. Sie müssen eine weit verzweigte Organisation von der Gemeinde bis zum Bund mit zahlreichen hauptamtlichen Mitarbeitern unterhalten, Veranstaltungen durchführen, Informations- und Werbematerial herstellen und verteilen sowie Wahlkämpfe bestreiten.

Ihre Einnahmen setzen sich im wesentlichen aus Mitgliedsbeiträgen, Spenden und Steuermitteln zusammen. Mit den Mitgliedsbeiträgen können die Kosten, vor allem bei den kleineren Parteien mit verhältnismäßig wenigen Mitgliedern, nicht bestritten werden. Spenden sollen möglichst begrenzt bleiben, um eine Einflussnahme von Interessengruppen auf die Parteien zu verhindern.

Die Parteienfinanzierung aus Steuermitteln gehört zu den umstrittensten Themen in der öffentlichen Diskussion. Das Bundesverfassungsgericht hat seine Rechtsprechung zur staatlichen Parteienfinanzierung mehrfach geändert. Seit 1966 gilt der

Mitglieder der im Bundestag vertretenen Parteien
(Stand 31.12.2000)

SPD	734 693
CDU	616 722
CSU	181 021
PDS	83 475
FDP	62 721
Bündnis 90/ Die Grünen	46 631

Quelle: Bundestagsdrucksache 14/8022

Wahlkampf 2002: Bundeskanzler Gerhard Schröder (SPD, r.) und der bayerische Ministerpräsident und Kanzlerkandidat der Union, Edmund Stoiber (CSU), während ihres zweiten so genannten Fernsehduells am 8. September 2002. Beide Politiker lieferten sich zwei Wochen vor der Bundestagswahl in der Arbeitsmarkt- und Bildungspolitik, aber auch über den Irakkonflikt einen heftigen Schlagabtausch

Grundsatz, dass eine direkte Finanzierung der Parteien unzulässig ist, dass aber die Kosten eines »angemessenen Wahlkampfes« erstattet werden dürfen. 1992 hat das Gericht die bis dahin geltenden Bestimmungen erneut teilweise für verfassungswidrig erklärt. Daraufhin beschloss der Bundestag 1994 eine Neuregelung (geändert 2002).

Jede Partei erhält pro Jahr für bis zu vier Millionen Wählerstimmen 0,85 Euro pro abgegebene Stimme, für jede weitere Stimme je 0,70 Euro. Die Höchstgrenze steuerlich absetzbarer Spenden wird auf 3300 Euro pro Person und Jahr festgesetzt. Unternehmen dürfen ihre Spenden nicht mehr steuermindernd einsetzen. Für jeden Euro aus Beitrags- und Spendeneinnahmen erhalten die Parteien zusätzlich 0,38 Euro aus Steuermitteln. Insgesamt dürfen die staatlichen Zuwendungen an die Parteien seit 2002 die Summe von jährlich 133 Millionen Euro nicht überschreiten.

Parteiverbot

Artikel 21
(2) Parteien, die nach ihren Zielen oder nach dem Verhalten ihrer Anhänger darauf ausgehen, die freiheitliche demokratische Grundordnung zu beeinträchtigen oder zu beseitigen oder den Bestand der Bundesrepublik Deutschland zu gefährden, sind verfassungswidrig. Über die Frage der Verfassungswidrigkeit entscheidet das Bundesverfassungsgericht.

Für die Aufnahme des Art. 21 Abs. 2 in das Grundgesetz waren die Erfahrungen der Weimarer Republik bestimmend. Es sollte verhindert werden, dass Gegner der demokratischen Ordnung noch einmal die ihnen gewährten Rechte zur Abschaffung der freiheitlichen Demokratie nutzen.

In dieser Verfassungsbestimmung findet das Prinzip der »streitbaren Demokratie« (→ Seite 7) seinen Ausdruck. Die Entscheidung, ob eine Partei verfassungswidrige Ziele verfolgt, kann nur das Bundesverfassungsgericht (→ Seite 118) treffen (»Parteienprivileg«), während verfassungswidrige Vereinigungen nach Art. 9 Abs. 2 durch die Innenminister des Bundes und der Länder verboten werden können.

Seit dem Inkrafttreten des Gesetzes zur Regelung des öffentlichen Vereinsrechts 1964 haben Bund und Länder 83 Verbote solcher Vereinigungen ausgesprochen. Dagegen sind nur zwei Parteien verboten worden, die rechtsextreme Sozialistische Reichspartei (SRP) 1952 und die Kommunistische Partei Deutschlands (KPD) 1956.

Gegen das Instrument des Parteiverbots wird eingewandt, dass ein Verbot
- die betreffende Partei in den Untergrund drängt, wo ihre Aktivitäten unkontrollierbar werden,
- gegen große und darum wirklich gefährliche Parteien nicht durchsetzbar ist,
- zur Gründung von Ersatzorganisationen führt (DKP),
- kleine Parteien aufwertet und ihnen eine Märtyrerrolle verschafft.

Dagegen ist zu sagen, dass die bloße Drohung eines Verbots extremistische Parteien zur Vorsicht bei der Propagierung und Verfolgung ihrer Ziele und zur zumindest verbalen Anerkennung des Grundgesetzes nötigt.

Parteien im Meinungsstreit

Parteien und Politiker sind in Deutschland, und nicht nur dort, einer heftigen, manchmal maßlosen Kritik ausgesetzt. Die Kritik ist in vielerlei Hinsicht gerechtfertigt. Es gab in den letzten Jahren in einigen Fällen Beispiele von skandalösem Fehlverhalten, dessen sich Politiker schuldig gemacht haben. Auch die Art und Weise der – inzwischen vom Bundesverfassungsgericht korrigierten – Parteienfinanzierung und die von den Parteien häufig betriebene Ämterpatronage sind kritikwürdig. Ebenso lassen sich gegen manche Formen des Wahlkampfes und der Wahlwerbung begründete Einwände erheben.

Die Kritik ist überzogen und ungerechtfertigt, wenn sie verallgemeinert, die Parteien und die Politiker pauschal unter Verdacht stellt. Oft beruht sie auf Vorurteilen oder Unwissen, etwa wenn sie die Arbeitsbelastung von Politikern weit unterschätzt und ihre finanzielle Entschädigung ebenso überschätzt. Einige Kritikpunkte und die Gegenargumente lassen sich so zusammenfassen:

Kontra	Pro

Urteile über Politiker

Affären und Skandale sind kennzeichnend für die Qualität der politischen Klasse. Politiker verdienen keinerlei Glaubwürdigkeit. Sie denken nur an Macht, Geld und Versorgungsansprüche. Wenn ein Politiker ins Gerede kommt, versucht er sich herauszureden und gibt die Wahrheit nur widerwillig preis.

Politiker haben Anspruch auf faire und angemessene Beurteilung ihrer Leistung. Eine pauschale Abwertung ist ungerechtfertigt. An Politiker sind wegen ihrer herausgehobenen Position höhere moralische Ansprüche zu stellen als an den Durchschnittsbürger. Aber selbst mindere oder sogar vermeintliche Verfehlungen werden oft aufgebauscht und von den Medien als Sensation »vermarktet«.

Parteienfinanzierung

Die Parteien betrachten den Staat als Selbstbedienungsladen. Sie entscheiden in den Parlamenten selbst über die Zuschüsse aus der Staatskasse. Parteien sollten sich ausschließlich über die Beiträge ihrer Mitglieder finanzieren.

Ohne Parteien gibt es keine Demokratie. Parteien ermöglichen Wahlen, ohne die ein demokratisches Regierungssystem nicht denkbar ist. Parteien erfüllen somit als gesellschaftliche Organisationen öffentliche Aufgaben. Viele Parteimitglieder wenden Zeit, Arbeit und Geld auf, ohne irgendwelche persönliche Interessen zu verfolgen. Warum sollten nur diese politisch aktiven Bürger die hohen »Kosten der Demokratie« tragen?

Innerparteiliche Demokratie

Nur drei Prozent der Wähler sind Mitglieder von Parteien. Von diesen sind wiederum nur zwischen einem Zehntel und einem Fünftel aktiv. Diese winzige Minderheit vergibt unter sich die Mandate, besetzt die Parteiämter und trifft die Sachentscheidungen. Die überwiegende Mehrheit der Parteimitglieder hat keinen Einfluss. »Seiteneinsteiger«, qualifizierte Personen, die sich nicht in der Partei hochgedient haben, erhalten keine Chance.

Parteien stehen allen offen. Die überwältigende Mehrheit der Bevölkerung schließt aber für sich persönlich ein parteipolitisches Engagement oder gar die Übernahme öffentlicher Ämter aus. Die Mehrheit der Parteimitglieder ist aus Zeitmangel oder anderen Gründen nicht zur Übernahme von Ämtern und Funktionen bereit. Erfolgreiche Persönlichkeiten in anderen Berufen verdienen dort weit mehr, sind nicht permanenter öffentlicher Kritik ausgesetzt und nicht jederzeit absetzbar. Sie stehen daher für öffentliche Ämter in der Regel nicht zur Verfügung.

Ämterpatronage

Die Parteien besetzen Stellen im Staatsapparat und in vielen gesellschaftlichen Bereichen mit ihren Mitgliedern. Sie beeinflussen damit die Amtsführung in ihrem Sinne und belohnen Mitglieder für der Partei geleistete Dienste. Ämter werden nicht an den fähigsten Bewerber vergeben, sondern an den mit dem richtigen Parteibuch. Mit dieser Praxis schaden die Parteien sich selbst und der Demokratie, denn sie locken Opportunisten an, die nur beitreten, um Karriere zu machen.

Wünschenswertes parteipolitisches Engagement wird verhindert, wenn Parteimitglieder, die sich um ein Amt bewerben, von vornherein im Verdacht stehen, Karrieristen zu sein. Es fragt sich, durch wen die Besetzung öffentlicher Ämter erfolgen soll, wenn nicht durch die Vertreter der demokratisch legitimierten Parteien. Auch Fachbeamte und andere »Fachleute«, die viele anstelle der Parteienvertreter sehen möchten, haben oft eigennützige Interessen. Sie wären von der Öffentlichkeit bei ihrer Amtsausübung noch weit schwerer zu kontrollieren als die Parteienvertreter.

Interessenverbände

Während nur verhältnismäßig wenige Bürger einer Partei angehören, sind sehr viele Mitglied eines Vereins oder eines Verbandes. 1997 waren 345 000 Vereine mit 7,7 Millionen Mitgliedschaften registriert. Über 41 Millionen der über 14-jährigen Deutschen gehören einem oder mehreren Vereinen an (Deutsche Gesellschaft für Freizeit, 1997). Politische Interessen verfolgen über 5 000 Verbände, die eigentlichen Interessenverbände. Die Spitzenverbände mit bundespolitischen Interessen (2003: 1790) haben sich in eine Liste eintragen lassen, die beim Präsidenten des Deutschen Bundestages geführt wird (»Lobbyliste«).

Vereinigungen gibt es in fast allen Bereichen der Gesellschaft. Man kann sie nach ihren Tätigkeitsfeldern in fünf Gruppen einteilen:

◆ Vereinigungen im Wirtschaftsleben und in der Arbeitswelt (Unternehmer- und Selbstständigenverbände: Bundesverband der Deutschen Industrie, Deutscher Industrie- und Handelstag; Gewerkschaften: Deutscher Gewerkschaftsbund, Beamtenbund; Verbraucherverbände);
◆ Vereinigungen mit sozialen Zielen (Arbeiterwohlfahrt, Caritas, Rotes Kreuz, Mieterbund);
◆ Vereinigungen im Bereich Freizeit und Erholung (Deutscher Sportbund);
◆ Vereinigungen in den Bereichen Kultur und Wissenschaft (PEN-Club, Verband der Historiker Deutschlands);
◆ Vereinigungen mit ideellen und gesellschaftspolitischen Zielsetzungen (amnesty international, Internationale Gesellschaft für Menschenrechte, Kinderschutzbund).

Funktionen der Interessenverbände

Artikel 9

(1) Alle Deutschen haben das Recht, Vereine und Gesellschaften zu bilden.
(2) Vereinigungen, deren Zwecke oder deren Tätigkeit den Strafgesetzen zuwiderlaufen oder die sich gegen die verfassungsmäßige Ordnung oder gegen den Gedanken der Völkerverständigung richten, sind verboten.

In der Industriegesellschaft regelt die Politik das Wirtschaftsleben und die sozialen Verhältnisse. Der Einzelne muss sich mit anderen zusammenschließen, wenn er seine Interessen wahren will. Verbände organisieren diese Interessen.

Sie fassen die unterschiedlichen Interessen ihrer Mitglieder zusammen, formulieren konkrete Forderungen und versuchen, ihre Ziele mit wirkungsvollen Mitteln durchzusetzen.

Lobbyliste des Deutschen Bundestages (Auszug 2003)

Name und Sitz des Verbandes	Interessenbereich des Verbandes	Mitgliederzahl	Anzahl der angeschlossenen Organisationen
Bundesverband der Verbraucherzentralen und Verbraucherverbände – Verbraucherzentrale Bundesverband e.V. (VZBV) Markgrafenstr. 66, 10969 Berlin	Vertretung der Verbraucherinteressen gegenüber Politik, Wirtschaft und Verwaltung und Aufklärung der Verbraucher; Förderung und Koordination der Tätigkeit der verbraucherberatenden Mitgliedsorganisationen (insbesondere der Verbraucherzentralen) als Dachverband sowie unmittelbare Förderung von Information und Aufklärung der Verbraucher.	–	35
Bundesverband der Deutschen Industrie e.V. – BDI – Breite Str. 29, 10178 Berlin	Wahrnehmung und Förderung aller gemeinsamen Belange der in ihm zusammengeschlossenen Industriezweige. Zusammenarbeit mit den anderen Spitzenorganisationen des Unternehmertums; ausgenommen ist die Vertretung sozialpolitischer Belange.	–	35
Chaos Computer Club e.V. – CCC– Lokstedter Weg 72, 20251 Hamburg	Datenschutz, Daten- und Systemsicherheit, Informationstechnik, Telekommunikation, Patent-, Urheberrecht bei elektronischen Medien und Software.	1300	12
Bundesverband deutscher Banken e.V. Postfach 04 03 07, 10062 Berlin	Wahrung der Interessen der deutschen Banken in allen sie berührenden Angelegenheiten; Beratung und Unterstützung der Behörden in allen die deutschen Banken betreffenden Angelegenheiten; Aufklärung der Öffentlichkeit über Tätigkeit und Aufgaben der deutschen Banken.	290	13
DGB – Gewerkschaft für Erziehung und Wissenschaft – GEW – - Hauptvorstand -, Reifenberger Str. 21, 60489 Frankfurt a.M.	Alle Gebiete der Gesellschaftspolitik sowie Wirtschafts-, Sozial-, Kultur- und Bildungspolitik. Der Organisationsbereich umfasst alle Gebiete von Erziehung und Wissenschaft und der in deren Diensten stehenden Einrichtungen.	264 684	–
Deutscher Sportbund (DSB) - Hauptverwaltung -, Haus des deutschen Sports, Otto-Fleck-Schneise 12, 60528 Frankfurt a.M.	Förderung von Turnen und Sport; Koordination der dafür erforderlichen gemeinsamen Maßnahmen; Vertretung der gemeinschaftlichen Interessen der Mitgliedsorgane des deutschen Sports in überverbandlichen und überfachlichen Angelegenheiten im In- und Ausland.	26 838 739	–

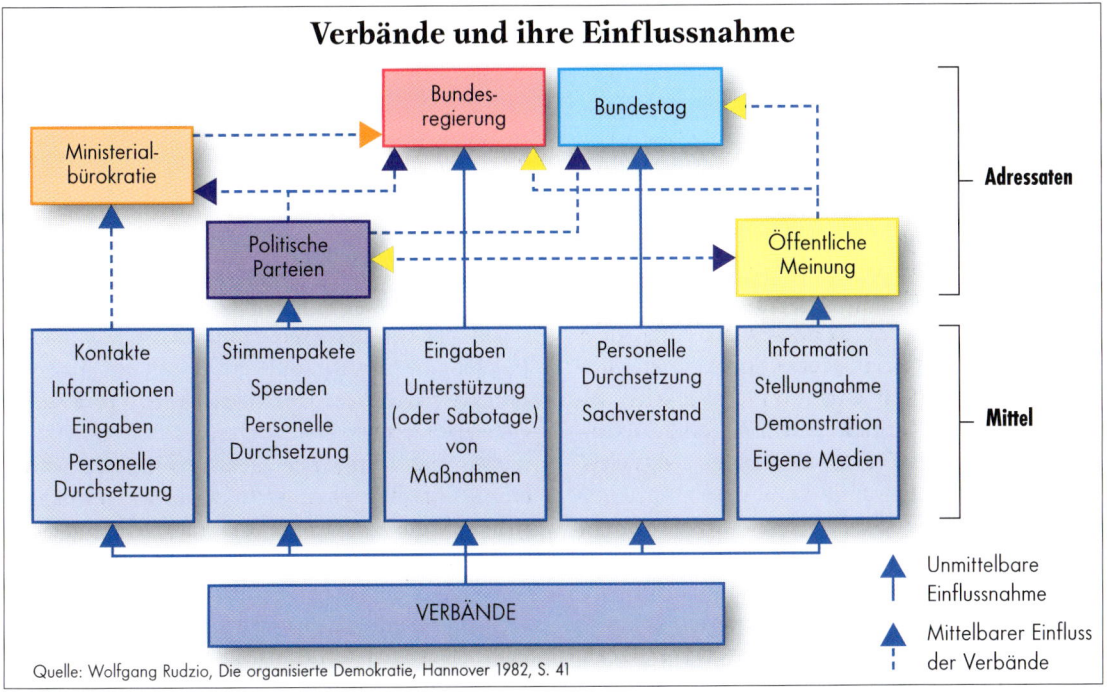

Verbände und ihre Einflussnahme

| Ministerial-bürokratie | Bundes-regierung | Bundestag | Adressaten |

| Politische Parteien | Öffentliche Meinung |

| Kontakte Informationen Eingaben Personelle Durchsetzung | Stimmenpakete Spenden Personelle Durchsetzung | Eingaben Unterstützung (oder Sabotage) von Maßnahmen | Personelle Durchsetzung Sachverstand | Information Stellungnahme Demonstration Eigene Medien | Mittel |

VERBÄNDE

▲ Unmittelbare Einflussnahme

▲ Mittelbarer Einfluss der Verbände

Quelle: Wolfgang Rudzio, Die organisierte Demokratie, Hannover 1982, S. 41

Adressaten der Einflussnahme sind:

◆ **Öffentlichkeit:** Interessenverbände werben über Presse, Hörfunk und Fernsehen für ihre Ziele; durch persönliche Kontakte zu Journalisten, durch Informationsmaterial, Pressekonferenzen, oft durch eigene Presseorgane. Schärfere Mittel der Interessendurchsetzung sind Anzeigenkampagnen, Demonstrationen und Streiks.

◆ **Parteien:** Interessenverbände stehen oft einer Partei nahe und unterstützen sie vor allem in Wahlkämpfen. Sie dringen darauf, dass ihre Ziele in Parteiprogrammen berücksichtigt werden.

◆ **Parlamente:** Interessenverbände versuchen, führenden Mitgliedern oder Funktionären Abgeordnetenmandate zu verschaffen. Als Fachleute besetzen diese Abgeordneten die zuständigen parlamentarischen Ausschüsse. So sitzen beispielsweise Vertreter des Bauernverbandes im Landwirtschaftsausschuss, der Unternehmerverbände im Wirtschaftsausschuss und der Gewerkschaften im Ausschuss für Arbeit und Sozialordnung.

◆ **Regierung und Bürokratie:** Interessenverbände verhandeln mit Regierungsmitgliedern und der Ministerialbürokratie. Dabei bringen sie auch ihren Sachverstand ein (→ Seite 75).

◆ **Organe der Europäischen Union:** Die Verlagerung vieler Entscheidungen nach Brüssel hat zur Folge, dass europäische Dachverbände auf die Entscheidungsprozesse in der Europäischen Union einzuwirken versuchen.

Rechtliche Regelungen

Die Geschäftsordnungen des Bundestages und der Bundesregierung sehen ausdrücklich die Mitwirkung der Interessenverbände vor. Interessenvertreter können von Ausschüssen des Bundestages um Stellungnahme gebeten werden, sie können in öffentlichen Anhörungen (Hearings) Auskunft geben und in Enquete-Kommissionen berufen werden (→ Seite 64). Ministerien sind gehalten, bei der Vorbereitung von Gesetzen Vertreter der Spitzenverbände hinzuzuziehen.

Tatsächlich wird der Sachverstand der Verbände regelmäßig in Anspruch genommen. Damit wird die Gefahr vermindert, dass Gesetze unvollständig oder fehlerhaft sind.

Karikatur: Günther Kellner

Koalitionsfreiheit und Tarifautonomie

Eine herausgehobene Stellung unter den Verbänden haben die Gewerkschaften und die Arbeitgeberverbände. Knapp ein Drittel der Arbeitnehmer ist gewerkschaftlich organisiert. Art. 9 Abs. 3 GG garantiert die Koalitionsfreiheit, das Recht, »zur Wahrung und Förderung der Arbeits- und Wirtschaftsbedingungen Vereinigungen zu bilden«. Der Staat hat den Vereinigungen der Arbeitnehmer und der Arbeitgeber die Regelung der Arbeitsverhältnisse übertragen.

Als Tarifpartner handeln sie selbstständig (autonom) Löhne und Arbeitsbedingungen aus, sie besitzen die Tarifautonomie. Ihre Vereinbarungen sind für die Mitglieder der Tarifparteien rechtswirksam und können bei den Arbeitsgerichten eingeklagt werden. Lohntarifverträge werden zumeist für einen kürzeren Zeitraum (ein bis zwei Jahre) abgeschlossen und regeln im Wesentlichen die Zahlungen von Löhnen, Gehältern und Ausbildungsvergütungen. Mantel- oder Rahmentarifverträge gelten mehrere Jahre und regeln die allgemeinen Arbeitsbedingungen, wie Arbeitszeiten, Urlaub, Bezahlung von Überstunden, Nacht-, Sonntags- und Feiertagsarbeit, Lohngruppen.

Bleiben Tarifverhandlungen ohne Ergebnis, kann ein Arbeitskampf geführt werden. Die Gewerkschaften können zum Streik aufrufen, die Arbeitgeber können Aussperrungen vornehmen. Zur Abwendung eines Streiks wird häufig der Versuch einer Schlichtung unternommen. Streiks sind nur zulässig, wenn sie zur Verbesserung der Lohn- und Arbeitsbedingungen geführt werden, politische Streiks sind unzulässig.

Aussperrungen, der Ausschluss arbeitswilliger Beschäftigter von der Arbeit, unterliegen besonderen Beschränkungen. Sie sind nur als »Abwehr-Aussperrung« gegen Schwerpunktstreiks erlaubt, bei denen einzelne oder wenige Betriebe bestreikt werden; sie dürfen nicht nur Gewerkschaftsmitglieder betreffen; das Arbeitsverhältnis der ausgesperrten Arbeitnehmerinnen und Arbeitnehmer bleibt bestehen.

Im Vergleich zu anderen Industrieländern sind Streiks in Deutschland selten. Dazu hat maßgeblich das System der Tarifautonomie beigetragen, in dem die Gewerkschaften eine starke Gegenmacht zu den Unternehmen bilden. Durch das Organisationsprinzip der deutschen Gewerkschaften, nach dem alle Beschäftigten eines Wirtschaftszweiges unter einen Tarifvertrag fallen, sind während der Laufzeit eines Tarifvertrages Streiks unzulässig.

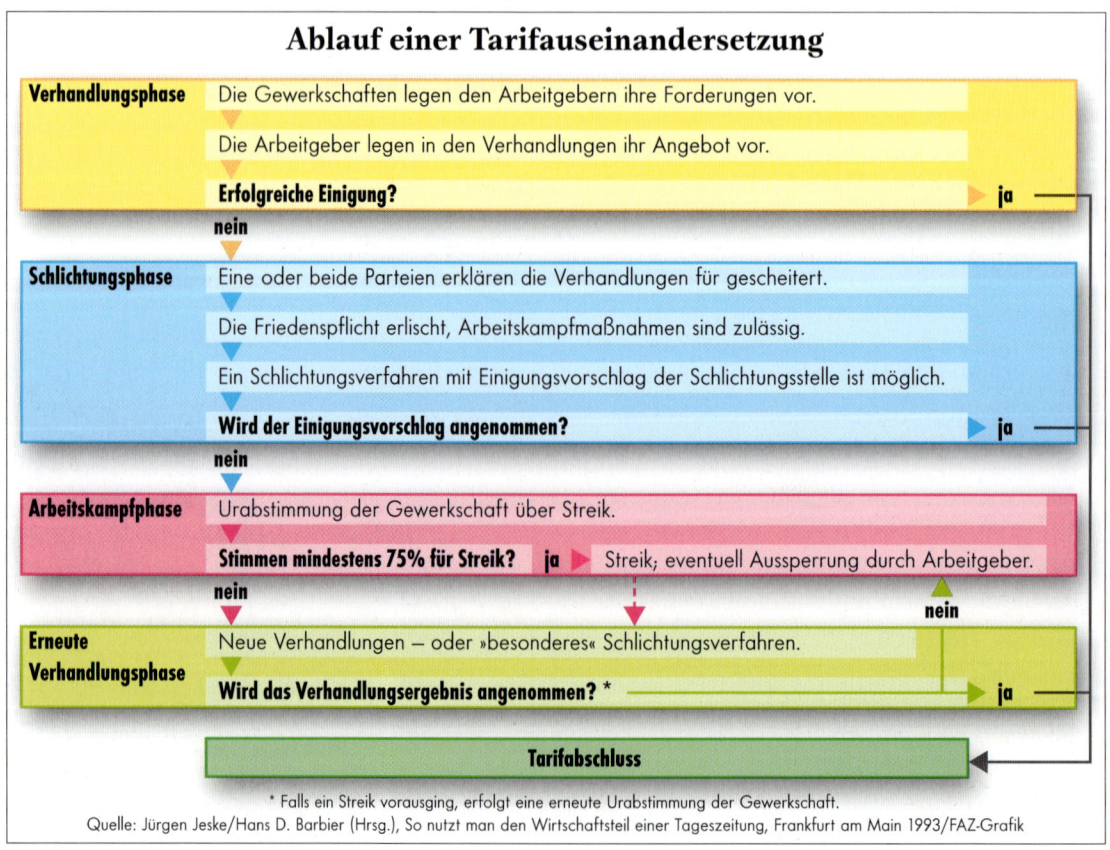

Quelle: Jürgen Jeske/Hans D. Barbier (Hrsg.), So nutzt man den Wirtschaftsteil einer Tageszeitung, Frankfurt am Main 1993/FAZ-Grafik

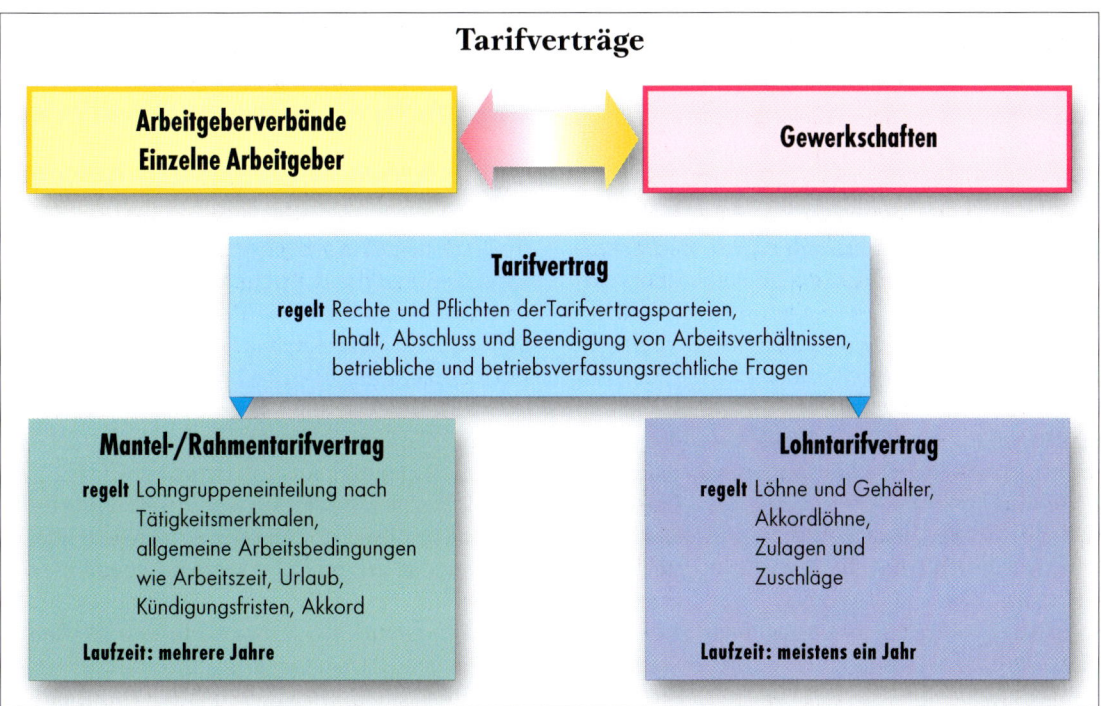

Tarifverträge

| Arbeitgeberverbände
Einzelne Arbeitgeber | ⟷ | Gewerkschaften |

Tarifvertrag

regelt Rechte und Pflichten der Tarifvertragsparteien,
Inhalt, Abschluss und Beendigung von Arbeitsverhältnissen,
betriebliche und betriebsverfassungsrechtliche Fragen

Mantel-/Rahmentarifvertrag

regelt Lohngruppeneinteilung nach
Tätigkeitsmerkmalen,
allgemeine Arbeitsbedingungen
wie Arbeitszeit, Urlaub,
Kündigungsfristen, Akkord

Laufzeit: mehrere Jahre

Lohntarifvertrag

regelt Löhne und Gehälter,
Akkordlöhne,
Zulagen und
Zuschläge

Laufzeit: meistens ein Jahr

Kritik an den Interessenverbänden

In einer pluralistischen Demokratie ist die Organisierung von Interessen notwendig und legitim. Problematisch ist, dass

◆ die gesellschaftlichen Interessen keineswegs gleichgewichtig vertreten sind; gegenüber der organisierten Macht der Verbände sind jene Gruppen benachteiligt, die sich nicht oder nur schwer organisieren lassen (Beispiele: Kinder, alte Menschen, Hausfrauen),

◆ wichtige Reformen erschwert oder verzögert werden, weil der Widerstand der beteiligten Gruppen zu stark ist (Beispiel: Gesundheitsreform).

So trifft die Theorie, die miteinander konkurrierenden Interessen glichen sich aus und das Gemeinwohl werde nicht beeinträchtigt, nur bedingt zu.

Kritisch werden auch die Formen des Verbandseinflusses gesehen: Der Einfluss der Verbände entziehe sich der öffentlichen Kontrolle. Ihre innere Ordnung sei oft nur formal demokratisch, die Mitwirkung der Mitglieder unzureichend, die Entscheidungen würden von wenigen mächtigen Funktionären getroffen.

Bonn, 28. Mai 1984:
Mehr als 200 000 Metaller
demonstrieren auf der
Bonner Hofgartenwiese für
die 35-Stunden-Woche

Kirchen

Eine besondere Stellung nehmen die Kirchen ein. Sie stehen in einer Tradition, die länger zurückreicht als der moderne Staat. Sie genießen eine moralische Autorität, die sich auch auf politische Fragen wie die Bekämpfung der Armut, den Schutz der Familie, die Beachtung der Menschenrechte und die Sicherung des Friedens erstreckt. Ihnen gehören mehr Menschen an als jeder anderen Vereinigung oder Gemeinschaft. Die Evangelische Kirche in Deutschland (EKD) und die katholische Kirche hatten Ende 2002 je 26,5 Millionen Mitglieder, das sind jeweils etwa 32 Prozent der Bevölkerung. Die Zahl der Nichtchristen hat sich seit 1987 mit 30 Prozent fast verdoppelt. Das ist zurückzuführen auf jährliche Austritte, deren Zahl sich in sechsstelliger Höhe bewegt, vor allem aber auf den sehr hohen Anteil an Konfessionslosen in der ehemaligen DDR (1990: 67 Prozent), wo Christen durch das atheistische Regime massiv benachteiligt wurden.

21. Deutscher Evangelischer Kirchentag in Düsseldorf vom 5.–9. Juni 1985

Das Verhältnis von Staat und Kirche ist im Grundgesetz durch Art. 140 geregelt. Dieser besagt, dass die Art. 136 bis 139 sowie Art. 141 der Weimarer Reichsverfassung von 1919 Bestandteil des Grundgesetzes sind. Darin wird die Freiheit der Vereinigung zu Religionsgemeinschaften gewährleistet und festgelegt, dass die Religionsgemeinschaften ihre Angelegenheiten selbst regeln.

Zwischen Staat und Kirchen bestehen aber auch enge Bindungen, und die Kirchen genießen weitgehende Rechte. Sie haben beispielsweise das Recht, Kirchensteuern zu erheben. Die Kirchensteuer wird von der staatlichen Finanzverwaltung eingezogen, eine Dienstleistung, für die die Kirchen dem Staat die Kosten erstatten.

Sie haben ferner Rechte bei der Gestaltung des Religionsunterrichts an öffentlichen Schulen (Art. 7 Abs. 3) und bei der Besetzung der theologischen Lehrstühle an den Universitäten sowie das Recht der Seelsorge in der Bundeswehr und in staatlichen Anstalten (Art. 141).

Die Kirchen nehmen einen beachtlichen Teil der sozialen Aufgaben im Staat wahr: Sie unterhalten Krankenhäuser, Kindergärten, Schulen, Altenheime, Sozial- und Pflegestationen. Die Kosten dafür werden zum Teil aus Kirchensteuermitteln aufgebracht, die durch staatliche Mittel ergänzt werden.

Bürgerinitiativen

Ende der sechziger Jahre entwickelte sich eine neue Form »basisdemokratischer« politischer Beteiligung. Als »Bürgerinitiativen« treten spontane Zusammenschlüsse von Personen auf, die zumeist auf lokaler Ebene tätig werden, um Missstände zu beseitigen (Beispiele: gegen Gefährdung der Umwelt, Abriss von Altbauten, Verkehrsplanungen; für Kindergärten, Spielplätze, kleinere Klassen). Sie mobilisieren die Öffentlichkeit und üben Druck auf die Behörden aus, manchmal beschreiten sie den Weg der Selbsthilfe (Frauenhäuser).

Charakteristisch für Bürgerinitiativen ist
◆ die Konzentration auf ein begrenztes Ziel (one-purpose organizations),
◆ die Fähigkeit, kurzfristig Anhänger in hohem Maße zu mobilisieren,
◆ die Rekrutierung aus den Mittelschichten mit höherem Einkommens- und Bildungsniveau.
Später wurden solche Initiativen immer mehr überregional aktiv und schlossen sich zu verbandsförmigen Organisationen zusammen, zum Beispiel die meisten Umweltinitiativen 1972 im »Bundesver-

Montagsdemonstration in Leipzig (am 6. November 1989): Forderung nach freien Wahlen und dem Ende des SED-Machtmonopols

band Bürgerinitiativen Umweltschutz«. (2002 gehörten dem Bundesverband 130 Bürgerinitiativen mit circa 150 000 aktiven Mitgliedern an.) Charakteristisch wurden nun koordinierte Massenaktionen gegen Großprojekte (Beispiele: Atomkraftwerke Wyhl, Kalkar, Brokdorf; Startbahn West des Frankfurter Flughafens). Dabei wurden neue Aktionsformen wie Straßenblockaden, Sit-ins, Go-ins, Mahnwachen angewandt.

Umweltbewegung, Frauenbewegung, Friedensbewegung und andere Bewegungen, die sich zum Beispiel aus Selbsthilfegruppen im Sozial- und Gesundheitsbereich rekrutieren, werden – ungeachtet ihrer sehr unterschiedlichen Anliegen und Organisationsformen – gemeinsam als »Neue Soziale Bewegungen« bezeichnet.

Ihr Entstehen ist Ausdruck eines Wandels der politischen Kultur und des Bedürfnisses nach alternativen Politikstilen. Die wichtigste soziale Basis der Neuen Sozialen Bewegungen ist die »neue Mittelschicht«, deren Wertesystem deutlich »postmaterialistisch« geprägt ist. Einzelne Gruppen, die zu den Neuen Sozialen Bewegungen gezählt werden, reichen allerdings bis in das konservative Spektrum hinein.

Aus den Reihen der Bürgerinitiativen und dem Umfeld der Neuen Sozialen Bewegungen bildeten sich Ende der Siebzigerjahre grüne und alternative Parteien, die sich 1980 zur Partei »Die Grünen« zusammenschlossen.

Die Bürgerbewegungen, die seit den späten Siebzigerjahren in der DDR entstanden, sind aufgrund der anderen politischen und gesellschaftlichen Rahmenbedingungen kaum mit den Neuen Sozialen Bewegungen Westdeutschlands vergleichbar. Oppositionelle unterschiedlichster Färbung – un-

Bürgerinitiative: Protestplakat gegen eine Giftmülldeponie (Hohenlohe 1991)

dogmatische Marxisten, Reformsozialisten, Liberale, Konservative und Christen – schlossen sich in zumeist kleinen und informellen Zirkeln zusammen, um gegen starke staatliche Repressionen die demokratischen Grundrechte durchzusetzen. Während der »Wende« waren sie ein wichtiges Sammelbecken für den Widerstand gegen das SED-Regime; sie gründeten die »Runden Tische« und leiteten demokratische Reformen ein. Vor dem Hintergrund des wachsenden Einflusses der Westparteien haben die Bürgerbewegungen bereits 1990 stark an Einfluss eingebüßt.

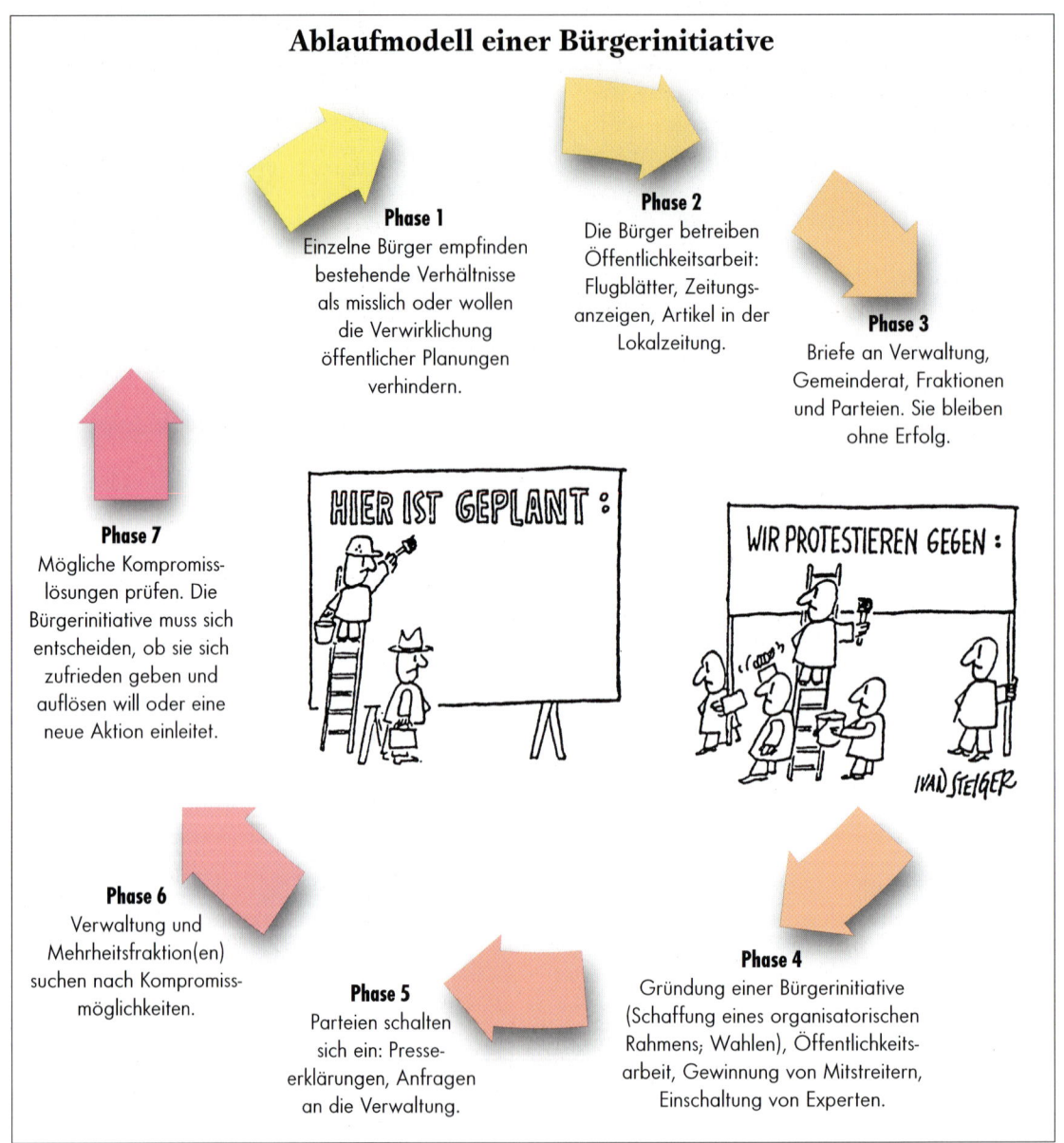

Ablaufmodell einer Bürgerinitiative

Phase 1
Einzelne Bürger empfinden bestehende Verhältnisse als misslich oder wollen die Verwirklichung öffentlicher Planungen verhindern.

Phase 2
Die Bürger betreiben Öffentlichkeitsarbeit: Flugblätter, Zeitungsanzeigen, Artikel in der Lokalzeitung.

Phase 3
Briefe an Verwaltung, Gemeinderat, Fraktionen und Parteien. Sie bleiben ohne Erfolg.

Phase 4
Gründung einer Bürgerinitiative (Schaffung eines organisatorischen Rahmens; Wahlen), Öffentlichkeitsarbeit, Gewinnung von Mitstreitern, Einschaltung von Experten.

Phase 5
Parteien schalten sich ein: Presseerklärungen, Anfragen an die Verwaltung.

Phase 6
Verwaltung und Mehrheitsfraktion(en) suchen nach Kompromissmöglichkeiten.

Phase 7
Mögliche Kompromisslösungen prüfen. Die Bürgerinitiative muss sich entscheiden, ob sie sich zufrieden geben und auflösen will oder eine neue Aktion einleitet.

HIER IST GEPLANT:

WIR PROTESTIEREN GEGEN:

IVAN STEIGER

Kritik an den Bürgerinitiativen

Bürgerinitiativen haben das Verdienst, politische und soziale Probleme in das öffentliche Bewusstsein gerückt zu haben, die von den Parteien und Interessenverbänden vernachlässigt wurden. Inzwischen wurden wichtige Themen zu Programmpunkten der Parteien (Umweltschutz).

Problematisch sind die Aktionen von Bürgerinitiativen, wenn sie
◆ Minderheitsinteressen gegen Mehrheitsinteressen durchsetzen wollen (Beispiel: Anwohner verhindern Behindertenheim oder Spielplatz),
◆ Entscheidungskompetenzen beanspruchen, die demokratisch gewählten Organen zukommen,
◆ dabei Gewalt anwenden.

Massenmedien

Politische Beteiligung in einer Massendemokratie wird durch Presse, Funk und Fernsehen erst möglich. Der Einzelne kann politische Entscheidungen nur treffen, wenn er umfassend informiert ist, unterschiedliche Meinungen kennen lernen und gegeneinander abwägen kann. Die Massenmedien stellen Öffentlichkeit her, in der ein Austausch der verschiedenen politischen Meinungen von gesellschaftlichen Gruppen und Organisationen, Parteien und politischen Institutionen stattfindet. Nur solche Meinungen, die in den Massenmedien zu Diskussionsthemen werden, haben die Chance, öffentlich wirksam zu werden. Öffentliche Meinung wird somit weitgehend durch die veröffentlichte Meinung bestimmt. Daraus ergibt sich eine besondere Verantwortung der Massenmedien.

Zeitungsdruck in der Großdruckerei der Rheinischen Post in Düsseldorf

Aufgaben der Massenmedien

Die Massenmedien haben die Aufgabe
- Informationen zu verbreiten, sie sollen so umfassend, sachgerecht und verständlich wie möglich sein;
- zur Meinungsbildung der Bürger beizutragen, indem sie komplizierte politische Probleme und Zusammenhänge einsichtig machen und politische Ereignisse kommentieren;
- die Entscheidungen der politischen Institutionen sowie das Verhalten der Amtsinhaber zu kontrollieren und Missstände zu kritisieren.

Verfassungsrechtliche Regelungen

Artikel 5
(1) Jeder hat das Recht, seine Meinung in Wort, Schrift und Bild frei zu äußern und zu verbreiten und sich aus allgemein zugänglichen Quellen ungehindert zu unterrichten. Die Pressefreiheit und die Freiheit der Berichterstattung durch Rundfunk und Film werden gewährleistet. Eine Zensur findet nicht statt.
(2) Diese Rechte finden ihre Schranken in den Vorschriften der allgemeinen Gesetze, den gesetzlichen Bestimmungen zum Schutze der Jugend und in dem Recht der persönlichen Ehre.

Zeitungskiosk in Bonn

Das Grundgesetz schützt die Meinungs-, Informations- und Pressefreiheit in Art. 5 Abs. 1. Damit wird in erster Linie der Schutz vor staatlichen Eingriffen gewährleistet, zum Beispiel: Meinungsäußerungen sind nicht strafbar; staatliche Überwachung und Unterdrückung von Veröffentlichungen sind unzulässig; Behörden müssen Publikationsorganen Auskunft geben; Journalisten brauchen Informanten nicht preiszugeben.

Art. 5 Abs. 2 schützt den Einzelnen gegen die Macht der Medien. Beleidigungen und Verleumdungen stehen unter Strafe. Schwierig ist die Abwägung zwischen der Freiheit der Berichterstattung und dem Recht an der eigenen Persönlichkeit, zu dem der Schutz der Privat- und Intimsphäre, der persönlichen Ehre und das Recht am eigenen Bild gehören. Bei unrichtigen Tatsachenbehauptungen – nicht aber bei Werturteilen und Meinungsäußerungen – besteht ein Anspruch auf Gegendarstellung.

Zeitungen und Zeitschriften

Zeitungs- und Zeitschriftenverlage sind fast ausnahmslos in privatem Besitz. Sie geben 380 Zeitungen (Tages-, Wochen- und Sonntagszeitungen) mit einer Gesamtauflage von 29 Millionen Exemplaren heraus. Viele Tageszeitungen erscheinen mit mehreren Lokalausgaben unter verschiedenen Namen. Man nennt das »Publizistische Einheiten«. Sie haben eine Vollredaktion und für die verschiedenen Lokalausgaben jeweils eine Lokalredaktion. Es gibt 135 Publizistische Einheiten mit 1 567 Zeitungsausgaben. Daneben erscheinen »Publikumszeitschriften« mit einer Auflage von 126 Millionen Exemplaren. Das sind Illustrierte, Programm-, Frauen-, Jugend-, Kinderzeitschriften. Außerdem gibt es noch »Fachzeitschriften« mit 17 Millionen Auflage. (Alle Zahlen: 4. Quartal 2002)

Zeitungen und Zeitschriften unterscheiden sich in Niveau, Zielgruppen und Verbreitungsgebiet, so die Tageszeitungen in

◆ überregionale Zeitungen mit hohem Anspruch: Süddeutsche Zeitung, Frankfurter Allgemeine Zeitung, Die Welt, Frankfurter Rundschau,
◆ regionale und lokale Abonnementszeitungen,
◆ Straßenverkaufszeitungen (»Boulevard-Blätter«): Bild, Abendzeitung, BZ, Express.

Für die politische Meinungsbildung sind außerdem wichtig

◆ Wochenzeitungen: Die Zeit, Rheinischer Merkur/Christ und Welt,
◆ Magazine: Der Spiegel, Focus,
◆ Sonntagszeitungen: Welt am Sonntag.

Überregionale Tageszeitungen (verkaufte Auflage)

Süddeutsche Zeitung	438.379
Frankfurter Allgemeine Zeitung	384.353
Die Welt	210.759
Frankfurter Rundschau	183.235

Sonntagszeitungen

Bild am Sonntag	2.163.873
Welt am Sonntag	411.544

Straßenverkaufszeitungen

Bild, Hamburg	4.023.415
Express, Köln	189.524
BZ, Berlin	226.921
Abendzeitung, München	146.574

Wochenzeitungen

Die Zeit	450.067
Rheinischer Merkur	105.253
Das Parlament	14.114

Magazine

Der Spiegel	1.085.605
Focus	753.203

Quelle: Informationsgemeinschaft zur Feststellung der Verbreitung von Werbeträgern (IVW), Auflagenliste 4/2002

Eine meinungsführende Rolle kommt neben dem Fernsehen den überregionalen Tageszeitungen und den großen Wochenzeitungen und Magazinen zu, weil sie von vielen politisch besonders Interessierten gelesen werden, die Einfluss auf die Meinungen ihrer Umgebung haben (»Meinungsführer«). An ihnen orientieren sich auch Journalisten vieler anderer Zeitungen.

Hörfunk und Fernsehen

Bei Hörfunk und Fernsehen (Rundfunk) existieren öffentlich-rechtliche und private Anbieter nebeneinander. Nach 1945 wurden selbstständige Rundfunkanstalten öffentlichen Rechts errichtet. Sie sollten unabhängig vom Staat und von mächtigen Wirtschaftsinteressen sein. Daher sollten sie sich durch Gebühren ihrer Hörer (und später Zuschauer) finanzieren. Inzwischen erzielen sie einen erheblichen Teil ihrer Einnahmen mit Werbeinblendungen. Kontrolliert werden die öffentlich-rechtlichen Anstalten durch Rundfunk- und

Verwaltungsräte, die sich aus Vertretern gesellschaftlich wichtiger Gruppen zusammensetzen. Weil die Kultur in die Zuständigkeit der Länder fällt, wurden Landesrundfunkanstalten gegründet, die seit 1950 zusammen die Arbeitsgemeinschaft der öffentlich-rechtlichen Rundfunkanstalten Deutschlands (ARD) bilden. Nach dem Beitritt der neuen Länder gibt es elf Länderanstalten, sie verbreiten eigene Hörfunk- und Fernsehprogramme und strahlen zusammen das Gemeinschaftsprogramm Erstes Deutsches Fernsehen aus. 1961 wurde durch die Länder eine neue bundesweite Fernsehanstalt gegründet, das Zweite Deutsche Fernsehen (ZDF). Private Veranstalter bieten seit 1984 Hörfunk- und Fernsehprogramme an. Sie finanzieren sich durch Werbeeinnahmen oder durch Gebühren, die die Zuschauer für empfangene Sendungen zahlen (Pay-TV). Die erfolgreichsten privaten Sender sind RTL – mit einer Einschaltquote von 14,7 Prozent (2002) liegt er etwa gleichauf mit den öffentlich-rechtlichen Rundfunkanstalten – und SAT 1 (9,9 Prozent).

Das Bundesverfassungsgericht hat den öffentlich-rechtlichen Rundfunkanstalten die Aufgabe der »Grundversorgung« der Bevölkerung zugeschrieben. Im »Gebührenfestsetzungsurteil« von 1994 heißt es, der öffentlich-rechtliche Rundfunk habe zu gewährleisten, »dass der klassische Auftrag des Rundfunks erfüllt wird, der neben seiner Rolle für die Meinungs- und Willensbildung, neben Unterhaltung und Information seine kulturelle Verantwortung umfasst. ... In der Sicherstellung der Grundversorgung der Bevölkerung mit Rundfunkprogrammen im dualen System findet die Gebührenfinanzierung ihre Rechtfertigung.«

Kritik an den Medien

Die Macht der Medien und die Art und Weise, wie sie mit ihr umgehen, stößt auf Kritik. Umstritten ist schon die Kontrollfunktion der Medien. Man wendet ein, als »Vierte Gewalt« fehle ihnen die demokratische Legitimation, Journalisten brauchten sich keiner Wahl zu stellen. Viele Journalisten ließen in die Berichterstattung ihre persönliche, parteiische Meinung einfließen. Kritik wird auch an der Vermittlung von Politik durch die Medien geübt:
Vor allem Fernsehen und Boulevardzeitungen

- vereinfachten unzulässig komplizierte Sachverhalte,
- dramatisierten unbedeutende Ereignisse,
- personalisierten sachliche Probleme,
- spielten ein Thema für kurze Zeit hoch, um es plötzlich völlig fallen zu lassen,
- verbreiteten fast ausschließlich negative Meldungen und zeichneten ein durchgängig pessimistisches Bild der Welt.

Trotz dieser Kritik sollte nicht übersehen werden, dass freie Medien ein unverzichtbarer Bestandteil einer demokratischen Gesellschaft sind. Sie machen politische Entscheidungen durchschaubar (transparent) und üben eine wichtige Kontrollfunktion aus, indem sie Machtmissbrauch, Ämterwillkür und Korruption aufdecken. Diese Macht der Medien erfordert gleichzeitig ein hohes Verantwortungsbewusstsein der »Medienmacher«, die Orientierung an einer Medienethik, die eine Verletzung der Menschenwürde und eine Propagierung von Gewalt ausschließt.

51

Einschaltquoten 2002

RTL	14,7 %
ARD	14,3 %
ZDF	13,9 %
SAT1	9,9 %

Bundestag

<u>Artikel 20</u>
(2) Alle Staatsgewalt geht vom Volke aus. Sie wird vom Volke in Wahlen und Abstimmungen und durch besondere Organe der Gesetzgebung, der vollziehenden Gewalt und der Rechtsprechung ausgeübt.
Art. 20 Abs. 2 legt für die Staatsordnung der Bundesrepublik Deutschland den Grundsatz der repräsentativen Demokratie fest. Das Volk übt die Staatsgewalt nicht direkt aus, sondern überträgt sie auf gewählte Körperschaften, die Parlamente, für den Gesamtstaat auf den Bundestag, für die Länder auf die Landtage, für Kreise, Städte und Gemeinden auf kommunale Selbstverwaltungskörperschaften. Die Parlamente sind die einzigen Verfassungsorgane, die vom Volk direkt gewählt werden. Das verleiht ihnen eine besondere Legitimation.

Die übrigen Verfassungsorgane werden von den Parlamenten bestellt. So wählen die Parlamente die Regierungschefs, der Bundestag den Bundeskanzler und die Landtage die Ministerpräsidenten. Der Bundestag wählt – zusammen mit dem Bundesrat – die Richter des Bundesverfassungsgerichts (→ Seite 118) und – zusammen mit Delegierten aus den Landesparlamenten in der Bundesversammlung – den Bundespräsidenten (→ Seite 78f.).

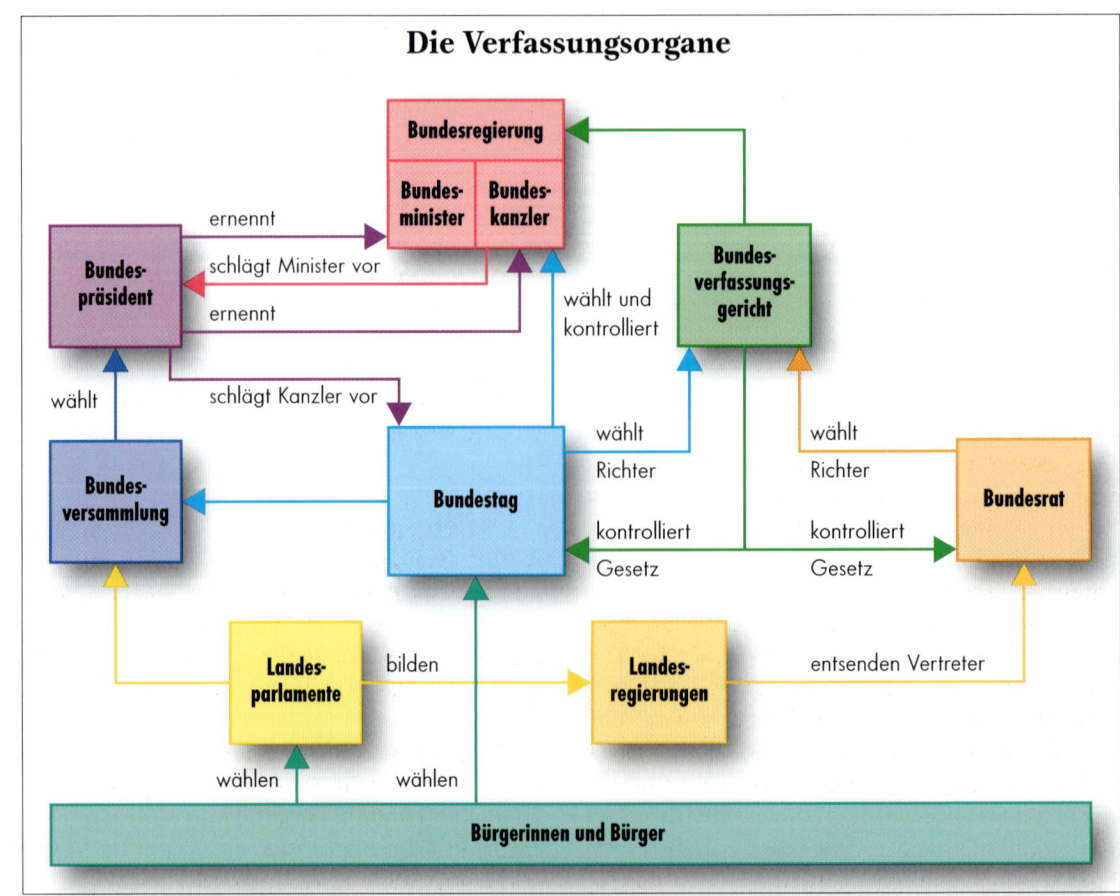

Die Verfassungsorgane

Erste Sitzung des gesamtdeutschen Bundestages im Reichstagsgebäude am 4. Oktober 1990: Bundeskanzler Helmut Kohl bei seiner Regierungserklärung

Abgeordnete

Artikel 38

(1) Die Abgeordneten des Deutschen Bundestages werden in allgemeiner, unmittelbarer, freier, gleicher und geheimer Wahl gewählt. Sie sind Vertreter des ganzen Volkes, an Aufträge und Weisungen nicht gebunden und nur ihrem Gewissen unterworfen.

Freies Mandat

In der Bundesrepublik Deutschland gilt wie in allen anderen repräsentativen Demokratien der Grundsatz des freien Mandats. Die Abgeordneten gelten als Vertreter des ganzen Volkes. Sie sind daher nicht an Aufträge und Weisungen ihrer Wähler und ihrer Partei gebunden und nur ihrem Gewissen unterworfen.

Das Gegenteil des freien Mandats ist das imperative Mandat, wie es in den Ständeversammlungen bis ins 19. Jahrhundert hinein üblich war. Dort waren die Ständevertreter ihren Wählern Rechenschaft schuldig und konnten abberufen werden, wenn sie ihren Weisungen nicht nachkamen. Ein imperatives Mandat führt dazu, dass Abgeordnete in allen Entscheidungen von der »Basis« abhängen. Sie müssen jedes Mal darauf achten, dass ihr Stimmverhalten die Zustimmung ihrer Wähler findet. Damit werden Kompromisse erschwert oder unmöglich gemacht.

Der Grundsatz des freien Mandats steht in einem Spannungsverhältnis zu der in Art. 21 GG veranker-

ten Rolle der Parteien als wesentlichen Trägern der politischen Willensbildung. Im Parteienstaat ist das Parlament, so könnte man argumentieren, auch von der Verfassung her ein Parteienparlament. Abgeordnete, die als Angehörige einer Partei gewählt wurden, wären dann an die Anweisungen ihrer Partei gebunden. Dagegen schützt sie Art. 38 GG.

Das freie Mandat bedeutet nicht, dass Abgeordnete nach Belieben ohne Rücksicht auf ihre Wähler, ihre Partei oder Fraktion abstimmen können (→ Seite 56). Es bewahrt sie aber davor, bei einem Konflikt mit ihrer Fraktion ihr Mandat zu verlieren. Das von den Grünen 1987 vereinbarte Rotationsprinzip – ihre Abgeordneten sollten nach der Hälfte der Legislaturperiode ihr Mandat niederlegen und Nachfolgern Platz machen – ist nur auf freiwilliger Basis erlaubt, ein Zwang wäre verfassungswidrig.

Artikel 46

(1) Ein Abgeordneter darf zu keiner Zeit wegen seiner Abstimmung oder wegen einer Äußerung, die er im Bundestage oder in einem seiner Ausschüsse getan hat, gerichtlich oder dienstlich verfolgt oder sonst außerhalb des Bundestages zur Verantwortung gezogen werden. Dies gilt nicht für verleumderische Beleidigungen.

(2) Wegen einer mit Strafe bedrohten Handlung darf ein Abgeordneter nur mit Genehmigung des Bundestages zur Verantwortung gezogen oder verhaftet werden, es sei denn, daß er bei Begehung der Tat oder im Laufe des folgenden Tages festgenommen wird.

Er oder sie sollen Wahlen gewinnen, die Parteifreunde stets und ständig von den eigenen Qualitäten überzeugen, sich um Wählerinnen, Wähler und Wahlkreis kümmern; stets freundliche und ansprechbare Menschen sein, Vorbilder mit intaktem Familienleben, Redner vor dem Herrn mit der Kunst der einfachen Sprache und durchgeistigter Inhalte. Kantig sollen sie überdies sein, eigenwillig, rundherum große Persönlichkeiten mit großer Ausstrahlung und nur dem Gewissen untertan. Es ist ein bisschen viel, was da von schlichten Abgeordneten verlangt wird. Denn leben sollen sie ja schließlich auch noch.

Abgeordnete – die hohe Kunst, es möglichst vielen recht zu machen

... wie er selbst sein möchte

Ansprüche

... was manche seiner Wähler nach der Wahl von ihm denken

... wie ihn mancher politische Gegner gerne haben möchte

Erwartungen

... was viele seiner Wähler verlangen

Ansichten

... wie ihn seine Familie erlebt

Karikatur: Paul Labowsky

... was manche seiner Fraktionskollegen von ihm halten

Artikel 47

Die Abgeordneten sind berechtigt, über Personen, die ihnen in ihrer Eigenschaft als Abgeordnete oder denen sie in dieser Eigenschaft Tatsachen anvertraut haben, sowie über diese Tatsachen selbst das Zeugnis zu verweigern. Soweit dieses Zeugnisverweigerungsrecht reicht, ist die Beschlagnahme von Schriftstücken unzulässig.

Rechte

Die Unabhängigkeit der Abgeordneten wird durch eine Reihe von Vorrechten geschützt, die im Grundgesetz verankert sind:

◆ **Indemnität:** Abgeordnete dürfen nach Art. 46 Abs. 1 wegen ihres Abstimmungsverhaltens oder wegen Äußerungen im Bundestag – außer für verleumderische Beleidigungen – nicht verfolgt oder belangt werden. Die Indemnität dauert auch nach Beendigung des Mandats fort und kann nicht aufgehoben werden. Sie garantiert, dass Abgeordnete ihrem Gewissen folgen und von ihrer Redefreiheit Gebrauch machen können, ohne Nachteile befürchten zu müssen.

◆ **Immunität:** Abgeordnete dürfen nach Art. 46 Abs. 2 für Straftaten nur zur Verantwortung gezogen werden, wenn der Bundestag es genehmigt. Die Genehmigung wird bei kriminellen Delikten regelmäßig erteilt. Die Immunität besteht nur, solange die Abgeordneten ihr Mandat ausüben.

◆ **Zeugnisverweigerungsrecht:** Abgeordnete brauchen nach Artikel 47 über Personen, die ihnen vertrauliche Mitteilungen gemacht haben, keine Auskunft zu geben.

Diäten

Die Abgeordneten des Bundestages und zumeist auch der Landtage beziehen für ihre Tätigkeit ein Einkommen. Sie sind Berufspolitiker, die eine Ganztagsbeschäftigung ausüben und einen Anspruch auf eine angemessene Entlohnung haben. Diese muss »für sie und ihre Familien eine ausreichende Existenzgrundlage abgeben können. Sie muss außerdem der Bedeutung des Amtes unter Berücksichtigung der damit verbundenen Verantwortung und Belastung und des diesem Amt im Verfassungsgefüge zukommenden Ranges gerecht werden« (»Diätenurteil« des Bundesverfassungsgerichts vom November 1975).

Außer dieser steuerpflichtigen Entschädigung erhalten die Abgeordneten eine steuerfreie Kostenpauschale. Davon sind vor allem die Kosten für das Büro im Wahlkreis sowie für die Zweitwohnung und den Lebensunterhalt am Parlamentssitz zu bestreiten.

Überdies können Abgeordnete einen Beitrag – seit 2003 bis zu 8 155,77 Euro im Monat – erhalten, um persönliche Assistenten oder Hilfskräfte zu beschäftigen. Von 2003 an bekommt ein Bundestagsabgeordneter eine Entschädigung von 7 009 Euro und eine Kostenpauschale von 3 503 Euro. Die Bezüge sollen fortan für die laufende Legislaturperiode festgelegt werden. Als Maßstab sollen die Einkünfte von Bürgermeistern mittlerer Großstädte, Richtern an obersten Bundesgerichten und leitenden Beamten in der Bundesverwaltung dienen.

Die Einkünfte der Abgeordneten werden in der Öffentlichkeit immer wieder kritisiert. Unbestritten ist, dass die Abgeordneten einen Anspruch auf Entlohnung haben. Umstritten ist die Höhe der Einkünfte und die Tatsache, dass die Abgeordneten sie selbst festsetzen. Die Entlohnung liegt weit über dem Durchschnittseinkommen, reicht aber nicht an die vieler freier Berufe (Ärzte, Rechtsanwälte) und von Angehörigen des mittleren Managements in der Wirtschaft (Abteilungsleiter, Leiter einer Bankfiliale) heran. Eine unabhängige Kommission kam 1990 zu dem Ergebnis, dass Entschädigung und Pauschale um 30 bis 40 Prozent unter dem angemessenen Betrag liegen. Die Entschädigung ist von 1977 (7 500 DM) bis 2003 (7 009 Euro) um 83 Prozent erhöht worden, der Anstieg blieb hinter der allgemeinen Entwicklung der Einkommen zurück.

Fraktionen

Die Abgeordneten einer Partei im Parlament bilden eine Fraktion. Zur Bildung einer Fraktion ist eine Mindestzahl von Abgeordneten nötig. Im Bundestag sind es fünf Prozent = 30 Abgeordnete. Bleiben die Abgeordneten einer Partei unter dieser Fraktionsstärke, können sie sich zu einer Gruppe zusammenschließen. Der Status einer Gruppe berechtigt zur Einbringung von Vorlagen, sichert Redezeit entsprechend der Gruppenstärke zu, stellt den Gruppenvorsitzenden rechtlich dem Fraktionsvorsitzenden gleich und verschafft die für die parlamentarische Arbeit erforderlichen finanziellen, technischen und personellen Mittel. Die Fraktionen organisieren und steuern die Arbeit im Parlament. Sie besetzen entsprechend ihrer Stärke das Präsidium, den Ältestenrat und die Ausschüsse. Nur Fraktionen oder so viele Abgeordnete, wie es der Mindeststärke einer Fraktion entspricht, können Anträge einbringen, beispielsweise Gesetzesvorlagen, Große und Kleine Anfragen. Diese Bestimmung verhindert, dass einzelne Abgeordnete mit einer Vielzahl von Anträgen oder Anfragen die Arbeit des Parlaments lahm legen. Jeder Abgeordnete hat jedoch das Recht, ohne Beschränkung mündliche Anfragen zu stellen.

Einnahmen und Ausgaben eines MdB

(dargestellt am Beispiel des Bundestagsabgeordneten Norbert Gansel für 1993)

Gesamteinnahmen	DM	DM
Amtsausstattung[1]	71.079	
MdB-Entschädigung[2]	125.820	
Honorare[3]	1.500	
Betriebsarbeit[4]	885	
Kindergeld	840	
Zinsen aus Bausparverträgen	213	
Mieteinnahmen	4.320	
Krankenversicherungszuschuß[5]	4.512	
	209.169	
Mandatsausgaben		
1. Büromaterial und -technik[6]	2.916	
Porto	1.838	
Telefon	4.253	
Mietanteil Büro-Kiel	6.300	
sonstige Wahlkreisverpflichtungen	4.257	
Information	4.826	**25.574**
2. PKW[7]	6.189	
Fahrkosten	2.874	
abzgl. priv. PKW-Nutzung	-2.100	**6.963**
3. Wohnen und Lebensunterhalt		
in Bonn und auf Dienstreisen[8]	13.260	**13.260**
4. SPD-Bundestagsfraktion	6.000	
SPD-Landes- und Kreisverband	12.000	
SPD-Parteibeitrag	5.280	
Landesgruppe	-	
Gewerkschaft	1.284	
Vereinsbeiträge	2.245	**26.809**
5. Spenden[9]	4.574	**4.574**
6. Rücklage Amtskonto	640	**640**
		77.820
Mandatsausgaben insgesamt		
Gesamteinnahmen	209.169	
Mandatsausgaben	-77.820	
priv. Bruttoeinkommen	**131.349**	
Steuervorauszahlung	-15.280	
Steuernachzahlung	-13.321	
Krankenversicherung	-8.997	
priv. Nettoeinkommen	**93.751**	

[1] Das ist die steuerfreie Pauschale für die mandatsbedingten Ausgaben, die ich im einzelnen aufgeschlüsselt habe.

[2] Das ist das eigentliche »MdB-Gehalt«, das 12x im Jahr gezahlt und versteuert wird.

[3] Honorare für Buchaufsätze und Vorträge, die ich für karitative Zwecke spende.

[4] 1993 habe ich bei der AWU (ein Abfallverwertungsunternehmen) in Ost-Berlin gearbeitet. Den Lohn habe ich den Sozialfonds des Betriebsrats gespendet.

[5] Für diese Legislaturperiode habe ich mich anstatt für Beihilfe für einen Krankenversicherungszuschuß entschieden. Ich bin seit meinem ersten Arbeitsverhältnis (1969) in der gesetzlichen Krankenversicherung der AOK Kiel.

[6] Im Bundestag habe ich 2 kleine Büroräume. Die Grundausstattung für das Abgeordnetenbüro wird von der Bundesverwaltung zur Verfügung gestellt. Die Telefonbenutzung in Bonn ist frei.

[7] Eisenbahn und Flugzeug sind für Dienstreisen kostenfrei. Der PKW wird in Kiel und Schleswig-Holstein benutzt. Zusätzliche Fahrkosten entstehen für die Fahrbereitschaft in Bonn (Trinkgelder), für Taxi/Minicar und Mietwagen bei Dienstreisen. Für die Privatnutzung des PKW habe ich 0,50 DM/km berechnet.

[8] Die relativ niedrigen Kosten für den 2. Haushalt in Bonn, in dem ich mich ungefähr die Hälfte des Jahres aufhalten muß, ergeben sich u.a. daraus, daß ich günstig zur Untermiete wohne. Bei Dienstreisen ins Ausland gibt es für die Unterkunft und Verpflegung eine Reisekostenerstattung, die aber die tatsächlichen Aufwendungen nicht mehr ganz deckt.

[9] Spenden für karitative und staatsbürgerliche Zwecke, die steuerlich nur abgesetzt werden, soweit ich sie nicht aus Mitteln für die Amtsausstattung bezahle (die ich allerdings regelmäßig überschreite). Daneben mache ich steuerlich absetzbare Spenden aus meiner MdB-Entschädigung.

Das Zeitbudget der Bundestagsabgeordneten
(in Stunden/Woche)

	Sitzungs-woche	Sitzungsfreie Woche
Sitzungen:		
Bundestagsplenum	5,5	-
Bundestagsausschüsse, -arbeitskreise	7,5	-
Vorbesprechungen zu Sitzungen	1,8	-
Bundestagsfraktion	3,3	-
Landesgruppen	1,7	-
Fraktionsvorstand, -arbeitskreise/-gruppen	4,6	-
Parteigremien	1,8	3,4
Sonstige Gruppen, Kommunale Organe	1,9	1,5
	28,1	**4,9**
Informations- und Kontakttätigkeiten:		
Informations- und Kontaktgespräche	4,0	-
Pressegespräche	1,1	1,3
Betreuung von Besuchsgruppen	1,5	-
Wählersprechstunde	-	4,8
Empfänge/repräsentative Verpflichtungen	2,1	6,5
Telefonate	4,6	6,1
Referate und Diskussionen	1,8	4,1
Arbeitsessen	2,0	1,5
Parteiveranstaltungen	-	6,5
sonstige Tätigkeiten	2,0	2,4
	19,1	**33,2**
Administrative und Routinetätigkeiten:		
Sichtung und Bearbeitung der Post	8,1	6,1
Besprechung mit persönlichen Mitarbeitern	3,7	-
Lesen	3,9	5,3
	15,7	**11,4**
Innovative Tätigkeiten:		
Ausarbeitung von Reden und Artikeln	2,7	4,1
Fachliche und politische Vorbereitung, Einarbeitung	2,6	5,1
Teilnahme an Kongressen und Seminaren	1,3	2,7
	6,6	**11,9**
Sonstige Tätigkeiten:		
Reisen	6,1	6,6
Beruf	1,0	7,9
Mittagessen	1,3	2,2
	8,4	**16,7**
Gesamtarbeitszeit	**77,9**	**78,1**

Umfrage 1988/89 bei 167 (Sitzungswochen) bzw. 155 Bundestagsabgeordneten (sitzungsfreie Wochen).

Quelle: Dietrich Herzog u.a., Abgeordnete und Bürger, Opladen 1990, S. 85–91

Die Fraktionen selbst sind straff organisiert. An ihrer Spitze steht der Fraktionsvorsitzende, zum Vorstand gehören seine Stellvertreter und die Parlamentarischen Geschäftsführer. Die Fraktionsvorsitzenden sind die einflussreichsten Abgeordneten; die der Regierungsparteien stimmen die politische Willensbildung von Fraktionen und Regierung aufeinander ab, der Vorsitzende der größten Oppositionsfraktion ist im Bundestag Gegenspieler des Bundeskanzlers und oft Kanzlerkandidat der Opposition. Die Parlamentarischen Geschäftsführer sorgen für den reibungslosen Ablauf der parlamentarischen Arbeit, zum Beispiel bestimmen sie die Redner im Plenum, der »Vollversammlung« des Parlaments. Die Fülle der Politikbereiche erfordert eine Arbeitsteilung in der Fraktion. Der einzelne Abgeordnete spezialisiert sich auf bestimmte Sachgebiete. In Arbeitskreisen und Arbeitsgruppen beraten diese Sachverständigen Gesetzentwürfe und andere Anträge und bereiten die Entscheidungen vor. Die Fraktion folgt in der Regel den Vorschlägen ihrer Sachverständigen.

◆ **Fraktionsdisziplin/Fraktionszwang**
Abgeordnete sind als Mitglieder ihrer Partei gewählt, deren grundlegende politische Überzeugungen sie mit den anderen Mitgliedern ihrer Fraktion teilen. Sie sind daran interessiert, dass die politischen Vorstellungen ihrer Partei sich durchsetzen und diese die nächsten Wahlen gewinnt. Nur wenn die Fraktion geschlossen auftritt, erscheint sie entscheidungs- und handlungsfähig. Öffentliche Auseinandersetzungen und abweichendes Stimmverhalten werden als »Zerstrittenheit« gewertet und mindern die Wahlchancen.
Abgeordnete können für ihre Auffassungen in den Arbeitskreisen/Arbeitsgruppen, in informellen Gesprächsrunden oder im Fraktionsplenum werben. Vor der entscheidenden Abstimmung kommt es manchmal zu heftigen Auseinandersetzungen. Wenn die Fraktion mit Mehrheit entschieden hat, sind ihre Mitglieder daran gebunden. Die Fraktionsdisziplin, die freiwillige Unterordnung unter die Mehrheitsbeschlüsse der Fraktion, unterscheidet sich vom Fraktionszwang, der dem Grundsatz des freien Mandats widerspricht. Bei sehr umstrittenen Entscheidungen (Beispiele: Notstandsgesetzgebung 1968, Abstimmung über die Ostverträge 1972) haben beträchtliche Minderheiten gegen die Linie ihrer Fraktionen gestimmt.
Bei ausgesprochenen »Gewissensfragen« (zum Beispiel Abtreibung, Verlängerung der Verjährungsfrist für NS-Verbrechen, Einsätze der Bundeswehr bei UN-Friedensmissionen 1995) gibt die Fraktionsführung die Abstimmung in der Regel frei.

Ständige Ausschüsse des Deutschen Bundestages
15. Wahlperiode (Anzahl der Abgeordneten)

45 Haushaltsausschuss	**30** Ausschuss für Verbraucherschutz, Ernährung und Landwirtschaft
42 Ausschuss für Wirtschaft und Arbeit	**30** Verteidigungsausschuss
40 Auschuss für Gesundheit und soziale Sicherung	**30** Ausschuss für Familie, Senioren, Frauen und Jugend
40 Ausschuss für Verkehr, Bau- und Wohnungswesen	**25** Petitionsausschuss
38 Auswärtiger Ausschuss	**23** Ausschuss für wirtschaftliche Zusammenarbeit und Entwicklung
38 Innenausschuss	**17** Ausschuss für Menschenrechte und humanitäre Hilfe
33 Rechtsausschuss	**15** Ausschuss für Wahlprüfung, Immunität und Geschäftsordnung
33 Finanzausschuss	**15** Rechnungsprüfungsausschuss
33 Ausschuss für Angelegenheiten der Europäischen Union	**15** Ausschuss für Kultur und Medien
33 Ausschuss für Bildung, Forschung und Technikfolgenabschätzung	**15** Sportausschuss
33 Ausschuss für Umwelt, Naturschutz und Reaktorsicherheit	**15** Ausschuss für Tourismus

Ausschüsse

Für den Bundestag als Ganzes gilt wie für die Fraktionen das Prinzip der Arbeitsteilung. Die eigentliche parlamentarische Arbeit wird in den Ausschüssen geleistet. Die Ausschüsse entsprechen den Arbeitskreisen und Arbeitsgruppen der Fraktionen. Deren Mitglieder sind meist zugleich die Vertreter ihrer Fraktionen in entsprechenden Fachausschüssen. In den Ausschüssen werden die Gesetzentwürfe und sonstige Initiativen diskutiert und formuliert, um dann dem Plenum zur Beschlussfassung vorgelegt zu werden.

Die Ausschüsse tagen in der Regel nicht öffentlich. Daher kann dort ungezwungener und sachlicher debattiert werden als in den öffentlichen Sitzungen des Plenums. Auch die Ausschussmitglieder der Opposition haben so die Chance, einen erheblichen Einfluss auszuüben. Es gibt ständige Ausschüsse, die die gesamte Legislaturperiode über bestehen, und solche, die für eine bestimmte Aufgabe gebildet und nach deren Erledigung wieder aufgelöst werden, zum Beispiel »Untersuchungsausschüsse«. In Art. 45a GG ist festgelegt, dass Ausschüsse für auswärtige Angelegenheiten und für Verteidigung gebildet werden müssen, weitere können eingesetzt werden.

◆ Ständige Ausschüsse

Der Bundestag hat 22 ständige Ausschüsse gebildet (15. Wahlperiode), denen zwischen 15 und 45 Abgeordnete angehören. Die Fraktionen besetzen die einzelnen Ausschüsse entsprechend ihrem Stärkeverhältnis, ebenso werden die Ausschussvorsitzenden anteilmäßig von den Fraktionen gestellt.

Auswärtiger Ausschuss

In Anwesenheit von Bundespräsident Roman Herzog, Bundestagspräsident Wolfgang Thierse und Bundeskanzler Gerhard Schröder wird am 19. April 1999 das umgebaute Reichstagsgebäude als Sitz des Deutschen Bundestages offiziell eingeweiht. Im Mittelpunkt der anschließenden ersten Plenarsitzung steht die Regierungserklärung von Bundeskanzler Schröder zum Stand der deutschen Einheit

Die Arbeitsgebiete der meisten Ausschüsse entsprechen denen der Bundesministerien. Jedem Ministerium ist in der Regel ein Fachausschuss zugeordnet, zum Beispiel der Auswärtige Ausschuss dem Auswärtigen Amt und der Rechtsausschuss dem Bundesministerium der Justiz.

Einige Ausschüsse haben besondere Aufgaben, die nicht an ein bestimmtes Fachressort gebunden sind. Dazu gehören der Petitionsausschuss (→ Seite 65f.) und der wichtigste und mächtigste Ausschuss, der Haushaltsausschuss. Er entscheidet über die Höhe der Geldmittel, die den einzelnen Ministerien und Behörden zugewiesen werden. Außerdem hat er ein Mitspracherecht bei allen Gesetzen, die mit Geldausgaben verbunden sind. Sein Vorsitzender ist traditionell ein Mitglied der größten Oppositionsfraktion.

Plenum

Das Plenum ist die »Vollversammlung«, eigentlich der Bundestag schlechthin. Nur das Bundestagsplenum kann rechtswirksame Beschlüsse fassen. Der Bundestag ist beschlussfähig, wenn mindestens die Hälfte seiner Mitglieder anwesend ist. Viele Beschlüsse kommen allerdings zustande, wenn weit weniger Abgeordnete anwesend sind. In den Fraktionen und Ausschüssen ist nämlich vorab geklärt, ob einer Vorlage alle Fraktionen zustimmen oder ob sie zwischen Regierungsmehrheit und Opposition strittig ist. Im ersten Fall spielt es keine Rolle, wie viele Abgeordnete anwesend sind, im letzten genügt es, wenn mehr Abgeordnete der

Regierungsmehrheit als der Opposition an der Abstimmung teilnehmen. Nur wenn mindestens fünf Abgeordnete während der Sitzung die Beschlussfähigkeit »bezweifeln«, was äußerst selten vorkommt, muss mindestens die Hälfte der Abgeordneten herbeigerufen werden.

Bei besonders wichtigen Entscheidungen, zum Beispiel der Wahl des Bundestagspräsidenten oder der Abstimmung über eine vom Bundeskanzler gestellte Vertrauensfrage, ist die absolute Mehrheit erforderlich, das heißt eine Stimme mehr als die Hälfte aller Abgeordneten. Eine Zweidrittelmehrheit ist notwendig, um die Verfassung zu ändern. Abstimmungen sind im allgemeinen offen, nur bei der Wahl des Bundespräsidenten, des Bundestagspräsidiums, des Bundeskanzlers und des Wehrbeauftragten sowie bei Abstimmungen über den Sitz von Bundesbehörden wird geheim abgestimmt.

Namentliche Abstimmungen können von einer Fraktion oder von mindestens fünf Prozent der anwesenden Abgeordneten beantragt werden. Das geschieht bei besonders wichtigen Abstimmungen, wenn die persönliche Verantwortung der einzelnen Abgeordneten für ihre Entscheidung festgestellt und festgehalten werden soll.

Arbeitsparlament

Das Bild des Bundestages in der Öffentlichkeit wird durch die Debatten im Plenum bestimmt. Hörfunk und Fernsehen übertragen wichtige Debatten oder berichten aus den Plenarsitzungen. Wenn die Fernsehkamera über den Plenarsaal schwenkt, sieht der

Zuschauer, dass oft nur 30 oder 50 Abgeordnete anwesend sind, von denen ein Teil auch noch Akten studiert oder Zeitung liest. Das führt zu dem weit verbreiteten Missverständnis, die Abgeordneten seien uninteressiert und kämen ihren Pflichten nicht nach.

Dieser Kritik liegt die Vorstellung zugrunde, das Plenum sei der eigentliche Ort der parlamentarischen Arbeit. Dort würden die wichtigsten Probleme des Landes in Rede und Gegenrede zwischen Regierungsmehrheit und Opposition debattiert, und die besseren Argumente setzten sich durch. Diesem Idealbild kommt noch am ehesten das britische Unterhaus nahe, das als »Redeparlament« gilt. Der andere Typ ist das »Arbeitsparlament«, in dem, wie vor allem im amerikanischen Kongress, der Schwerpunkt auf der Gesetzgebungsarbeit in Ausschüssen liegt.

Der Bundestag wird oft als eine Mischung zwischen beiden Typen bezeichnet. Nimmt man den Zeitaufwand als Maßstab, so leisten die Bundestagsabgeordneten ihre Arbeit weit überwiegend in Ausschüssen, Fraktionen, Arbeitskreisen und Arbeitsgruppen. In den bisher 14 Wahlperioden (1949 bis 2002) fanden fast 3 200 Plenarsitzungen statt, während allein die Zahl der Ausschusssitzungen bei 35 000 lag.

Wenn die Experten in wochen- und monatelangen Beratungen alle Argumente ausgetauscht haben und die Standpunkte geklärt sind, ist es nicht verwunderlich, wenn die meisten Beschlüsse im Plenum ohne Debatte oder nach kurzer Diskussion gefasst werden. Die Anwesenheit der vielen Abgeordneten, die nicht mit der Materie vertraut sind, wäre pure Zeitverschwendung.

Die großen Debatten über wichtige Themen, wie zum Beispiel die Haushaltsdebatte (→ Seite 64f.), haben nicht die Funktion, die andere Seite zu überzeugen. Es sind Reden, die für die Öffentlichkeit bestimmt sind. Dem Bürger sollen die unterschiedlichen Meinungen und die Gründe, die zu dieser oder jener Entscheidung geführt haben, deutlich gemacht werden.

Präsidium

Die Sitzungen des Bundestages werden von dem Bundestagspräsidenten geleitet. Traditionell wird er von der stärksten Fraktion gestellt. Als Präsident des obersten Verfassungsorgans nimmt er protokollarisch nach dem Bundespräsidenten und dem Bundesratspräsidenten und noch vor dem Bundeskanzler den dritten Platz im Staate ein. Mit dem Präsidenten werden mehrere Vizepräsidenten gewählt, gemeinsam bilden sie das Präsidium.

Der Bundestagspräsident repräsentiert den Bundestag nach außen und ist zugleich oberster Dienstvorgesetzter der Bundestagsverwaltung. Seine wichtigste Aufgabe ist die Leitung der Bundestagssitzungen, in der er sich mit den derzeit fünf Vizepräsidenten ablöst.

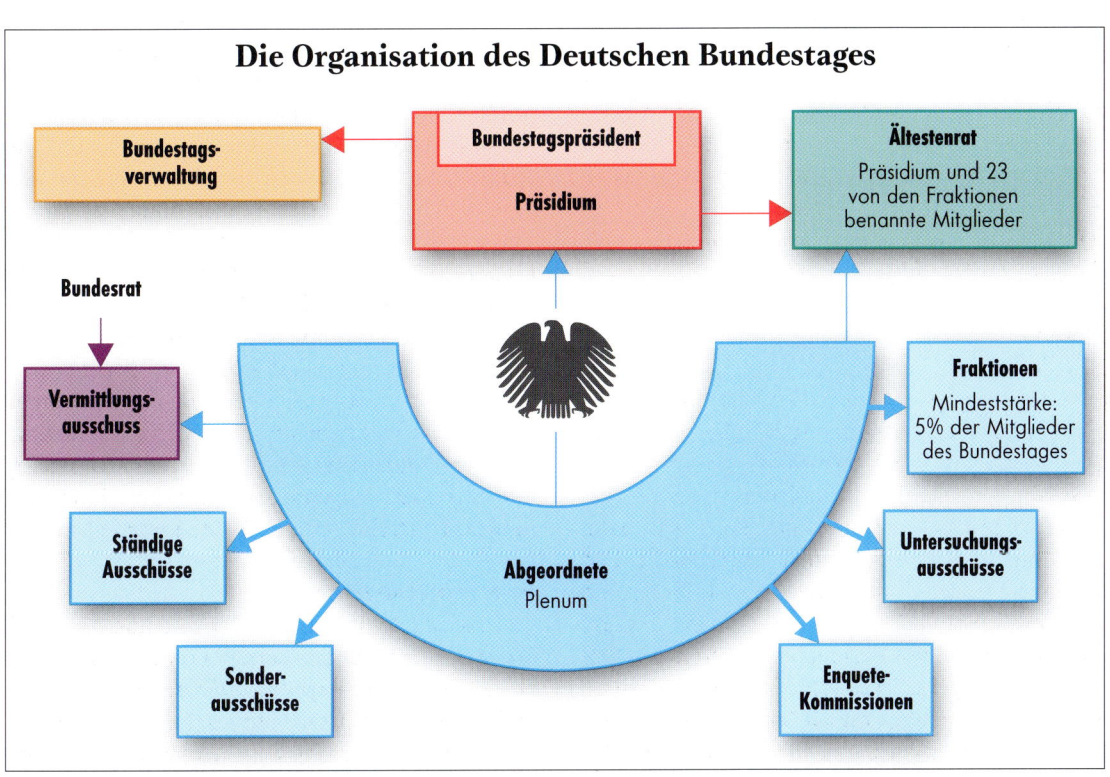

Die Organisation des Deutschen Bundestages

Ältestenrat

Der Ältestenrat sorgt für den reibungslosen Ablauf der Parlamentsarbeit. So setzt er die Tagesordnung und die Redezeiten der Plenarsitzungen fest und verständigt sich über die Besetzung der Ausschussvorsitze. Der Ältestenrat setzt sich zusammen aus dem Präsidenten, den Vizepräsidenten und 23 weiteren Abgeordneten. Es sind keineswegs die ältesten Mitglieder des Hauses, sondern zumeist besonders erfahrene Abgeordnete, darunter die Parlamentarischen Geschäftsführer der Fraktionen.

Wissenschaftliche Dienste

Trotz der Arbeitsteilung könnten die Abgeordneten auf sich allein gestellt mit den Experten der Ministerialbürokratie und der Verbände nicht Schritt halten, sofern sie nicht auf eigene Hilfsdienste zurückgreifen könnten.

Jeder Abgeordnete hat einen oder mehrere Assistenten zur Verfügung, die aus der Kostenpauschale (→ Seite 55) zu bezahlen sind. Das sind zum Teil wissenschaftlich vorgebildete Mitarbeiter, zum Teil Bürohilfskräfte. Darüber hinaus verfügt jede Fraktion über einen umfangreichen Stab von Fraktionsassistenten, Referenten, Sachbearbeitern und technischem Personal.

Die Abgeordneten können schließlich auf die wissenschaftlichen Dienste des Bundestages zurückgreifen. Dazu gehören die Bibliothek, das Parlamentsarchiv, die Pressedokumentation, eine Datenbank, ferner Fachdienste, die Gutachten, Dokumentationen und Auswertungen zusammenstellen, sowie Ausschusssekretariate, die die Arbeit der Ausschüsse organisieren und unterstützen.

Die Bundestagsbibliothek mit mehr als einer Million Bänden steht allen Abgeordneten und ihren Mitarbeitern offen. Sie wird vorrangig von den wissenschaftlichen Diensten zur Informationsbeschaffung benutzt

Aufgaben des Bundestages

Das Grundgesetz beschreibt an verschiedenen Stellen die Aufgaben des Bundestages. Nimmt man die Zahl der Artikel des Grundgesetzes (Art. 70–82) als Maßstab, so wäre die bei weitem wichtigste Aufgabe die Gesetzgebung (Gesetzgebungsfunktion). In der Lehre von der Gewaltenteilung (→ Seite 67) wird das Parlament als Legislative bezeichnet. Das könnte zu dem Missverständnis führen, dem Parlament komme allein die Aufgabe der Gesetzgebung zu. Im Grundgesetz wird als weitere Aufgabe des Bundestages die Wahl des Bundeskanzlers und anderer wichtiger Staatsorgane genannt (Wahlfunktion). Einige Artikel (43, 44, 67, 110) weisen dem Bundestag die Aufgabe zu, Regierung und Verwaltung zu kontrollieren (Kontrollfunktion).

Aufgaben und Bedeutung des Bundestages gehen aber über diese »klassischen«, im Grundgesetz umschriebenen Funktionen hinaus. Er soll die wichtigsten politischen Themen zur Diskussion stellen und Lösungen und Alternativen anbieten (Willensbildungsfunktion). Zugleich sollen im Bundestag die im Volk vorhandenen Meinungen Ausdruck finden (Artikulationsfunktion).

◆ Regierungsbildung (Wahlfunktion)

Artikel 63

(1) Der Bundeskanzler wird auf Vorschlag des Bundespräsidenten vom Bundestage ohne Aussprache gewählt.

(2) Gewählt ist, wer die Stimmen der Mehrheit der Mitglieder des Bundestages auf sich vereinigt. Der Gewählte ist vom Bundespräsidenten zu ernennen.

(3) Wird der Vorgeschlagene nicht gewählt, so kann der Bundestag binnen vierzehn Tagen nach dem Wahlgange mit mehr als der Hälfte seiner Mitglieder einen Bundeskanzler wählen.

(4) Kommt eine Wahl innerhalb dieser Frist nicht zustande, so findet unverzüglich ein neuer Wahlgang statt, in dem gewählt ist, wer die meisten Stimmen erhält. Vereinigt der Gewählte die Stimmen der Mehrheit der Mitglieder des Bundestages auf sich, so muß der Bundespräsident ihn binnen sieben Tagen nach der Wahl ernennen. Erreicht der Gewählte diese Mehrheit nicht, so hat der Bundespräsident binnen sieben Tagen entweder ihn zu ernennen oder den Bundestag aufzulösen.

Wahl des Bundeskanzlers

Die Wahl des Bundeskanzlers ist in Art. 63 geregelt. Bisher sind alle Kanzler im ersten Wahlgang mit der absoluten Mehrheit der Stimmen gewählt worden, sowohl bei der Wahl zu Beginn der Legislaturperiode als auch bei der Wahl des Nachfolgers eines zurückgetretenen Bundeskanzlers. Die Bestimmungen in Art. 63 Abs. 3 und 4 für den Fall, dass ein Kandidat nicht die absolute Mehrheit erreicht, blieben daher bislang gegenstandslos.

Das ist eine Folge des über vier Jahrzehnte stabilen Parteiensystems mit zwei großen Volksparteien, die entweder allein (nur 1957) oder zusammen mit anderen Parteien in einer Koalition eine Regierung bilden konnten. Die beiden großen Parteien gehen mit Spitzenkandidaten, entweder dem amtierenden Kanzler oder dem »Kanzlerkandidaten«, in die Wahl. Schon vor der Wahl steht fest, welcher Kandidat bei entsprechender Mehrheit Kanzler wird, zumeist auch, mit welcher Koalition er regieren wird. Der Bundestag führt mit der Wahl des Kanzlers letztlich nur den Wählerwillen aus.

Artikel 67

(1) Der Bundestag kann dem Bundeskanzler das Mißtrauen nur dadurch aussprechen, daß er mit der Mehrheit seiner Mitglieder einen Nachfolger wählt und den Bundespräsidenten ersucht, den Bundeskanzler zu entlassen. Der Bundespräsident muß dem Ersuchen entsprechen und den Gewählten ernennen.
(2) Zwischen dem Antrage und der Wahl müssen achtundvierzig Stunden liegen.

Konstruktives Misstrauensvotum

Der Bundestag kann nach Art. 67 GG den Bundeskanzler abwählen, indem er mit der absoluten Mehrheit seiner Mitglieder einen Nachfolger

wählt. Damit wird gesichert, dass der Bundeskanzler nur dann aus dem Amt entfernt werden kann, wenn sich im Bundestag eine neue Regierungsmehrheit zusammenfindet. Verhindert wird dadurch, dass wie in der Weimarer Republik negative Mehrheiten, die sich nur in der Ablehnung der Regierung einig sind, die Regierung stürzen können. Diese Bestimmung wird als »konstruktives Misstrauensvotum« bezeichnet.

Konstruktiver Misstrauensantrag von CDU/CSU und FDP gegen Bundeskanzler Helmut Schmidt: Dieser gratuliert als Erster seinem mit 256 gegen 235 Stimmen am 1. Oktober 1982 gewählten Amtsnachfolger Helmut Kohl

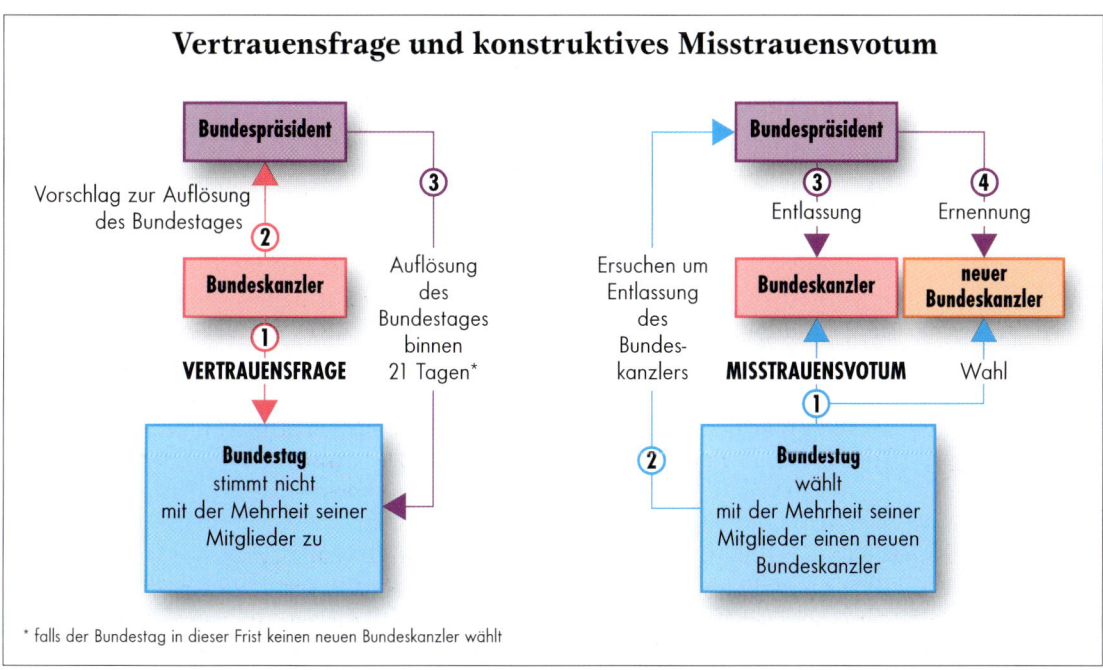

Vertrauensfrage und konstruktives Misstrauensvotum

Bundespräsident

Vorschlag zur Auflösung des Bundestages ②

Bundeskanzler

① VERTRAUENSFRAGE

③ Auflösung des Bundestages binnen 21 Tagen*

Bundestag stimmt nicht mit der Mehrheit seiner Mitglieder zu

Bundespräsident

③ Entlassung ④ Ernennung

Ersuchen um Entlassung des Bundeskanzlers

Bundeskanzler neuer Bundeskanzler

MISSTRAUENSVOTUM Wahl

①

②

Bundestag wählt mit der Mehrheit seiner Mitglieder einen neuen Bundeskanzler

* falls der Bundestag in dieser Frist keinen neuen Bundeskanzler wählt

Zuständigkeiten in der Gesetzgebung

BUND | **LAND**

Ausschließliche Gesetzgebung (Art. 71, 73)
- Auswärtige Angelegenheiten
- Verteidigung, Zivilschutz
- Staatsangehörigkeit
- Passwesen
- Währungs- und Geldwesen
- Zölle und Außenhandel
- Deutsche Bahn und Luftverkehr
- Post- und Telekommunikation

Rahmengesetzgebung (Art. 75)
- Hochschulwesen
- Jagdwesen, Naturschutz und Landschaftspflege
- Bodenverteilung und Raumordnung
- Melde- und Ausweiswesen

Konkurrierende Gesetzgebung (Art. 72, 74, 74a)
- Bürgerliches Recht
- Strafrecht und Strafvollzug
- Personenstandswesen
- Vereinsrecht
- Versammlungsrecht
- Aufenthaltsrecht für Ausländerinnen und Ausländer
- Erzeugung und Nutzung der Kernenergie
- Arbeitsrecht
- Wirtschaftsrecht
- Straßenverkehr

Ausschließliche Gesetzgebung
- Kultur
- Polizeiwesen
- Schul- und Bildungswesen
- Gesundheitswesen
- Presse
- Hörfunk, Fernsehen
- Kommunalwesen

»Misstrauensvotum« bedeutet hier nur das Gegenteil von »Vertrauensvotum«, mit dem der Kanzler sich in seinem Amt bestätigen lassen kann; es enthält keinerlei Vorwurf, etwa den einer Amtspflichtverletzung.

Ein konstruktives Misstrauensvotum hat es im Bundestag bisher zweimal gegeben, das gescheiterte gegen Bundeskanzler Willy Brandt 1972 und das erfolgreiche gegen Bundeskanzler Helmut Schmidt 1982.

◆ Gesetzgebung (Gesetzgebungsfunktion)

In einem Bundesstaat wie der Bundesrepublik Deutschland gibt es Bundesgesetze, die für das gesamte Gebiet des Bundes gelten, und Landesgesetze, die nur im jeweiligen Bundesland verbindlich sind. Landesgesetze dürfen Bundesgesetzen nicht widersprechen (Art. 31 GG: *Bundesrecht bricht Landesrecht*). Damit soll gesichert werden, dass überall im Bundesgebiet die »Lebensverhältnisse gleichwertig« gestaltet werden können.

Ausschließliche Gesetzgebung
Das Grundgesetz regelt sehr ausführlich die Zuständigkeiten der Gesetzgebung von Bund und Ländern. Art. 73 GG zählt zwölf Gebiete auf, in denen der Bund das Recht der ausschließlichen Gesetzgebung hat.

Dazu gehören beispielsweise die Auswärtigen Angelegenheiten, die Verteidigung, die Staatsangehörigkeit, die Währung, die Einheit des Zoll- und Handelsgebietes bis hin zum Urheberrecht und zur Statistik des Bundes. Hinzu kommen noch weitere Gebiete, für die das Grundgesetz an anderer Stelle die Zuständigkeit des Bundes festlegt, beispielsweise die Kriegsdienstverweigerung (Art. 4 Abs. 3) und die Parteien (Art. 21 Abs. 3).

Konkurrierende Gesetzgebung
Für viele Rechtsgebiete sind nach dem Grundgesetz Bund und Länder nebeneinander zuständig. Das sind die Gebiete der konkurrierenden Gesetzgebung. Der Bund hat hier ein Vorrecht. Nur wenn er davon keinen Gebrauch macht, können die Länder ihre eigenen Gesetze erlassen. In der Praxis hat der Bund, um die »Einheitlichkeit der Lebensverhältnisse« zu wahren (Art. 72 Abs. 2, Art. 106 Abs. 3), von seinem Vorrecht weitgehend Gebrauch gemacht.

Der Katalog der Gebiete, die der konkurrierenden Gesetzgebung unterliegen, ist ständig erweitert worden und umfasst jetzt 29 Punkte (Art. 74 und 74a). Dazu gehören das bürgerliche Recht, das Strafrecht, das Aufenthalts- und Niederlassungsrecht der Ausländer, das Arbeitsrecht, die Nutzung der Kernenergie, Schifffahrt, Straßenverkehr, die Abfallbeseitigung, die Luftreinhaltung, die Lärmbekämpfung, schließlich die Besoldung des öffentlichen Dienstes.

Rahmengesetzgebung
Für weitere Rechtsgebiete hat der Bund das Recht der Rahmengesetzgebung (Art. 75). Das bedeutet, die Angelegenheit darf nicht bis ins Einzelne geregelt sein, vielmehr muss den Ländern Spielraum bleiben, um diese Vorschriften auszufüllen. Darunter fallen beispielsweise die Hochschulen, das Presserecht, der Naturschutz und die Raumordnung.

◆ Kontrolle von Regierung und Verwaltung (Kontrollfunktion)

Im traditionellen Verständnis von der Teilung der drei Gewalten hat das (Gesamt-)Parlament die Aufgabe, die Regierung zu kontrollieren. Für parlamentarische Demokratien ist jedoch eine andere Form der Gewaltenteilung charakteristisch: Regierung und Mehrheitsfraktionen steht die parlamentarische Opposition gegenüber. Die Kontrollfunktion nimmt hier vor allem die Opposition wahr. Sie nutzt verschiedene Instrumente, beispielsweise Anfragen und Untersuchungsausschüsse, um die Regierung öffentlich zu kritisieren und zu kontrollieren. Die Mehrheitsfraktionen werden die Regierung nur in Ausnahmefällen kritisieren. In der Regel stimmt die Regierung ihre Vorhaben vorher mit den sie tragenden Fraktionen ab, sodass Konflikte hier eher die Ausnahme darstellen.

Anfragen

Im Grundgesetz sind nur wenige Kontrollrechte ausdrücklich festgehalten, so in Art. 43 das Recht, jedes Mitglied der Bundesregierung herbeizurufen, ihm Fragen zu stellen und Auskunft zu verlangen. In der Geschäftsordnung des Bundestages ist dieses Fragerecht im Einzelnen geregelt:

Große Anfragen können von einer Fraktion oder mindestens 30 Abgeordneten, der Mindeststärke einer Fraktion, gestellt werden. Sie müssen schriftlich eingereicht werden. Sobald die Regierung ebenfalls schriftlich geantwortet hat, wird eine Debatte im Plenum angesetzt. Große Anfragen werden vor allem von der Opposition genutzt, um die Regierung zu zwingen, in wichtigen politischen Fragen öffentlich Rede und Antwort zu stehen, auf deren Schwächen aufmerksam zu machen und die eigenen Alternativen darzustellen. Große Anfragen der Koalitionsfraktionen sollen der Regierung Gelegenheit verschaffen, ihre Erfolge herauszustellen und die Kritik der Opposition zu entkräften.

Kleine Anfragen müssen gleichfalls von mindestens 30 Abgeordneten eingereicht werden. Ihr Ziel ist es, von der Regierung Informationen über einen bestimmten Sachverhalt zu bekommen. Sie werden schriftlich beantwortet, es gibt aber keine öffentliche Debatte. Befriedigt die Auskunft nicht, kann der Abgeordnete in der Fragestunde Zusatzfragen stellen.

Die **Fragestunde** findet regelmäßig zu Beginn einer Plenarsitzung statt, maximal dreimal in der Woche. Jeder Abgeordnete darf pro Sitzungswoche bis zu zwei Fragen an die Bundesregierung stellen. Sie müssen einige Tage vorher eingereicht werden, bei dringendem öffentlichen Interesse noch am Vortag. Beantwortet werden sie meist vom zuständigen Parlamentarischen Staatssekretär oder vom Minister. Der Fragesteller kann zwei, jeder andere Abgeordnete eine Zusatzfrage stellen. Oftmals kommt es zu einem lebhaften Rededuell, besonders wenn sich mehrere Abgeordnete verabredet haben, die Regierungsvertreter in die Enge zu treiben. Die Fragestunde anlässlich der »Spiegelaffäre« 1962, in der mehrere Abgeordnete der Opposition zahlreiche Fragen und Zusatzfragen stellten, trug zum Sturz des damaligen Bundesverteidigungsministers bei.

Aktuelle Stunden können wie die Großen und Kleinen Anfragen von einer Fraktion oder von 30 Abgeordneten zu einem Thema von aktuellem Interesse beantragt werden. Jeder Diskussionsbeitrag darf nicht länger als fünf Minuten dauern. Die Aktuelle Stunde wird häufig von der Opposition genutzt, um spontan ein umstrittenes Thema aufzugreifen und die Regierung zu kritisieren.

Beispiele für Themen, die 2002/03 in Aktuellen Stunden behandelt wurden

Datum	Thema	Antrag
21.02.2002	Haltung der Bundesregierung zu den aktuellen Vorgängen um die Vermittlungstätigkeit der Bundesanstalt für Arbeit	SDP, B90/GR
13.03.2002	Milliardendefizit in der Gesetzlichen Krankenversicherung (GKV)	CDU/CSU
17.04.2002	Haltung der Bundesregierung zum Insolvenzantrag der Kirch-Media AG	SPD
19.04.2002	Haltung der Bundesregierung zu aktuellen Vorschlägen, in der GKV die Lohnzahlung zu kürzen und die Vorleistungspflicht der Krankenversicherten einzuführen	FDP
26.06.2002	Weitere Maßnahmen der Bundesregierung zur Förderung des Mittelstandes	SPD, B90/GR
27.06.2002	Bildungsgefälle nach dem Ergebnis der PISA-Studie und Forderungen aus der Bundesregierung nach deutschlandweiten Bildungsstandards	CDU/CSU
06.11.2002	Auswirkungen der finanz- und gesellschaftspolitischen Vorhaben der Bundesregierung auf die Familien	CDU/CSU
07.11.2002	Haltung der Bundesregierung zur Eigenheimzulage	FDP
29.01.2003	Haltung der Bundesregierung zu den Auswirkungen ihrer Steuerpolitik auf die kommunalen Finanzen	CDU/CSU
13.02.2003	Zukunftsprogramm Bildung und Betreuung für Ganztagsschulen	SPD, B90/GR

Quelle: Deutscher Bundestag

64

Untersuchungsausschüsse

Der Bundestag muss auf Antrag von mindestens einem Viertel seiner Mitglieder einen Untersuchungsausschuss einsetzen (Art. 44 GG), um Missstände und Verfehlungen aufzuklären. Ein Untersuchungsausschuss kann Zeugen und Sachverständige vorladen und Beweise erheben. Seine Verhandlungen sind öffentlich.

Untersuchungsausschüsse werden zumeist gebildet, um Skandale und Affären aufzuklären. In der Regel fordert die Opposition solche Untersuchungen, wenn Mitglieder der Regierung oder der Regierungsparteien belastet sind. In den Untersuchungsausschüssen, die wie alle anderen Ausschüsse entsprechend der Stärke der Fraktionen besetzt sind, haben die Fraktionen der Regierungsparteien die Mehrheit. Sie sind naturgemäß nicht daran interessiert, ihrer Regierung zu schaden. Ihr Eifer, den Sachverhalt bis ins Letzte auf-

zuklären, hält sich daher in Grenzen. Oftmals enthalten die Abschlussberichte ein Mehrheits- und ein Minderheitsvotum.

Enquete-Kommissionen

Das französische Wort *enquête* bedeutet Untersuchung. Anders als die Untersuchungsausschüsse, die sich nur aus Abgeordneten zusammensetzen, werden Enquete-Kommissionen aus Abgeordneten und Sachverständigen gebildet. Ihre Aufgabe ist es, zu einem wichtigen Themenkomplex alle verfügbaren Informationen zusammenzutragen und Entscheidungen des Bundestages langfristig vorzubereiten. Ihre Berichte werden auch in der Öffentlichkeit beachtet. Themen, mit denen sich Enquete-Kommissionen befassen, sind beispielsweise: »Globalisierung der Weltwirtschaft – Herausforderungen und Antworten«, »Zukunft des Bürgerschaftlichen Engagements«, »Demographischer Wandel – Herausforderungen unserer älter werdenden Gesellschaft an den Einzelnen und die Politik« und »Recht und Ethik der modernen Medizin«.

Budgetrecht

Das Budgetrecht, das Recht, Steuern und Abgaben zu bewilligen, ist das klassische Kontrollrecht des Parlaments. Zuerst erkämpfte es sich das englische Parlament, im 19. Jahrhundert wurde es in die Verfassungen der konstitutionellen Monarchien aufgenommen. Die Parlamente nutzten dieses Recht, um die Steuern möglichst niedrig zu halten und die Ausgaben zu beschränken.

Die Bundesregierung legt jedes Jahr einen Haushaltsplan vor, der die erwarteten Einnahmen und die vorgesehenen Ausgaben enthält. Der Haus-

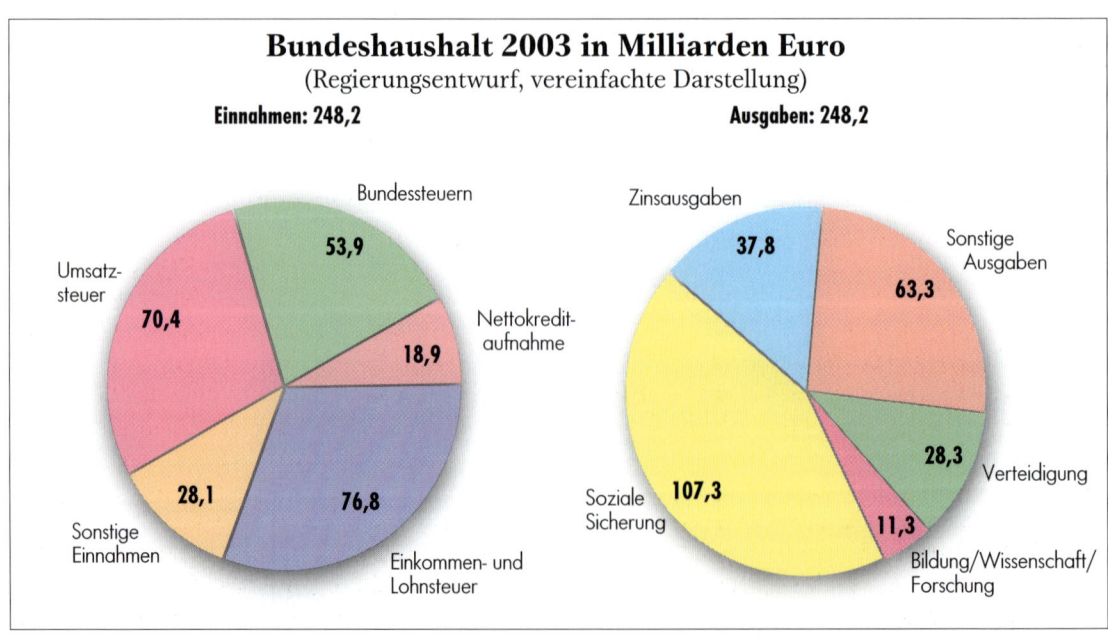

Bundeshaushalt 2003 in Milliarden Euro
(Regierungsentwurf, vereinfachte Darstellung)

Einnahmen: 248,2

Ausgaben: 248,2

Bundessteuern 53,9

Umsatzsteuer 70,4

Nettokreditaufnahme 18,9

Sonstige Einnahmen 28,1

Einkommen- und Lohnsteuer 76,8

Zinsausgaben 37,8

Sonstige Ausgaben 63,3

Verteidigung 28,3

Soziale Sicherung 107,3

Bildung/Wissenschaft/Forschung 11,3

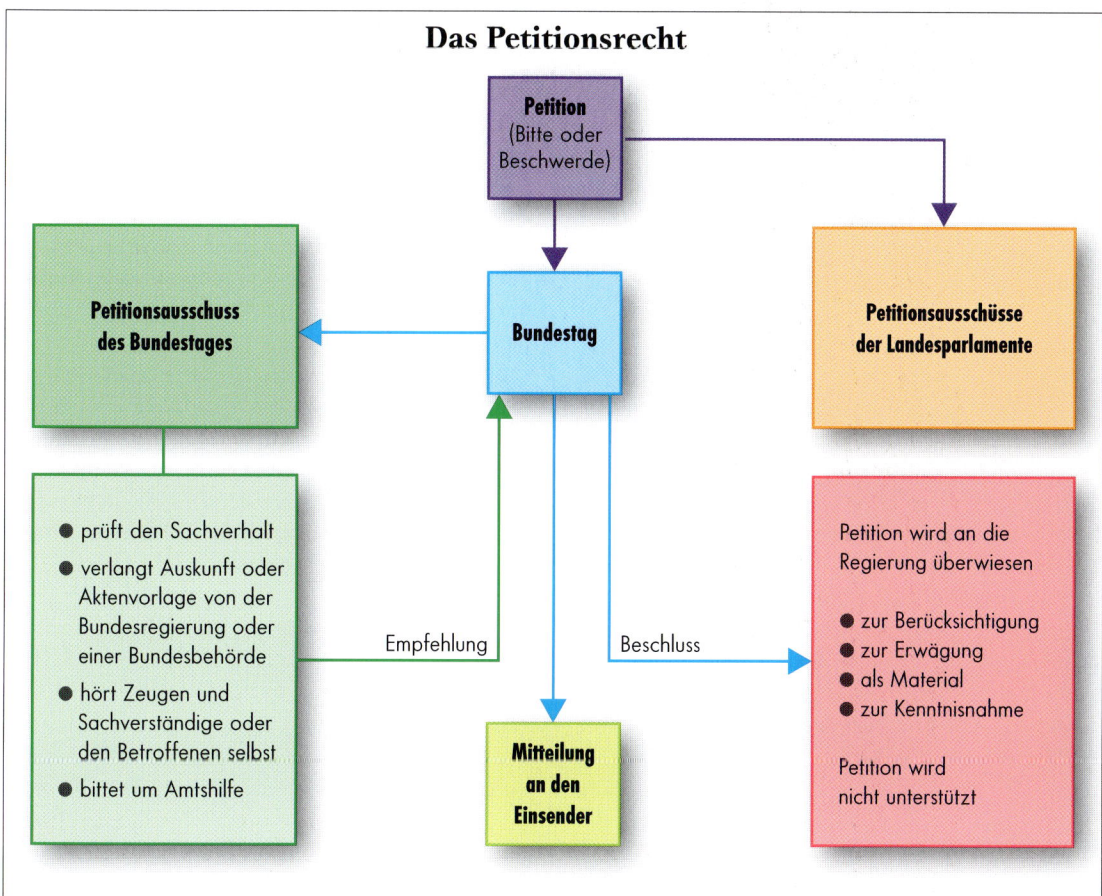

Das Petitionsrecht

Petition (Bitte oder Beschwerde)

Petitionsausschuss des Bundestages

- prüft den Sachverhalt
- verlangt Auskunft oder Aktenvorlage von der Bundesregierung oder einer Bundesbehörde
- hört Zeugen und Sachverständige oder den Betroffenen selbst
- bittet um Amtshilfe

Bundestag

Petitionsausschüsse der Landesparlamente

Petition wird an die Regierung überwiesen

- zur Berücksichtigung
- zur Erwägung
- als Material
- zur Kenntnisnahme

Petition wird nicht unterstützt

Empfehlung

Beschluss

Mitteilung an den Einsender

haltsplan wird vom Haushaltsausschuss (→ Seite 58) beraten und anschließend vom Bundestag als Gesetz verabschiedet (Art. 110 GG).

Die Regierungsfraktionen, die im Haushaltsausschuss die Mehrheit haben, unterstützen die Vorlage der Regierung, die sie vorher mit ihr abgestimmt haben, sodass die Opposition kaum Chancen hat, Änderungen zu erreichen. 80 bis 90 Prozent der Ausgaben sind ohnehin gesetzlich festgelegt, sodass der Spielraum gering ist. Die Bundesregierung kann nach Art. 113 GG Einspruch gegen Gesetze einlegen, welche die von ihr vorgeschlagenen Ausgaben des Haushaltsplans erhöhen oder die vorgesehenen Einnahmen vermindern.

Der Haushaltsplan ist das »Regierungsprogramm in Zahlen«. Die Opposition nutzt daher die abschließende Beratung des Haushalts im Plenum, die alljährliche »Haushaltsdebatte«, um die Regierung zu attackieren und mit ihrer Politik abzurechnen.

Artikel 17

Jedermann hat das Recht, sich einzeln oder in Gemeinschaft mit anderen schriftlich mit Bitten oder Beschwerden an die zuständigen Stellen und an die Volksvertretung zu wenden.

Petitionen

Das Recht, sich mit Petitionen, das sind Bitten und Beschwerden, an die Volksvertretung zu wenden, ist ein Grundrecht, das allen Bürgerinnen und Bürgern zusteht. Unter Bitten sind insbesondere Vorschläge zur Gesetzgebung (Änderung und Aufhebung von Gesetzen) zu verstehen. Beschwerden richten sich gegen das Handeln der Verwaltung. Der Petitionsausschuss des Bundestages hat nicht nur, wie jeder andere Ausschuss des Bundestages, das Recht, Mitglieder der Bundesregierung herbeizurufen, er kann auch von der Regierung und den Behörden Auskunft und Einsicht in Akten verlangen, Sachverständige und Zeugen hören sowie Zutritt zu ihren Einrichtungen verlangen. Nach Abschluss der Ermittlungen fasst der Petitionsausschuss seine Meinung in einer Abschlussempfehlung an den Bundestag zusammen. Hierin kann beispielsweise vorgeschlagen werden, das Anliegen des Einsenders (Petenten) gegenüber der Bundesregierung zu unterstützen.

Nach der Wiedervereinigung hatte sich die Anzahl der jährlichen Eingaben nahezu verdoppelt (1992: rund 24 000). 2001 gingen 15 765 Petitionen ein. Sie zeigen dem Bundestag, wo in Gesetzgebung und Verwaltung Lücken, Fehler und Härten auftreten. So hat der Petitionsausschuss beispielsweise mit Erfolg empfohlen, die Rentenregelung für die Bürger der neuen Länder zu verbessern und die Verjährungsfrist für DDR-Staatsunrecht erst am Tag der Wiedervereinigung beginnen zu lassen.

Auch Soldaten können sich an den Petitionsausschuss wenden; für sie gibt es aber noch eine eigene Beschwerdeinstanz, den Wehrbeauftragten.

<u>Artikel 45 b</u>
Zum Schutz der Grundrechte und als Hilfsorgan des Bundestages bei der Ausübung der parlamentarischen Kontrolle wird ein Wehrbeauftragter des Bundestages berufen. Das Nähere regelt ein Bundesgesetz.

Wehrbeauftragter

Der Wehrbeauftragte, am 11. Mai 2000 wurde Willfried Penner in dieses Amt gewählt, soll die Entwicklung der Bundeswehr zu einer demokratischen Armee fördern und kontrollieren. Zugleich ist er eine Art Frühwarnsystem für die Probleme der Bundeswehr. Er kennt die Nöte und die Stimmung der Truppe besser als jeder andere. Sein Jahresbericht an den Bundestag wird auch in der Öffentlichkeit stark beachtet.

Das Amt des Wehrbeauftragten hat sein Vorbild im schwedischen Ombudsman, einem »Bürgeranwalt«, der die Rechte der Bürger gegenüber der Verwaltung wahren soll. Es wurde 1956 vom Bundestag eingerichtet.

Der Wehrbeauftragte wird für fünf Jahre vom Bundestag gewählt. Er schreitet ein, wenn Grundrechte der Soldaten oder die Grundsätze der Inneren Führung (→ Seite 103) verletzt werden. Er kann jederzeit unangemeldet die Truppe besuchen, dabei Auskünfte von Vorgesetzten verlangen und ohne Anwesenheit von Vorgesetzten mit Soldaten sprechen.

Jeder Soldat kann sich unter Umgehung des Dienstweges direkt an ihn wenden. Der Wehrbeauftragte erhält jedes Jahr mehrere tausend Eingaben, die sämtlich überprüft werden. Wenn Beschwerden berechtigt sind, gibt der Wehrbeauftragte eine Empfehlung, der in der Praxis fast immer entsprochen wird.

◆ Teilnahme an der politischen Willensbildung (Willensbildungsfunktion)

Das Parlament soll das »Forum der Nation« sein. Hier sollen die wichtigen politischen Themen diskutiert und Konzepte zur Lösung von Problemen entwickelt werden. Die unterschiedlichen Standpunkte sollen in verständlicher Form vorgetragen und die Gründe für Entscheidungen erkennbar gemacht werden. Das geschieht in den großen Plenardebatten, in denen die Bundesregierung sowie Regierungsfraktionen und Opposition ihre Positionen vor der Öffentlichkeit darlegen und begründen.

Doch solche großen Debatten sind selten, und sie finden nicht immer die Aufmerksamkeit der Öffentlichkeit, die ihnen zukommen sollte. Es gehört zu der gängigen Kritik am Bundestag, dass er die informierende Funktion nicht ausreichend wahrnimmt. Politische Meinungs- und Willensbildung findet heute vor allem auf dem Weg über die Massenmedien statt. Regierungsmitglieder und führende Abgeordnete der Koalitionsparteien und der Opposition teilen ihre Meinungen der Öffentlichkeit in Fernsehen, Hörfunk und Zeitungen mit. Dabei geht jedoch verloren, was nur eine Debatte leisten kann: die Auseinandersetzung, das Ringen um bessere Lösungen in Rede und Gegenrede.

Wenn der Bundestag nicht der zentrale Ort politischer Auseinandersetzung ist, hat das auch mit seinem Selbstverständnis als Arbeitsparlament zu tun (→ Seite 58f.). Die politische Willensbildung vollzieht sich in den Fraktionen und den Ausschüssen, dort fallen auch die politischen Entscheidungen. Diese intensive und effiziente Detailarbeit geschieht zwangsläufig unter Ausschluss der Öffentlichkeit.

Durch namentliche Abstimmung im Plenum wählt der Bundestag den Wehrbeauftragten für fünf Jahre. Als erste Frau wurde am 30. März 1995 Claire Marienfeld (Bildmitte) in dieses Amt gewählt

◆ Repräsentation der Bevölkerung und Artikulationsfunktion

Im Parlament soll zur Sprache kommen, was die Bürger politisch bewegt. Die Wähler erwarten, dass ihre eigenen Ansichten zu politischen Themen in den Debatten ausgesprochen (artikuliert) werden und dass ihre Wünsche und Interessen im Parlament vertreten (repräsentiert) sind.

Häufig wird beklagt, die Bürger dürften alle vier Jahre zur Wahl gehen, danach hätten sie keinen Einfluss mehr auf die politischen Entscheidungen. Doch Abgeordnete wollen wieder gewählt werden. Die Wünsche der Wähler hören sie in ihrem Wahlkreis. Meinungsumfragen geben ständig ein Bild von der Stimmung der Bürger. Zahlreiche Landtags- und Kommunalwahlen finden im Laufe einer Legislaturperiode statt und bieten den Wählern Gelegenheit, ihre Zufriedenheit oder Unzufriedenheit mit der Regierungspolitik zu bekunden. Das alles hat Rückwirkungen auf die Politik der Regierung und auf das Verhalten der einzelnen Abgeordneten.

Das bedeutet nicht, dass Bundestag und Regierung lediglich den Willen der Bevölkerung nachvollziehen sollen. Politische Führung heißt, als richtig erkannte Politik auch gegen Meinungsumfragen durchzusetzen. Wenn diese Politik erfolgreich ist, wird sie später von den Wählern honoriert. So hat die Regierung Adenauer gegen den Willen der Mehrheit die Einbindung in das westliche Bündnissystem vollzogen, die Regierung Schmidt und die ihr folgende Regierung Kohl haben die Nachrüstung aufgrund des NATO-Doppelbeschlusses betrieben und durchgesetzt.

Repräsentation und Sozialstruktur

Kann der Bundestag, wird häufig gefragt, seine Repräsentationsfunktion angemessen wahrnehmen, wenn er nicht die Zusammensetzung seiner Wählerschaft widerspiegelt? Tatsächlich weicht das »Sozialprofil« des Bundestages sehr weit von dem seiner Wählerschaft ab.

Am auffälligsten ist die Unterrepräsentation der Frauen. Obwohl sie mehr als die Hälfte der Wähler stellen, lag ihr Anteil an den Abgeordneten von 1949 bis 1987 regelmäßig unter 10 Prozent. Dem 15. Bundestag gehören immerhin gut 32 Prozent Frauen an. Deutlich überrepräsentiert sind Abgeordnete mit Universitätsabschluss und Abschluss einer Fachhochschule oder Pädagogischen Hochschule. Bei der Aufschlüsselung der Berufsangaben fällt auf, dass Angehörige des öffentlichen Dienstes besonders häufig vertreten sind, sie stellen traditionell etwa zwei Fünftel der Abgeordneten. Relativ hoch ist der Anteil der Verbandsvertreter. Sehr gering ist dagegen die Zahl der Arbeiter.

Der Aussagewert von Berufsangaben ist gering. Sehr viele Abgeordnete haben einen wechselvollen Lebensweg hinter sich, wobei sie mehrere Berufe ausgeübt haben, von denen sie einen angeben, manchmal zeitweilige Tätigkeiten im öffentlichen Dienst oder als kommunale Wahlbeamte. Der Weg eines Arbeiters in die Politik führt in der Regel über die Gewerkschaft oder den zweiten Bildungsweg und berufliche Tätigkeiten als Gewerkschaftssekretär, Redakteur oder Angestellter einer Partei, er zählt dann nicht mehr als Arbeiter. Die mangelnde Repräsentation der Frauen wird auf das System der Kandidatenaufstellung zurückgeführt, bei dem Männer – entgegen den Mahnungen der Parteivorstände – ihre Mehrheiten ausnutzen. Der Anteil der Frauen an den Parteimitgliedern liegt bei etwa einem Viertel. Wenn man dies als Maßstab nimmt, wären sie im 15. Bundestag etwas überproportional vertreten.

Das Prinzip der Repräsentation besagt nicht, dass jede Gruppe entsprechend ihrem Anteil an der Bevölkerung im Parlament vertreten sein muss. Das wäre einer Ständegesellschaft angemessen. Die Überzeugungen und Interessen der Abgeordneten werden nicht in erster Linie vom Geschlecht, von der sozialen Herkunft oder vom beruflichen Werdegang bestimmt, sondern von ihrer politischen Sozialisation. Dennoch müssen größere Anstrengungen unternommen werden als bisher, um allzu krasse Unterschiede zwischen Sozialstruktur der Bevölkerung und der Abgeordneten, insbesondere die Unterrepräsentation der Frauen, abzubauen.

Gewaltenteilung/Gewaltenverschränkung

Das Grundgesetz legt in Art. 20 fest, die Staatsgewalt werde durch »besondere Organe der Gesetzgebung, der vollziehenden Gewalt und der Rechtsprechung ausgeübt«.

Es knüpft damit an die klassische Gewaltenteilung in Legislative, Exekutive und Judikative an, die von dem französischen Staatsphilosophen Montesquieu formuliert worden ist. Ihr liegt der Gedanke zugrunde, dass in einer politischen Ordnung die Freiheit nur gesichert ist, wenn die staatliche Macht nicht wie in den absoluten Monarchien in einer Hand liegt, sondern geteilt ist. Montesquieu sah diese Gewaltenteilung im England seiner Zeit verwirklicht. Das Parlament aus zwei Kammern übte die gesetzgebende Gewalt aus, der König hatte die ausführende Gewalt, und unabhängige Richter sprachen Recht.

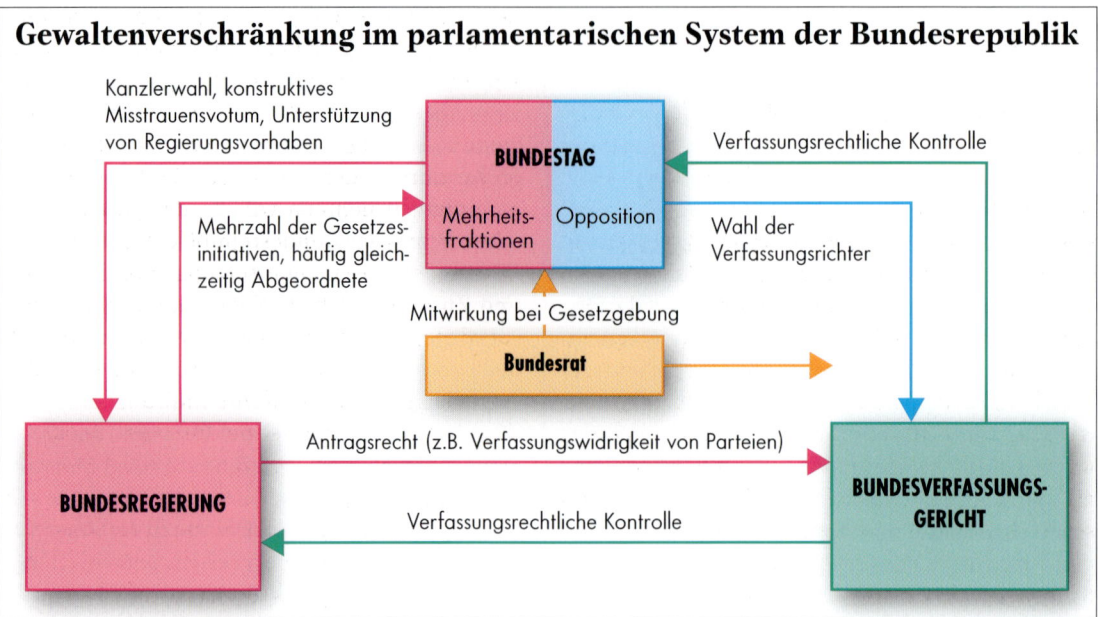

Gewaltenverschränkung im parlamentarischen System der Bundesrepublik

Kanzlerwahl, konstruktives Misstrauensvotum, Unterstützung von Regierungsvorhaben

Verfassungsrechtliche Kontrolle

BUNDESTAG

Mehrzahl der Gesetzesinitiativen, häufig gleichzeitig Abgeordnete

Mehrheitsfraktionen Opposition

Wahl der Verfassungsrichter

Mitwirkung bei Gesetzgebung

Bundesrat

BUNDESREGIERUNG

Antragsrecht (z.B. Verfassungswidrigkeit von Parteien)

Verfassungsrechtliche Kontrolle

BUNDESVERFASSUNGS-GERICHT

Nach diesem Modell, wenn auch in abgewandelter Form, ist die Präsidialdemokratie der USA konstruiert. Die drei Gewalten sind streng getrennt, können aber ihre Macht nicht allein ausüben. Durch ein System von »Hemmungen und Gegengewichten« (checks and balances) sind sie bei der Ausübung ihrer Funktionen aufeinander angewiesen.

In parlamentarischen Demokratien wie der Bundesrepublik Deutschland hat sich eine andere Form der Gewaltenteilung herausgebildet. Die Trennlinie verläuft nicht mehr zwischen Parlament und Regierung, sondern zwischen Parlamentsmehrheit und Regierung auf der einen und der Opposition auf der anderen Seite. Die Regierung geht aus den Mehrheitsfraktionen hervor und wird von ihnen getragen. Die Mitglieder der Regierung sind in der Regel auch Mitglieder des Parlaments. Gegenspielerin von Regierung und Parlamentsmehrheit ist die Opposition.

In Bundesstaaten wird die Macht des Bundes auch durch die Länder begrenzt. Die staatliche Gewalt und die staatlichen Aufgaben sind zwischen Bund, Ländern und Gemeinden aufgeteilt. In der Bundesrepublik Deutschland wirken die Länder durch den Bundesrat an der Gesetzgebung des Bundes mit (→ Seite 71). Die Verwaltung, der die Ausführung der Gesetze und Rechtsverordnungen obliegt, ist überwiegend Sache der Bundesländer und auf der untersten Ebene Aufgabe der Kommunen.

Statt durch eine strikte Trennung der Gewalten ist die parlamentarische Demokratie gekennzeichnet durch eine Gewaltenverschränkung. Legislative und Exekutive sind miteinander verknüpft, getrennt von ihnen ist dagegen die Rechtsprechung.

In der Bundesrepublik Deutschland ist die Beschränkung und Kontrolle der Macht der Regierenden gewährleistet durch

- die Opposition im Bundestag,
- das föderalistische System mit der Aufteilung der staatlichen Gewalt und der staatlichen Aufgaben auf Bund, Länder und Gemeinden,
- die unabhängige Justiz, vor allem die weit reichenden Befugnisse des Bundesverfassungsgerichts,
- die öffentliche Meinung.

Opposition

Im Grundgesetz kommt der Begriff »Opposition« nicht vor, ebenso wenig in den meisten Landesverfassungen. In Deutschland hat sich das Verständnis für die Bedeutung der Opposition nur langsam durchsetzen können. Opposition wurde lange mit Obstruktion, mit bloßer Verneinung gleichgesetzt. In England wurde schon im 18. Jahrhundert die Opposition neben dem Prinzip der Repräsentation als die zweite große Erfindung des parlamentarischen Systems bezeichnet. Das Bundesverfassungsgericht hat 1952 das »Recht auf verfassungsmäßige Bildung und Ausübung einer Opposition« zu den »grundlegenden Prinzipien der freiheitlichen demokratischen Grundordnung« gezählt. Die Opposition hat die Aufgabe, die Regierung zu kritisieren, zu kontrollieren und Alternativen anzubieten.

Kritik: Das Programm und die Politik der Regierung unterliegen ständiger Kritik seitens der Opposition. Sie nimmt diese Funktion nicht so sehr mit Blick auf das Parlament wahr, sondern wendet sich an die Öffentlichkeit, um die nächsten Wahlen für sich zu entscheiden.

Kontrolle: Die Instrumente der parlamentarischen Kontrolle, wie Anfragen und Untersuchungsausschüsse (→ Seite 63f.), werden vorwiegend von der Opposition genutzt, um Fehler und Schwächen der Regierung aufzudecken.

Alternativen: Die Opposition steht zur Ablösung der Regierung bereit. Für diesen Fall bietet sie sachliche und personelle Alternativen an. Die Sachalternativen werden sich auf wenige wichtige und umstrittene Politikbereiche beschränken. Als personelle Alternative zur Regierung präsentiert sie den Kanzlerkandidaten und eine Mannschaft aus fähigen Persönlichkeiten. Jede Opposition steht vor der Frage, ob sie in erster Linie die Auseinandersetzung mit der Regierung suchen oder ob sie durch Zusammenarbeit Einfluss auf Entscheidungen nehmen will. In der parlamentarischen Praxis der Bundesrepublik wechselten sich Phasen der Auseinandersetzung (Konfrontation) und Zusammenarbeit (Kooperation) ab. Scharfe Auseinandersetzungen gab es, wenn entscheidende politische Weichenstellungen bevorstanden, zum Beispiel die Wiederbewaffnung 1956 und die Ostpolitik der sozial-liberalen Koalition 1969–1972. Bei der Gesetzgebung hat die Opposition zumeist auf Kooperation gesetzt und versucht, die Gesetze in ihrem Sinne zu verbessern.

Im Bundestag kann die Opposition gegen die Mehrheit wenig bewirken. Chancen, auf die Politik der Regierung Einfluss zu nehmen, eröffnet das bundesstaatliche System. Es sieht eine Mitwirkung des Bundesrates an der Gesetzgebung (→ Seite 70f.) vor. Wenn im Bundesrat Landesregierungen die Mehrheit haben, die der Opposition im Bundestag entsprechen, muss sich die Regierung bei Gesetzen oder auch bei außenpolitischen Verträgen mit der Opposition verständigen, um nicht einen (aufschiebenden) Einspruch oder eine Ablehnung im Bundesrat zu riskieren. Das war von 1969 bis 1982 der Fall, als der sozial-liberalen Koalition eine Mehrheit der unionsregierten Länder im Bundesrat gegenüberstand, und galt 1991 bis 1998, als die SPD-geführten Landesregierungen im Bundesrat die Mehrheit erreicht hatten und eine von CDU/CSU und FDP gebildete Bundesregierung amtierte.

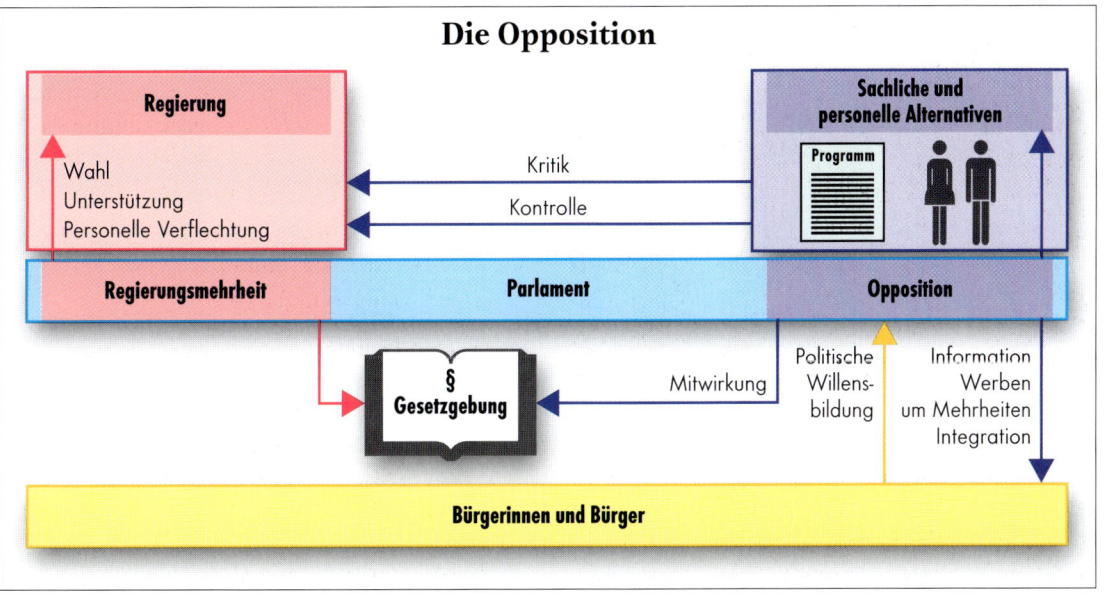

Die Opposition

Bundesrat

In einem Bundesstaat besteht das Parlament aus zwei Kammern (Häusern). Die Volksvertretung, in Deutschland der Bundestag, wird immer vom Volk direkt gewählt. Die andere Kammer kann auf unterschiedliche Weise gebildet werden, beispielsweise durch direkte Wahl in den Bundesstaaten, wie der amerikanische Senat, in den jeder Staat unabhängig von der Einwohnerzahl zwei Senatoren entsendet. Die zweite Kammer kann auch aus Regierungsmitgliedern der Länder bestehen, wie in Deutschland der Bundesrat.

Der Bundesrat ist eines der fünf Verfassungsorgane des Bundes. Er ist das gemeinsame Organ der Länder auf Bundesebene und soll die Interessen der Länder in der Bundesrepublik wahrnehmen.

Mitglieder

Die 16 Bundesländer entsenden zwischen drei und sechs Mitglieder in den Bundesrat und haben ebenso viele Stimmen. Jedes Land hat mindestens drei Stimmen, Länder mit mehr als zwei Millionen Einwohnern haben vier, mit mehr als sechs Millionen

Die konstituierende Sitzung des Bundesrates am 7. September 1949 in Bonn

fünf und mit mehr als sieben Millionen sechs Stimmen (Art. 51 GG). Bundesratsmitglieder sind die Regierungschefs, die Minister für Bundesangelegenheiten und weitere Fachminister. Die Stimmen eines Landes werden geschlossen abgegeben. Jede Landesregierung legt ihr Stimmverhalten fest.

Zum Präsidenten des Bundesrates wird für ein Jahr reihum der Regierungschef eines Bundeslandes gewählt. Der Bundesratspräsident ist Stellvertreter des Bundespräsidenten (Art. 57). Wie im Bundestag wird die eigentliche Arbeit in den Ausschüssen geleistet. Der Bundesrat hat 16 Fachausschüsse gebildet, in die jedes Land ein Mitglied entsendet. Es sind die jeweils zuständigen Fachminister, die sich in der Regel durch Ministerialbeamte vertreten lassen. Jedes Land hat eine Stimme, Beschlüsse werden mit einfacher Mehrheit gefasst.

Das Plenum tagt gewöhnlich alle drei Wochen. Es beschließt mit Stimmenmehrheit, von den 69 Stimmen sind mindestens 35 für einen Beschluss erforderlich. Die Haltung der einzelnen Landesregierungen ist vorher festgelegt, die Beschlüsse sind durch die Ausschüsse vorbereitet worden. Die Entscheidungen werden nur noch mündlich dargelegt und begründet. Daher herrscht in der Regel eine sachliche Atmosphäre, es gibt selten »Reden zum Fenster hinaus«.

Aufgaben

Artikel 50
Durch den Bundesrat wirken die Länder bei der Gesetzgebung und Verwaltung des Bundes und in Angelegenheiten der Europäischen Union mit.

Die wichtigste Aufgabe des Bundesrates ist die Mitwirkung an der Gesetzgebung des Bundes. Sie wird im folgenden Abschnitt beschrieben (→ Seite 73). Der Bundesrat wirkt auch bei der Verwaltung des Bundes mit. Die Art. 80 und 83 GG regeln diese Mitwirkung bei Rechtsverordnungen und Verwaltungsvorschriften.

Rechtsverordnungen werden aufgrund eines Gesetzes erlassen. Es gibt zwei- bis dreimal so viele Rechtsverordnungen wie Gesetze. Auch die Rechtsverordnungen bedürfen der Zustimmung des Bundesrates. Eine Rechtsverordnung ist beispielsweise die Straßenverkehrsordnung.

Verwaltungsvorschriften weisen die Behörden an, wie sie Gesetze und Rechtsverordnungen auszuführen haben. Damit soll gesichert werden, dass sie überall im Bundesgebiet einheitlich gehandhabt werden. Die Steuerrichtlinien beispielsweise sind Verwaltungsvorschriften.

Der Bundesrat
Die 69 Stimmen der Bundesländer im Bundesrat

Nordrhein-Westfalen		Sachsen-Anhalt	
Bayern		Thüringen	
Baden-Württemberg		Brandenburg	
Niedersachsen		Schleswig-Holstein	
Hessen		Mecklenburg-Vorpommern	
Sachsen		Hamburg	
Rheinland-Pfalz		Saarland	
Berlin		Bremen	

Das Gebäude des Bundesrates, das ehemalige Preußische Herrenhaus in Berlin. Nach einer umfassenden Sanierung fand hier am 29. September 2000 die erste Plenarsitzung des Bundesrates statt

Kontrollfunktion

Der Bundesrat wacht darüber, dass die Gesetzgebung des Bundes nicht die Kompetenzen der Länder aushöhlt. Fast alle wichtigen Gesetze sind von seiner Zustimmung abhängig. Damit hat er eine bedeutende Kontrollfunktion gegenüber Bundestag und Bundesregierung.
Auseinandersetzungen um politisch strittige Gesetze finden vor allem statt, wenn im Bundesrat andere Mehrheitsverhältnisse als im Bundestag herrschen (→ Seite 69).
Es kann nicht ausbleiben, dass die Oppositionsmehrheit im Bundesrat ihren Vorteil nutzt, um wichtige Gesetze aufzuhalten und die Regierung in Schwierigkeiten zu bringen, indem sie Gegenvorschläge unterbreitet. In der Regel geht es aber um gleichartige Länderinteressen, zum Beispiel um die Verteilung der Steuern zwischen Bund und Ländern. In vielen Fällen meldet der Bundesrat umfangreiche Änderungswünsche an. Zumeist wird im Vermittlungsausschuss – manchmal erst nach längeren Auseinandersetzungen – ein Kompromiss gefunden, der die unterschiedlichen Interessen ausgleicht.
Nicht zuletzt fließen in die Gesetzgebung durch den Bundesrat die Erfahrungen der Länderbürokratien ein, die die Gesetze ausführen müssen. Die Vertreter der Länder, in der praktischen Arbeit ein Stab von Ministerialbeamten, bringen ihren Sachverstand und ihre Verwaltungserfahrung ein. Sie achten darauf, dass Gesetze und Verordnungen praktikabel sind.

Sitzverteilung im 15. Deutschen Bundestag

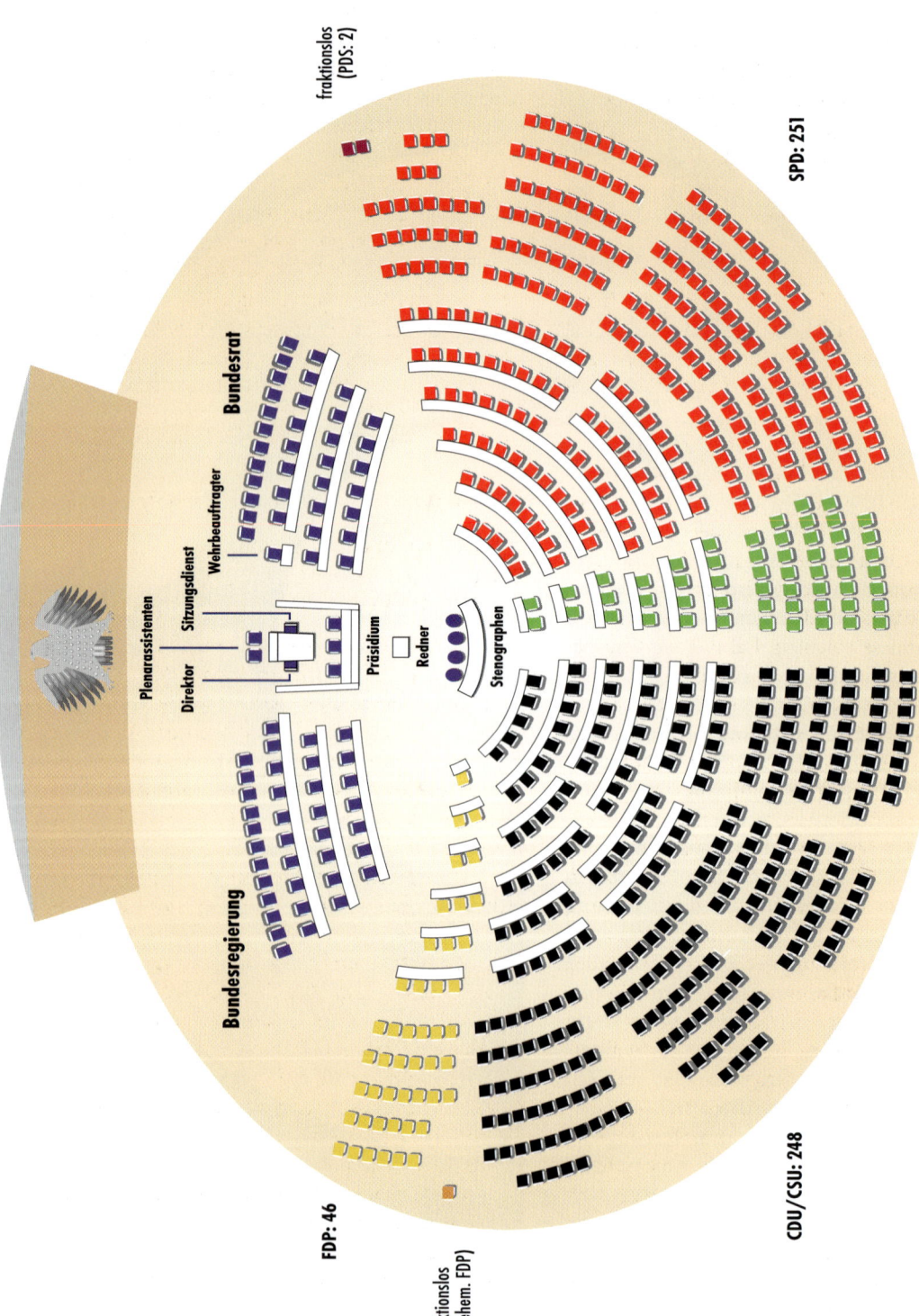

fraktionslos
(PDS: 2)

SPD: 251

Bündnis 90/Die Grünen: 55

Bundesrat

Wehrbeauftragter

Plenarassistenten

Sitzungsdienst

Direktor

Präsidium

Redner

Stenographen

Bundesregierung

FDP: 46

fraktionslos
(1 ehem. FDP)

CDU/CSU: 248

603 Abgeordnete

© Deutscher Bundestag (Stand: 16. April 2003)
Grafik: Media Consulta Deutschland

Ein Gesetz entsteht

Das Verfahren der Gesetzgebung ist kompliziert und auf den ersten Blick schwer durchschaubar. Wenn ein Gesetz zahlreiche Stufen in verschiedenen Instanzen durchläuft, so soll damit gesichert werden, dass möglichst alle Gesichtspunkte und alle Interessen berücksichtigt werden. Zugleich dienen die vielfältigen Mitwirkungsrechte der Machtverteilung und Machtkontrolle.

Was ist ein Gesetz?

In den ersten 14 Legislaturperioden (1949–2002) hat der Bundestag rund 6 000 Gesetze beschlossen. In dieser Gesetzesfülle spiegelt sich ein Wandel der Gesetzgebungsfunktion in den letzten Jahrzehnten. Gesetze sind nicht mehr wie im 19. Jahrhundert allgemeingültige Vorschriften, die die vorgegebene Ordnung dauerhaft sichern sollen. Der moderne Sozialstaat greift in alle Lebensbereiche ein. Gesetze dienen dazu, die gesellschaftlichen Verhältnisse zu gestalten und zu steuern. Gesetze regeln das Wirtschaftsleben, die soziale Sicherheit, den Arbeitsmarkt, die Berufsausbildung, das Gesundheitswesen, die Erhaltung der Umwelt, den Datenschutz und vieles andere mehr. Damit werden Gesetze zu einem Mittel der Politik und zur Gestaltung der Lebensverhältnisse. Die Parteien verkünden ihre politischen Absichten in Wahlprogrammen, Regierung und Koalitionsfraktionen formulieren sie im Regierungsprogramm und setzen sie auf dem Wege der Gesetzgebung um.

Gesetze sind aber nicht nur Umsetzungen politischer Programme. Anstöße für neue Gesetze können von einzelnen Bürgern, Interessenverbänden, Bürgerinitiativen und Petitionen ausgehen. Sachverständigenkommissionen, Untersuchungsausschüsse, wissenschaftliche Beiräte geben Empfehlungen für gesetzliche Regelungen. Aktuelle soziale und wirtschaftliche Entwicklungen können neue Gesetze erfordern. Länder- und Gemeindebehörden melden Änderungswünsche an, wenn bei der Ausführung von Gesetzen Schwierigkeiten auftreten. Wenn das Bundesverfassungsgericht ein Gesetz als nicht vereinbar mit dem Grundgesetz erklärt, ist eine neue Regelung erforderlich. Viele internationale Verträge bedürfen eines Gesetzes (Ratifizierung), um in Kraft zu treten. Immer häufiger sind Gesetze erforderlich, die sich aus der Mitgliedschaft Deutschlands in der Europäischen Union ergeben und europäisches in deutsches Recht umsetzen.

Als »Gesetz« wird bezeichnet, was nach dem vorgeschriebenen Verfahren vom Gesetzgeber beschlossen wird. Wichtige Gesetze, umfassende Neuregelungen, die oft politisch umstritten sind, werden in den Ausschüssen intensiv beraten und im Plenum debattiert. Die meisten Gesetze sind Änderungen oder Ergänzungen bestehender Gesetze, so genannte Novellierungen, die der Bundestag als Gesetz beschließen muß. 90 Prozent aller Gesetze »passieren« das Bundestagsplenum nur, sie werden ohne Beratung oder nach kurzer Debatte beschlossen. Bis zum Einzug der Grünen in den Bundestag wurde die Mehrzahl der Gesetze mit großer Mehrheit beschlossen, danach nur noch ein kleiner Teil. Die Grünen – und inzwischen auch die PDS – waren als Opposition viel weniger geneigt, Beschlüsse mitzutragen. Seit sie Regierungspartei sind, hat sich ihr Abstimmungsverhalten naturgemäß geändert.

Gesetzesinitiative

Nach dem Grundgesetz kann ein Gesetzentwurf

- durch die Bundesregierung,
- aus der Mitte des Bundestages,
- durch den Bundesrat

eingebracht werden (Gesetzesinitiative).

In den ersten 14 Legislaturperioden (1949–2002) sind drei Fünftel aller Gesetzentwürfe von der Bundesregierung eingebracht worden. Von den verabschiedeten Gesetzen gingen 57 Prozent auf Initiativen der Bundesregierung zurück, 35 Prozent hatten Bundestagsabgeordnete, 8 Prozent hatte der Bundesrat eingebracht.

Das Übergewicht der Regierungsvorlagen erklärt sich daraus, dass nur die Regierung über einen umfangreichen bürokratischen Apparat verfügt, der in der Lage ist, komplizierte Gesetzgebungsmaterien in entscheidungsreife Gesetzesvorlagen umzusetzen. Davon profitieren die Mehrheitsfraktionen. Wenn die Mehrheit und die von ihr getragene Regierung ihr Programm in Gesetze umsetzen wollen, so liegt es nahe, dass die Entwürfe von den Ministerien erarbeitet und von der Regierung eingebracht werden. Gesetzesinitiativen des Bundestages können nur von den Fraktionen oder von fünf Prozent der Abgeordneten, der Mindeststärke einer Fraktion, ausgehen. Solche Initiativen ergreift in den meisten Fällen die Opposition, die damit aber naturgemäß wenig Erfolg hat. Die Regierungsfraktionen werden häufig bei eiligen Gesetzen aktiv.

Der Bundesrat kann mit der Mehrheit seiner Mitglieder Gesetzentwürfe einbringen. Davon wird verhältnismäßig selten Gebrauch gemacht.

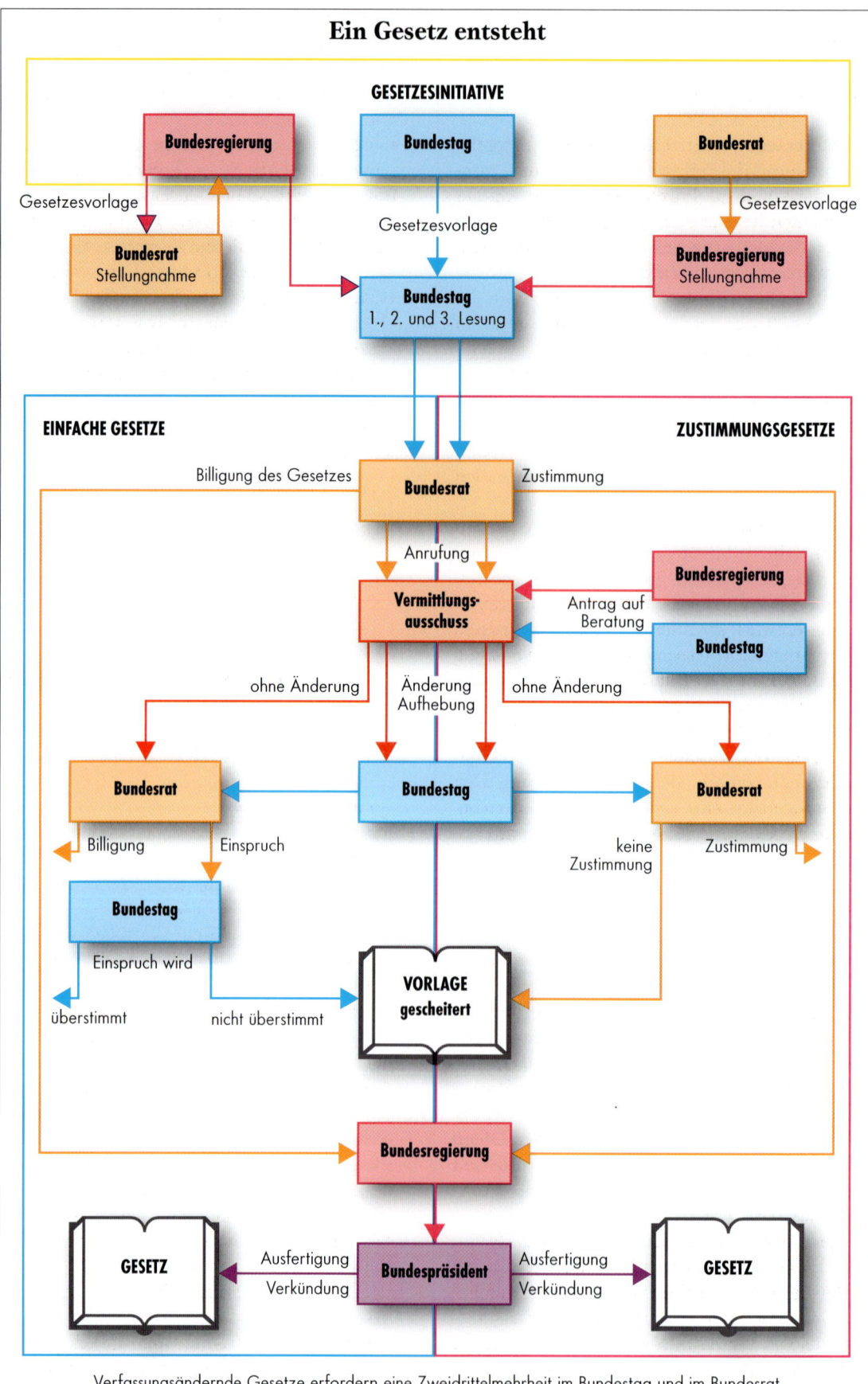

Ein Gesetz entsteht

GESETZESINITIATIVE

Bundesregierung Bundestag Bundesrat

Gesetzesvorlage Gesetzesvorlage Gesetzesvorlage

Bundesrat
Stellungnahme

Bundesregierung
Stellungnahme

Bundestag
1., 2. und 3. Lesung

EINFACHE GESETZE   **ZUSTIMMUNGSGESETZE**

Billigung des Gesetzes Bundesrat Zustimmung

Anrufung

Vermittlungs-
ausschuss

Bundesregierung

Antrag auf
Beratung

Bundestag

ohne Änderung Änderung
Aufhebung ohne Änderung

Bundesrat Bundestag Bundesrat

Billigung Einspruch keine
Zustimmung Zustimmung

Bundestag

Einspruch wird

überstimmt nicht überstimmt

VORLAGE
gescheitert

Bundesregierung

GESETZ Ausfertigung
Verkündung Bundespräsident Ausfertigung
Verkündung GESETZ

Verfassungsändernde Gesetze erfordern eine Zweidrittelmehrheit im Bundestag und im Bundesrat

Gang der Gesetzgebung

Ein Regierungsentwurf durchläuft bis zur Verabschiedung folgende Stationen:

◆ **Referentenentwurf:** Der zuständige Fachreferent eines Ministeriums macht sich den Sachverstand und die Praxiserfahrung der von der geplanten Regelung betroffenen Verbände und Organisationen zunutze. Er fordert von ihnen Informationen und Stellungnahmen an und lädt sie zu Besprechungen ein. Er hört Fachleute aus der Wissenschaft an und setzt sich mit den Behörden der Länder und Gemeinden in Verbindung. Der Entwurf wird innerhalb des Ministeriums und mit anderen beteiligten Ministerien abgestimmt. Auch die Länderbürokratien werden schon sehr früh eingeschaltet, um deren Sachverstand zu nutzen, aber auch um später einen reibungslosen Durchgang im Bundesrat zu sichern.

◆ **Kabinettsvorlage:** Der Gesetzentwurf wird vom Kabinett, dem Kollegium der Bundesregierung, als Regierungsentwurf beschlossen.

◆ **Erster Durchgang im Bundesrat:** Der Regierungsentwurf wird dem Bundesrat zugeleitet, der innerhalb von sechs Wochen dazu Stellung nehmen kann. Der Bundesrat prüft die Vorlage sehr genau und macht häufig konkrete Änderungsvorschläge. Der Bundestag, dem der Entwurf mit den Vorschlägen des Bundesrates und der Stellungnahme der Bundesregierung dazu nun zugeleitet wird, ersieht daraus schon zu Beginn des Gesetzgebungsverfahrens, wo Interessen der Länder berührt sind, welche Einwände der Bundesrat geltend machen könnte und wie die Bundesregierung diese Einwände beurteilt.

◆ **Erste Lesung im Bundestag:** Jeder Gesetzentwurf durchläuft im Plenum des Bundestages drei Beratungen (Lesungen). In der ersten Lesung findet nur bei politisch wichtigen Gesetzentwürfen eine Aussprache statt, wenn Regierung und Fraktionen der Öffentlichkeit ihre grundsätzlichen Auffassungen zu dem Vorhaben darlegen wollen. In jedem Fall wird der Entwurf am Ende der ersten Lesung an einen oder mehrere Ausschüsse überwiesen. Ein Ausschuss ist »federführend«, er ist verantwortlich für den Fortgang des Verfahrens.

◆ **Ausschussberatung:** Dies ist die wichtigste Stufe im Gesetzgebungsverfahren. Hier wird die Vorlage in Anwesenheit von Mitgliedern der Regierung oder deren Vertretern, des Bundesrates und der zuständigen Ministerialbeamten unter allen denkbaren Gesichtspunkten geprüft. Bei politisch bedeutsamen Vorhaben findet fast immer eine öffentliche Anhörung (Hearing) von sachverständigen Wissenschaftlern und Verbandsvertretern statt. Während der Ausschussberatungen befassen sich Arbeitskreise und Arbeitsgruppen der Fraktionen mit dem Entwurf, um ihre Positionen festzulegen. Fast alle Gesetzentwürfe werden im Laufe der Ausschussberatungen mehr oder minder stark verändert. Nach Abschluss der Beratungen gibt der Ausschuss dem Plenum eine Beschlussempfehlung.

◆ **Zweite Lesung im Bundestag:** In der zweiten Beratung wird jede Bestimmung des Entwurfs einzeln diskutiert und zur Abstimmung aufgerufen, ebenso Änderungsanträge, die häufig von der Opposition gestellt werden. Sie sind selten aussichtsreich und sollen vor allem der Öffentlichkeit die abweichenden Standpunkte der Opposition verdeutlichen.

◆ **Dritte Lesung im Bundestag:** An die zweite schließt sich zumeist sofort die dritte Lesung an, in der nochmals die grundsätzlichen Probleme erörtert werden, bei herausragenden Gesetzesvorhaben in Reden von Spitzenpolitikern, deren Adressat die Öffentlichkeit ist. Die dritte Lesung endet mit der Schlussabstimmung.

◆ **Zweiter Durchgang im Bundesrat:** Jedes vom Bundestag beschlossene Gesetz wird nochmals vom Bundesrat geprüft. Gesetze, die die Rechte und Interessen der Länder berühren, bedürfen seiner ausdrücklichen Zustimmung.

◆ Zustimmungsgesetze

Zustimmungsgesetze sind Gesetze, die der Zustimmung des Bundesrates bedürfen. Das sind:

◆ **Gesetze, die die Verfassung ändern:** Sie erfordern die Zustimmung nicht nur von zwei Dritteln der Mitglieder des Bundestages, sondern auch von zwei Dritteln der Stimmen des Bundesrates.

◆ **Gesetze, die Auswirkungen auf die Finanzen der Länder haben:** Das sind vor allem Gesetze über Steuern, an deren Aufkommen die Länder oder Gemeinden beteiligt sind, etwa die Lohn- und Einkommensteuer, die Körperschaftsteuer, die Mehrwert- und Kraftfahrzeugsteuer.

◆ **Gesetze, die von den Ländern auszuführen sind:** Enthält ein Bundesgesetz irgendwelche Verwaltungsvorschriften, zum Beispiel über Gebührenregelungen, ist es insgesamt zustimmungsbedürftig. Da die meisten wichtigen Bundesgesetze von den Ländern ausgeführt werden, konnte sich der Bundesrat weitgehende Mitwirkungsrechte sichern. Unter diese Bestimmung fallen drei Viertel aller Zustimmungsgesetze.

◆ Einfache Gesetze (Einspruchsgesetze)

Einfache Gesetze sind alle übrigen Gesetze, für die im Grundgesetz nicht ausdrücklich die Zustimmung des Bundesrates vorgesehen ist. Gegen sie kann der Bundesrat Einspruch einlegen. Sie werden deshalb auch Einspruchsgesetze genannt. Der Bundestag kann diesen Einspruch in einer erneuten Abstimmung mit Mehrheit seiner Mitglieder zurückweisen.

◆ Vermittlungsausschuss

Kommt es wegen eines Gesetzes zu Meinungsverschiedenheiten zwischen Bundestag, Bundesregierung und Bundesrat, kann der Vermittlungsausschuss angerufen werden. Er besteht aus 16 Mitgliedern des Bundestages, zusammengesetzt nach der Stärke der Fraktionen, und 16 Vertretern des Bundesrates. Jedes Land entsendet ein Mitglied. Den Vorsitz führt je ein Mitglied aus Bundestag und Bundesrat, die einander vierteljährlich ablösen. Traditionell wird der eine Vorsitzende von der stärksten Bundestagsfraktion gestellt, der andere ist ein Mitglied des Bundesrates aus der Partei mit der zweitstärksten Bundestagsfraktion. Die Aufgabe des Vermittlungsausschusses ist es, einen Kompromissvorschlag auszuarbeiten. Seine Mitglieder sind in ihren Entscheidungen frei. Die Bundestagsabgeordneten sind nach Art. 38 GG ohnehin nicht an Weisungen gebunden, und die Bundesratsvertreter sind in diesem Falle nicht von ihrer Landesregierung abhängig. Sie sind für die ganze Legislaturperiode bestellt und aufeinander eingespielt. Ihre Verhandlungen sind streng vertraulich. Alle diese Voraussetzungen haben dazu geführt, dass nach oft langen Verhandlungen meist eine Einigung gelingt. Von 1949 bis 2002 wurde der Vermittlungsausschuss bei 686 Gesetzesvorlagen angerufen, davon scheiterten gerade einmal zehn Prozent. Der Vermittlungsausschuss kann vorschlagen, das umstrittene Gesetz unverändert zu verabschieden, es zu ändern oder aufzuheben. Im ersten Fall muss der Bundesrat zustimmen. In den beiden letzteren Fällen muss der Bundestag noch einmal einen Beschluss fassen, bei Änderungen stimmt er nur über diese ab, nicht noch einmal über den usprünglichen Gesetzesbeschluss.

◆ Ausfertigung und Verkündung

Ist das Gesetzgebungsverfahren abgeschlossen, wird das beschlossene Gesetz »ausgefertigt«: Zunächst unterzeichnen es der oder die zuständigen Fachminister, anschließend der Bundeskanzler, danach der Bundespräsident. Damit kann es im Bundesgesetzblatt »verkündet« werden und in Kraft treten.

Landesparlamente

Die parlamentarischen Vertretungen heißen in den dreizehn Flächenstaaten Landtag, in den Stadtstaaten Abgeordnetenhaus (Berlin) oder Bürgerschaft (Hamburg, Bremen). Anders als auf Bundesebene besteht in den meisten Bundesländern die Möglichkeit direkter demokratischer Beteiligung. Die Bürger können mit einem Volksbegehren verlangen, ein Gesetz zu erlassen, zu ändern oder aufzuheben. Kommt die Volksvertretung dem Begehren nicht nach, kann ein Volksentscheid darüber stattfinden.

Aufgaben

Die Aufgaben der Landesparlamente entsprechen denen des Bundestages. Ihnen obliegt die Wahl des Regierungschefs. In den meisten Ländern können die Ministerpräsidenten ihr Kabinett nur mit Zustimmung des Landtages berufen, in den Stadtstaaten wählt das Parlament sogar alle Mitglieder der Landesregierung in Einzelwahl. Die Regierungsfraktionen haben damit einen größeren Einfluss auf die Regierungsbildung als im Bundestag. Bei der Gesetzgebung hat das Gewicht des Bundes im Laufe der Zeit immer weiter zugenommen.

Artikel 70

(1) Die Länder haben das Recht der Gesetzgebung, soweit dieses Grundgesetz nicht dem Bunde Gesetzgebungsbefugnisse verleiht.

(2) Die Abgrenzung der Zuständigkeit zwischen Bund und Ländern bemißt sich nach den Vorschriften dieses Grundgesetzes über die ausschließliche und die konkurrierende Gesetzgebung.

Die ausschließliche Gesetzgebung des Bundes umfasst alle Politikfelder, die gesamtstaatlich zu regeln sind. Aber auch in den Bereichen der konkurrierenden Gesetzgebung und der Rahmengesetzgebung hat der Bund seine Vorrechte voll genutzt und durch Grundgesetzänderungen sogar immer neue Zuständigkeiten für sich in Anspruch genommen (→ Seite 62).

Den Ländern verbleiben die Bereiche

◆ kulturelle Angelegenheiten: Schul- und Bildungspolitik, Hochschulen, Presse, Hörfunk und Fernsehen, Denkmalschutz,
◆ Kommunalangelegenheiten: Gemeindeordnungen, Festlegung der Gemeindegrenzen, Kommunalabgaben, Feuerwehr, Katastrophenschutz,
◆ Polizeirecht und Ordnungswesen (Bauaufsicht, Gewerbeaufsicht),
◆ Recht des öffentlichen Dienstes (Landesbedienstete).

In der Öffentlichkeit stehen die Landesparlamente im Schatten des Bundestages. Nur bei wichtigen Streitfragen interessieren sich die Wähler für die Debatten im Landesparlament, etwa wenn es um Schulpolitik oder um Umweltprobleme geht.

Bedeutsam ist die Kontrollfunktion der Landesparlamente. Die Verwaltung ist fast ausschließlich Sache der Länder. Die Kontrolle der Verwaltung – und der Regierung – ist daher eine wichtige Aufgabe der Landesparlamente, die sie intensiv wahrnehmen.

Größe der Landtage	
(Mindestanzahl der Abgeordneten ohne Überhangmandate)	
Baden-Württemberg	120
Bayern	204 (180)*
Berlin	130
Brandenburg	88 (83)*
Bremen	100
Hamburg	121
Hessen	110
Mecklenburg-Vorpommern	71
Niedersachsen	155
Nordrhein-Westfalen	201 (181)*
Rheinland-Pfalz	101
Saarland	51
Sachsen	120
Sachsen-Anhalt	99
Schleswig-Holstein	75
Thüringen	88

* Mindestanzahl in der nächsten Legislaturperiode

Der Bundespräsident ist das Staatsoberhaupt der Bundesrepublik Deutschland. Er repräsentiert die Einheit des Staates. Über diese repräsentative Rolle hinaus weist ihm das Grundgesetz nur geringe politische Kompetenzen zu.

Der Parlamentarische Rat hat nach den Erfahrungen der Weimarer Republik die Befugnisse des Präsidenten bewusst beschränkt. Der Reichspräsident, vom Volk auf sieben Jahre gewählt, hatte nach der Weimarer Verfassung eine bedeutende Machtfülle. Er hatte den Oberbefehl über die Reichswehr, und er konnte Grundrechte außer Kraft setzen und mit Notverordnungen regieren. Reichspräsident von Hindenburg hatte diese Vollmachten in der Endphase der Weimarer Republik in unheilvoller Weise genutzt. Eine solche Macht sollte nach dem Willen der Verfassungsgeber nicht noch einmal in einer Hand liegen.

Wahl

Der Bundespräsident wird von der Bundesversammlung für fünf Jahre gewählt (Art. 54). Einmalige Wiederwahl ist zulässig. Diese Wahl ist die einzige Aufgabe der Bundesversammlung. Sie wird gebildet aus den Mitgliedern des Bundestages und einer gleichen Anzahl von Delegierten, die von den Landesparlamenten entsprechend der Fraktionsstärke entsandt werden. Zumeist sind es Landtagsabgeordnete, zum Teil auch Kommunalpolitiker und Persönlichkeiten des öffentlichen Lebens. Die Wahl erfolgt ohne Aussprache. Wählbar ist jeder Deutsche, der das 40. Lebensjahr vollendet hat.

Zum Bundespräsidenten ist gewählt, wer die Mehrheit der Stimmen der Bundesversammlung (absolute Mehrheit) auf sich vereinigt. Erreicht kein

Schloss Bellevue in Berlin, Sitz des Bundespräsidenten

Der Bundespräsident
Befugnisse

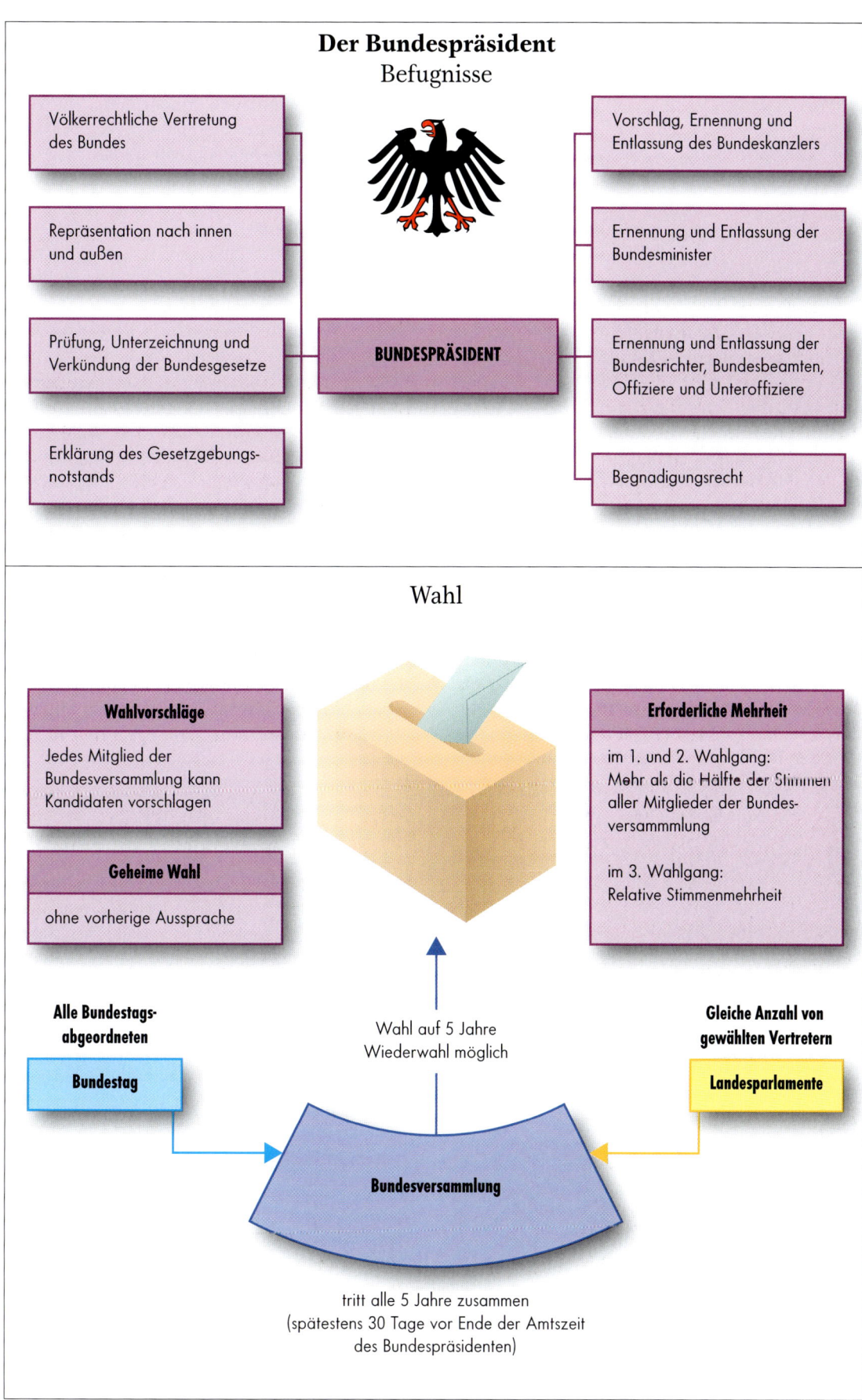

Völkerrechtliche Vertretung des Bundes

Repräsentation nach innen und außen

Prüfung, Unterzeichnung und Verkündung der Bundesgesetze

Erklärung des Gesetzgebungsnotstands

BUNDESPRÄSIDENT

Vorschlag, Ernennung und Entlassung des Bundeskanzlers

Ernennung und Entlassung der Bundesminister

Ernennung und Entlassung der Bundesrichter, Bundesbeamten, Offiziere und Unteroffiziere

Begnadigungsrecht

Wahl

Wahlvorschläge

Jedes Mitglied der Bundesversammlung kann Kandidaten vorschlagen

Geheime Wahl

ohne vorherige Aussprache

Erforderliche Mehrheit

im 1. und 2. Wahlgang:
Mehr als die Hälfte der Stimmen aller Mitglieder der Bundesversammmlung

im 3. Wahlgang:
Relative Stimmenmehrheit

Alle Bundestagsabgeordneten

Bundestag

Wahl auf 5 Jahre
Wiederwahl möglich

Gleiche Anzahl von gewählten Vertretern

Landesparlamente

Bundesversammlung

tritt alle 5 Jahre zusammen
(spätestens 30 Tage vor Ende der Amtszeit des Bundespräsidenten)

Kandidat im ersten und zweiten Wahlgang die absolute Mehrheit, genügt im dritten Wahlgang die Mehrheit der abgegebenen Stimmen (relative Mehrheit). Bei der Konstruktion der Bundesversammlung hat sich der Parlamentarische Rat von zwei grundlegenden Prinzipien der Verfassungsordnung leiten lassen: dem repräsentativen Prinzip – der Bundespräsident wird durch Volksvertreter gewählt – und dem föderalistischen Prinzip – an der Wahl sind die Parlamente des Bundes und der Länder gleichermaßen beteiligt.

Immer wieder wird die direkte Wahl durch das Volk diskutiert. Sie würde diese Prinzipien bei der Wahl des Bundespräsidenten außer Kraft setzen. Das Amt des Präsidenten erhielte damit eine eigene, vom Parlament unabhängige Legitimation, die vom Grundgesetz nicht gewollt ist.

Aufgaben

Der Bundespräsident hat die üblichen Funktionen eines Staatsoberhauptes. Dazu gehören:

◆ die Repräsentation der Bundesrepublik Deutschland nach innen und außen: nach innen durch sein öffentliches Auftreten bei staatlichen, gesellschaftlichen und kulturellen Veranstaltungen, durch Reden bei besonderen Anlässen, durch Besuche in den Bundesländern und Gemeinden; nach außen durch Staatsbesuche und den Empfang ausländischer Staatsgäste;
◆ die völkerrechtliche Vertretung der Bundesrepublik Deutschland: durch Unterzeichnung der Verträge mit anderen Staaten, durch förmliche Bestellung (Beglaubigung) der deutschen diplomatischen Vertreter und die Entgegennahme der Beglaubigungsschreiben der ausländischen Diplomaten.

Bei der Wahrnehmung weiterer Rechte kann der Bundespräsident nicht selbstständig, sondern nur im Zusammenwirken mit anderen Verfassungsorganen handeln.

Seine Anordnungen und Verfügungen bedürfen zu ihrer Gültigkeit der Gegenzeichnung durch den Bundeskanzler oder durch den zuständigen Bundesminister (Art. 58 GG). Damit übernehmen diese die politisch-parlamentarische Verantwortung, der Bundespräsident trägt keine unmittelbare Verantwortung. Das gilt für die

◆ Unterzeichnung (Ausfertigung) von Gesetzen (Art. 82 GG): Der Bundespräsident muss sie unterzeichnen. Umstritten ist, wie weit sein Recht zu prüfen reicht, ob ein Gesetz verfassungswidrig ist; 1991 hat sich beispielsweise Bundespräsident von Weizsäcker geweigert, das Gesetz zur Privatisierung der Flugsicherung zu unterzeichnen, weil nach Art. 87 GG die »Luftverkehrsverwaltung in bundeseigener Verantwortung geführt« wird.
◆ Ernennung von Bundesministern (Art. 64 GG): Der Bundespräsident muss die vom Bundeskanzler vorgeschlagenen Bundesminister ernennen und entlassen; er kann lediglich Bedenken gegen einen Ministerkandidaten geltend machen, ablehnen könnte er ihn allenfalls wegen Amtsmissbrauchs oder Straftaten.

Bundespräsident Richard von Weizsäcker (1984–1994) mit seinen Vorgängern Karl Carstens (1979–1984) und Walter Scheel (1974–1979) bei der Amtsübernahme am 1. Juli 1984 in Berlin

- Ernennung von Bundesrichtern, Bundesbeamten, Offizieren und Unteroffizieren (Art. 60 Abs. 1 GG)· Auch hier wird der Bundespräsident den Vorschlägen der Regierung oder anderer Verfassungsorgane folgen, außer bei extremen Fehlentscheidungen; Bundespräsident Lübke hat beispielsweise die Ernennung eines Bundesrichters wegen dessen NS-Vergangenheit abgelehnt.
- Der Bundespräsident übt nach Art. 60 Abs. 2 GG für den Bund das Begnadigungsrecht aus.

Politisch eigenständig handeln kann der Bundespräsident in bestimmten parlamentarischen Krisensituationen:

- Erhält bei der Kanzlerwahl ein Kandidat auch im dritten Wahlgang nicht die absolute, sondern nur die einfache Mehrheit, kann der Bundespräsident ihn zum Kanzler einer Minderheitenregierung ernennen oder den Bundestag auflösen und Neuwahlen herbeiführen (Art. 63 Abs. 4 GG). Angesichts stabiler Mehrheiten ist dieser Fall bisher nicht eingetreten.
- Findet der Bundeskanzler bei einer Vertrauensabstimmung keine Mehrheit, kann der Bundespräsident auf Antrag des Bundeskanzlers den Bundestag auflösen (Art. 68 GG).

Zu einer Auflösung des Bundestages durch den Bundespräsidenten ist es gekommen, als Willy Brandt 1972 und Helmut Kohl 1982 einen entsprechenden Antrag stellten, um Neuwahlen herbeizuführen und eine sichere Mehrheit zu bekommen.

Integrationsfunktion

Die Bedeutung des Präsidentenamtes reicht weit über diese formalen Kompetenzen hinaus. Als eine unabhängige, über dem parteipolitischen Streit stehende Persönlichkeit repräsentiert er das Gemeinsame. Er soll Vertrauen vermitteln, moralische Maßstäbe setzen, Ratschläge erteilen, in Kontroversen ausgleichend wirken, nicht zuletzt Würde ausstrahlen. Alle bisherigen Amtsinhaber haben versucht, diese Integrationsfunktion wahrzunehmen, wenn sie dabei auch unterschiedliche Akzente gesetzt haben. In der Regel war ihr Beliebtheitsgrad höher als derjenige aller oder der meisten anderen Politiker, und das Amt des Bundespräsidenten wurde von mehr Bürgern positiv bewertet als jedes andere politische Amt.

Bundespräsident Roman Herzog (1994–1999) und sein Nachfolger Johannes Rau vor dem Amtssitz Schloss Bellevue in Berlin. Johannes Rau wurde am 23. Mai 1999 von der Bundesversammlung im Reichstagsgebäude zum neuen Bundespräsidenten gewählt

Bundesregierung

Die Bundesregierung hat die Aufgabe der politischen Führung. Sie soll den politischen Willen der parlamentarischen Mehrheit in praktische Politik umsetzen und die inneren Verhältnisse und die auswärtigen Beziehungen der Bundesrepublik Deutschland gestalten. Sie hat außerdem die Verantwortung für die Ausführung der Gesetze durch die Bundesbehörden.

Bildung der Bundesregierung

Die Bundesregierung besteht aus dem Bundeskanzler und den Bundesministern, die zusammen das Kabinett bilden. Der Bundeskanzler wird auf Vorschlag des Bundespräsidenten vom Bundestag gewählt. Die Bundesminister werden auf Vorschlag des Bundeskanzlers vom Bundespräsidenten ernannt.

In der politischen Praxis geht die Regierungsbildung der Wahl des Bundeskanzlers voraus. Der designierte (vorgesehene) Kanzler, bisher immer Führer der stärksten Fraktion, handelt zusammen mit den an der Regierung teilnehmenden Parteien (Koalitionspartnern) das Regierungsprogramm aus und legt Anzahl und Zuständigkeitsbereiche der Bundesminister fest. Er überlässt ihnen bestimmte Kabinettssitze und deren personelle Besetzung. Ebenso muss er darauf achten, dass wichtige Gruppen und Strömungen seiner eigenen Partei, starke Landesverbände und Frauen bei der Verteilung der Ministerposten angemessen berücksichtigt werden.

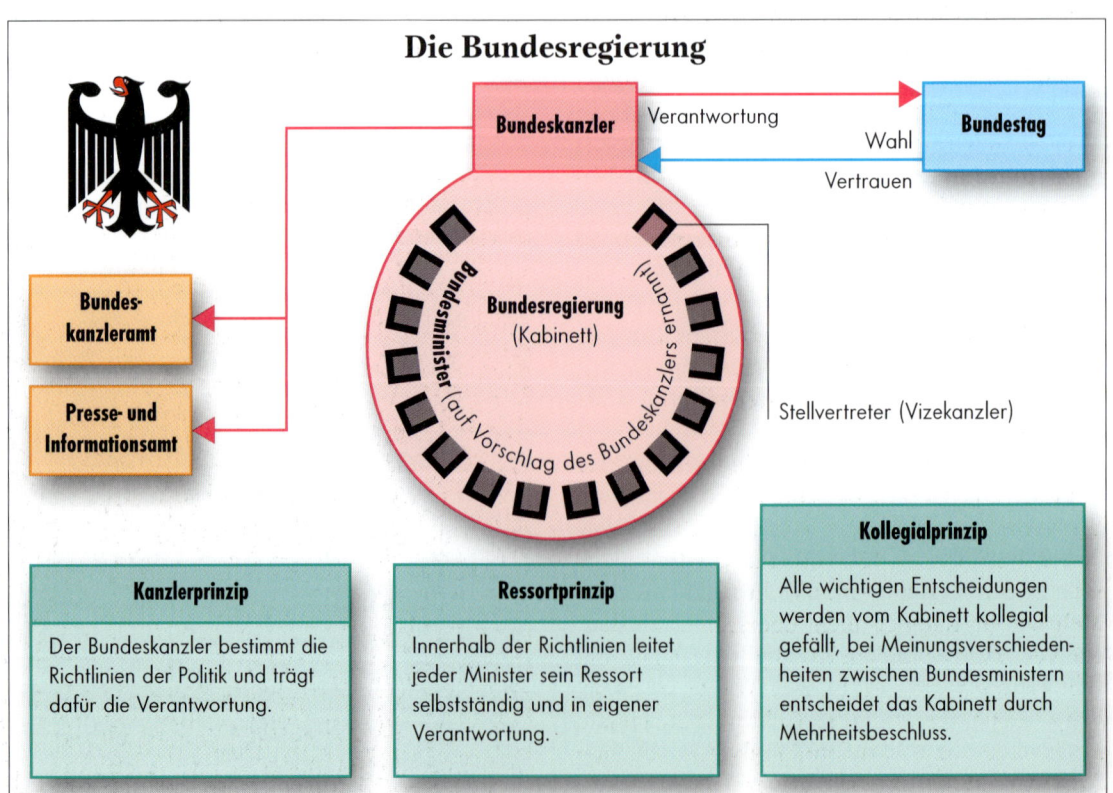

Die Bundesregierung

Befugnisse

Verantwortung und Zuständigkeiten innerhalb der Bundesregierung legt das Grundgesetz fest:

<u>Artikel 65</u>
Der Bundeskanzler bestimmt die Richtlinien der Politik und trägt dafür die Verantwortung. Innerhalb dieser Richtlinien leitet jeder Bundesminister seinen Geschäftsbereich selbständig und unter eigener Verantwortung. Über Meinungsverschiedenheiten zwischen den Bundesministern entscheidet die Bundesregierung. Der Bundeskanzler leitet ihre Geschäfte nach einer von der Bundesregierung beschlossenen und vom Bundespräsidenten genehmigten Geschäftsordnung.

Der Artikel enthält die drei Prinzipien, die für die Arbeit der Bundesregierung bestimmend sind:
- das Kanzlerprinzip,
- das Ressortprinzip,
- das Kollegialprinzip.

Bundeskanzler

Der Bundeskanzler hat in der Bundesregierung eine herausragende Stellung (Kanzlerprinzip). Sie zeigt sich darin, dass er
- als einziges Mitglied der Bundesregierung vom Bundestag gewählt ist und damit über eine besondere demokratische Legitimation verfügt;
- allein den Antrag stellen kann, der Bundestag möge ihm das Vertrauen aussprechen; bei Ablehnung der Vertrauensfrage kann er Neuwahlen herbeiführen;
- allein durch ein Misstrauensvotum zu stürzen ist, wobei auch alle seine Minister ihr Amt verlieren;
- das Recht hat, Minister zur Ernennung und Entlassung vorzuschlagen (Art. 64), während der Bundestag keinen Minister zum Rücktritt zwingen kann;
- die Richtlinien der Politik bestimmt und für sie die alleinige Verantwortung trägt.

Die **Richtlinienkompetenz** ist die wichtigste Befugnis des Kanzlers. Sie weist ihm die Führungsrolle im Kabinett zu (Art. 65). Er kann von einer Mehrheit im Kabinett nicht überstimmt werden. Die Verfassung gibt dem Kanzler die Möglichkeit, sein Kabinett straff zu führen. Wie er sie nutzt, hängt ab von seiner Persönlichkeit, von seinem Rückhalt in seiner Partei und Fraktion sowie vom Gewicht seiner Koalitionspartner.

Bundeskanzler Konrad Adenauer (1949–1963) stellt den Alliierten Hochkommissaren auf dem Petersberg sein Kabinett vor. Um die Souveränität seiner neu gebildeten Regierung zu unterstreichen, betritt Adenauer den Teppich, der ihn von den Hochkommissaren trennen sollte

Der erste Bundeskanzler, Konrad Adenauer (1949-1963), hatte eine so unangefochtene Machtposition, dass für seine Regierungszeit das Schlagwort von der Kanzlerdemokratie geprägt wurde. Im Rückblick zeigt sich, dass Adenauers starke Position sich nicht so sehr aus der Richtlinienkompetenz herleitete, sondern auf seine Persönlichkeit und auf die politische Konstellation zurückzuführen war.

Die nachfolgenden Bundeskanzler haben ihre Richtlinienkompetenz je nach den politischen Gegebenheiten und ihrem persönlichen Führungsstil auf sehr unterschiedliche Weise genutzt.

Der spätere Bundeskanzler (1963–1966) Ludwig Erhard 1957 mit dem von ihm verfassten Buch »Wohlstand für Alle«

Bundeskanzler Kurt Georg Kiesinger (1966–1969) mit dem damaligen Vizekanzler und späteren Bundeskanzler Willy Brandt (1969–1974)

Bundeskanzleramt

Der Bundeskanzler verfügt im Bundeskanzleramt über einen personell umfangreichen Apparat, der als Koordinierungsstelle für die Regierungspolitik dient. Das Amt hält Kontakt mit den Ministerien und Bundesbehörden, sodass es den Bundeskanzler jederzeit über ihre Arbeit unterrichten und ihn für die Kabinettsberatungen mit der notwendigen Sachkenntnis ausstatten kann. Zugleich hat es die Rolle eines Sekretariats der Bundesregierung. Es bereitet die Sitzungen und Beschlüsse des Kabinetts vor. Der Chef des Bundeskanzleramtes hat den Rang eines Bundesministers.

Bundeskanzler Helmut Schmidt (1974–1982) beim Aktenstudium im Flugzeug

Bundespresseamt

Dem Bundeskanzler untersteht auch das Presse- und Informationsamt der Bundesregierung (kurz: Bundespresseamt). Es wird geleitet von einem Staatssekretär, der zugleich Regierungssprecher ist. Das Bundespresseamt informiert die Öffentlichkeit im In- und Ausland über die Politik der Bundesregierung. Es gibt das Bulletin, Pressemitteilungen und Informationsschriften heraus und hält Verbindung mit den Medien.

Der Regierungssprecher und die Sprecher der Ministerien treten regelmäßig vor der Bundespressekonferenz auf, der Vereinigung der Korrespondenten in der Hauptstadt Berlin, um amtliche Stellungnahmen der Bundesregierung abzugeben und Fragen zu beantworten. Zugleich hat das Amt die Aufgabe, Nachrichten zu sammeln und auszuwerten und die Bundesregierung über die öffentliche Meinung im In- und Ausland zu unterrichten.

Bundesminister

Dem Kabinett gehören 13 Bundesminister an. In der Zahl und den Zuständigkeiten der Minister spiegelt sich die ständige Ausweitung der Staatsaufgaben.

In früheren Zeiten genügten für die Staatszwecke Gewährleistung der Sicherheit im Innern und nach außen die »klassischen« Ministerien: Außen-, Innen-, Verteidigungs-, Justiz- und Finanzministerium, die 1809 schon durch die Preußische Verwaltungsreform des Freiherrn vom Stein geschaffen worden waren. Sie zählen auch heute zu den wichtigsten und begehrtesten Ministerien. Der Finanzminister hat vom Grundgesetz her eine herausgehobene Stellung. Er stellt den Haushaltsplan auf und koordiniert die Finanzanforderungen der übrigen Ministerien. In der Praxis können ohne seine Zustimmung keine Ausgaben getätigt werden. Der Justizminister und der Innenminister prüfen jedes Gesetz auf seine Verfassungs- und Rechtsförmlichkeit.

Vom Sozialstaat des 20. Jahrhunderts (→ Seite 25) wird erwartet, dass er für das Wohlergehen aller Bürger sorgt, vor allem die wirtschaftliche Stabilität garantiert, die sozialen Unterschiede ausgleicht und alle Einrichtungen und Leistungen bereitstellt, die in der Industriegesellschaft lebensnotwendig sind. Die staatlichen Aufgaben der Daseinsvorsorge erforderten die Einrichtung entsprechender Ministerien, vor allem für Wirtschaft, für Arbeit und soziale Sicherung, Familie, Frauen, Jugend, für Umwelt und Naturschutz, für Gesundheit, Verkehr, Städtebau.

Neue Staatsaufgaben führten zur Schaffung weiterer Ministerien, etwa für Bildung, Forschung und Technologie und vor allem für Umwelt. Manche Ministerien haben lediglich die Aufgabe, Gesetze und die entsprechenden Rechtsverordnungen zu erlassen, anderen unterstehen außerdem Verwaltungsbehörden (→ Seite 89f.).

Ressortprinzip

Jeder Minister leitet innerhalb der vom Bundeskanzler bestimmten Richtlinien für die gesamte Regierungspolitik seinen Geschäftsbereich selbstständig und in eigener Verantwortung. Die Verantwortlichkeit der Minister erfordert eine genaue Abgrenzung der Ressorts. Das ist nicht immer möglich. Beispielsweise ist für die Entwicklungshilfe in erster Linie das Bundesministerium für wirtschaftliche Zusammenarbeit zuständig. Sie berührt aber auch Angelegenheiten des Auswärtigen Amtes und des Wirtschaftsministeriums.

Kollegialprinzip

Bei Meinungsverschiedenheiten zwischen Ministern entscheidet durch Mehrheitsbeschluss die Bundesregierung. Damit ist gesagt, dass das Kabinett ein Kollegium gleichberechtigter Minister ist. Das Kabinett berät auch alle wichtigen politischen Fragen, es kann aber den Bundeskanzler nicht überstimmen. Ein Minister ist verpflichtet, Entscheidungen des Kabinetts auch dann zu vertreten, wenn er ihnen nicht zugestimmt hat (Kabinettsdisziplin).

In der Praxis sind von den drei Prinzipien des Art. 65 GG das Kanzlerprinzip und das Ressortprinzip politisch wirksam geworden. Bei allen Unterschieden in der Amtsführung hat der Kanzler immer die allgemeine Politik bestimmt, und die konkreten Initiativen sind von den Ministern ausgegangen.

Das Kabinett hingegen spielt keine bedeutende Rolle als politisches Entscheidungsgremium. In ihm gibt es einflussreiche und einflusslose Minister. Noch wichtiger ist, dass Persönlichkeiten mit großem politischen Gewicht dem Kabinett nicht angehören, etwa die Fraktionsvorsitzenden.

Organisation eines Ministeriums

Die politische Leitung eines Bundesministeriums besteht aus dem Minister und einem oder mehreren Parlamentarischen Staatssekretären (im Bundeskanzleramt und im Auswärtigen Amt tragen sie den Titel Staatsminister). Dieses Amt wurde 1967 geschaffen, zunächst für sieben Ressorts. In der seit 2002 amtierenden Bundesregierung gibt es vier Staatsminister und 20 Parlamentarische Staatssekretäre. Sie sind gleichzeitig Abgeordnete und sol-

Bundeskanzler Helmut Kohl (1982–1998) eröffnet eine Kabinettssitzung

len vor allem die Verbindung zwischen ihrem Ministerium und dem Bundestag halten. Sie vertreten den Minister in den Ausschüssen und in der Fragestunde, aber auch bei Kabinettssitzungen und in der Öffentlichkeit.

Bundeskanzler Gerhard Schröder beim französisch-deutschen Gipfel in Toulouse am 29. Mai 1999

An der Spitze der Ministerialbürokratie steht ein »beamteter« Staatssekretär, in der Regel ein Verwaltungsfachmann. In größeren Ministerien gibt es zwei oder drei Staatssekretäre. Jedes Ministerium ist in mehrere Abteilungen gegliedert, diese wiederum in Unterabteilungen mit mehreren Referaten. Arbeitseinheit ist das Referat, das jeweils für ein bestimmtes Fachgebiet zuständig ist. Große Ministerien haben bis zu hundert Referate. Staatssekretäre und Abteilungsleiter sind politische Beamte. Sie können jederzeit in den »einstweiligen Ruhestand« versetzt werden. Das geschieht gelegentlich bei einem Ministerwechsel und häufig bei einem Wechsel der Regierung. Der neue Minister soll sich Spitzenbeamte aussuchen können, die mit ihm auch politisch übereinstimmen.

Koalitionsrunde

Die wichtigen Entscheidungen werden seit langem in informellen Gremien getroffen. Schon die Regierungserklärung, die ausführliche Darlegung des Programms einer neuen Regierung zu Beginn der Legislaturperiode, wird in einer Koalitionsvereinbarung ausgehandelt. Danach tritt bei politischem Entscheidungsbedarf die Koalitionsrunde zusammen. Ihr gehören neben dem Kanzler, einigen Ministern, den Fraktionsvorsitzenden der Koalitionsparteien, weitere einflussreiche Abgeordnete und einige Spitzenbeamte an. Dieses Gremium berät anstehende Gesetzesvorhaben, wichtige politische Weichenstellungen und die dabei anzuwendende Strategie und schlichtet Konflikte zwischen den Koalitionspartnern.

Landesregierungen

An der Spitze der Landesregierungen (in Bayern, Sachsen und Thüringen Staatsregierung, in den Stadtstaaten Berlin, Bremen und Hamburg Senat genannt) steht der Ministerpräsident (in Berlin der Regierende Bürgermeister, in Bremen der Bürgermeister, in Hamburg der Erste Bürgermeister).
Die Regierungsbildung und die Kompetenzen des Regierungschefs und der Minister sind in den Bundesländern unterschiedlich geregelt. Das Kanzlersystem nach dem Modell des Bundes mit Richtlinienkompetenz, Ernennung der Minister durch den Regierungschef und konstruktivem Misstrauensvotum gilt in Baden-Württemberg, Niedersachsen, Nordrhein-Westfalen, Schleswig-Holstein und Hamburg. In den übrigen Flächenstaaten haben die Parlamente mehr Rechte als im

Berliner Rathaus, auch Rotes Rathaus nach der Farbe seiner Ziegelfassade genannt. Sitz des Regierenden Bürgermeisters und der Senatskanzlei

Bund. In Rheinland-Pfalz kann beispielsweise jedem Minister das Vertrauen entzogen werden.

In Berlin und Bremen wählt das Landesparlament (Abgeordnetenhaus bzw. Bürgerschaft) Bürgermeister und Senatoren. Der Senat bestimmt als Kollegium die Richtlinien der Politik. Bei Stimmengleichheit gibt die Stimme des Bürgermeisters den Ausschlag.

Die meisten Landesministerien haben Vollzugsaufgaben und dirigieren einen mehr oder minder großen Verwaltungsapparat. Die Ministerien mit den größten eigenständigen Kompetenzen sind neben den Innenministerien die Kultusministerien. Sie sind wegen der »Kulturhoheit« der Länder nicht nur allein zuständig für die Schulgesetzgebung, sondern verordnen auch Richtlinien und Lehrpläne und kontrollieren über die Schulaufsicht die gesamte schulische Erziehung und Bildung. Desgleichen sind sie für Universitäten, Fachhochschulen und andere Hochschulen zuständig. Eine herausragende Funktion im Kabinett haben die Finanz- und Justizminister. Der Finanzminister hat ein Vetorecht, wenn Finanzfragen berührt sind, der Justizminister, wenn geltendes Recht verletzt ist.

Verwaltung: Organisation und Grundsätze

Öffentlicher Dienst

Das Bild, das sich die Bevölkerung vom öffentlichen Dienst macht, ist vorwiegend negativ: Die Besoldung der dort Beschäftigten verschlingt einen großen Teil der Staatsausgaben. Sie verschwenden Steuergelder. Sie sind unkündbar und daher nicht übermäßig arbeitsfreudig, zudem entscheidungsschwach, formalistisch, ineffizient, womöglich bestechlich. Öffentlicher Dienst wird mit Verwaltung, mit Schreibtischarbeit, mit Bürokratie gleich gesetzt. Dabei trifft der Bürger im Alltag überwiegend auf öffentliche Bedienstete, die nicht in dieses Bild passen. Öffentlicher Dienst, das sind die Männer, die morgens die Mülltonnen leeren, die Omnibusfahrer, die Straßenbahnlenkerin, die Lehrerinnen und Lehrer der Kinder, die Polizisten im Streifenwagen, die Ärztin und der Krankenpfleger in der Klinik oder der Bademeister im Freibad.

2001 waren im öffentlichen Dienst 4,82 Millionen Personen beschäftigt, das sind 59 pro 1 000 Ein-

wohner. Im Jahre 1913 waren es noch 10 pro 1 000 Einwohner gewesen. Die Personalvermehrung ist eine Folge der Ausweitung der Staatsaufgaben und Staatstätigkeiten.

Solange sich der Staat auf die Aufrechterhaltung der öffentlichen Sicherheit und Ordnung beschränkte, kam er mit wenig Personal aus (Ordnungsverwaltung). Die klassischen Staatsfunktionen erfüllen Polizei, Zoll, Gewerbeaufsicht und die Finanzbehörden.

Sehr viel mehr Bedienstete sind erforderlich, um die vielfältigen Dienstleistungen bereitzustellen, die der Bürger vom Staat erwartet (Leistungsverwaltung): Kindergärten, Schulen, Universitäten, Jugendheime, öffentliche Verkehrsmittel, Müllabfuhr, Elektrizitäts-, Gas- und Wasserwerke. Verwaltungsbehörden mit zahlreichem Personal erfüllen Aufgaben der sozialen Sicherung und des sozialen Ausgleichs: Sozialämter, Arbeitsämter, Ämter für Ausbildungsförderung, Jugendhilfe, Wohngeld.

Wieder andere Behörden haben Aufgaben der Planung und der Abwehr von möglichen Gefahren (planende Verwaltung). In den Gemeinden stellen sie Flächennutzungs- und Bebauungspläne auf. Seit die Erhaltung der Umwelt als eine wichtige Staatsaufgabe erkannt worden ist, hat die Bedeutung vorausschauender Planung zugenommen. Bei der Planung von Eisenbahnstrecken, Fernstraßen, Flughäfen, Müllverbrennungsanlagen und Mülldeponien hat der Schutz der Umwelt einen hohen Stellenwert.

Im öffentlichen Dienst sind Beamte, Angestellte und Arbeiter tätig. 2001 waren von den 4,82 Millionen öffentlichen Bediensteten 1,67 Millionen Beamte, 2,32 Millionen Angestellte, 650 000 Arbeiter und 185 000 Berufs- und Zeitsoldaten. Beamte nehmen »hoheitsrechtliche Befugnisse« wahr. Hoheitsrechtliche Aufgaben sind beispielsweise die Erhebung von Steuern durch das Finanzamt, die Anklage eines Gesetzesbrechers durch den Staatsanwalt, die Verhaftung eines Tatverdächtigen durch die Polizei. Auch Lehrer und Universitätsprofessoren sind Beamte. Die Unterschiede zwischen Beamten und Angestellten des öffentlichen Dienstes sind fließend. Auch Angestellte können hoheitsrechtliche Funktionen haben, und immer mehr Beamte nehmen Dienstleistungs- und Planungsaufgaben wahr. Arbeiter sind beispielsweise Müllwerker oder Kraftfahrer einer Behörde, sie bekommen kein Monatsgehalt, sondern werden für die geleisteten Arbeitsstunden entlohnt. Außerdem sind bei den drei Postunternehmen noch 200 000 Beamte tätig. Sie zählen jedoch nicht mehr zum öffentlichen Dienst.

Beamte haben besondere Rechte, vor allem Unkündbarkeit, und besondere Pflichten. Von ihnen wird erwartet, dass sie ihre Aufgaben mit ganzer Kraft, unparteiisch und gerecht und unter Beachtung des Gemeinwohls erfüllen. Anders als die Angestellten und Arbeiter des öffentlichen Dienstes dürfen sie nicht streiken.

Von den Beamten und den anderen öffentlichen Bediensteten wird verlangt, dass sie jederzeit für die freiheitliche demokratische Grundordnung eintreten. Ein Erlass des Bundeskanzlers und der Ministerpräsidenten der Länder aus dem Jahre 1972 (Extremistenbeschluss), nur Bewerber einzustellen, die diese Voraussetzung erfüllen, blieb umstritten und wurde unterschiedlich angewandt. In erster Linie ging es um die Art und Weise der Überprüfung. Unbestritten ist, dass von einem öffentlichen Bediensteten Treue zur Verfassung zu fordern ist. Nach dem Beitritt der Länder der ehemaligen DDR erhielt die Frage der Verfassungstreue des öffentlichen Dienstes eine neue Aktualität: Welcher Grad von Belastung schließt Funktionsträger der DDR von der Übernahme in den öffentlichen Dienst aus?

Grundsätze

Rechtsstaatliche Bindung

Die Klage über den Formalismus der Verwaltung übersieht oft, dass Verwaltungshandeln aus guten Gründen streng an formale Regelungen gebunden ist. Die Bindung an das Gesetz ist eines der klassischen Merkmale des Rechtsstaates (→ Seite 25). Inzwischen hat sich die Staatstätigkeit auf nahezu alle Lebensbereiche ausgeweitet, und die Einhaltung von Vorschriften ist die Voraussetzung dafür, dass die Rechtssicherheit und Gleichbehandlung jedes Bürgers gewährleistet ist.

Gesetzmäßigkeit

Nach Art. 20 Abs. 3 GG ist die vollziehende Gewalt »an Gesetz und Recht gebunden«. Das bedeutet, dass die Verwaltung

◆ keine Maßnahmen treffen darf, die gegen bestehende Rechtsvorschriften verstoßen (Vorrang des Gesetzes);
◆ nur tätig werden kann, wenn sie dazu durch ein Gesetz ermächtigt ist (Vorbehalt des Gesetzes).

Beispielsweise darf das Finanzamt nur aufgrund von Steuergesetzen einen Steuerbescheid erlassen, und ein Polizeibeamter darf nur aufgrund von Vorschriften der Straßenverkehrsordnung eine gebührenpflichtige Verwarnung aussprechen.

Pflichtgemäßes Ermessen, Verhältnismäßigkeit, Übermaßverbot

Im Alltag ist die Rechtslage nicht immer eindeutig. Daher verfügen die Behörden in vielen Fällen über einen Ermessensspielraum. Damit ist ihnen nicht freigestellt, beliebig oder gar willkürlich zu handeln, sie müssen vielmehr nach pflichtgemäßem Ermessen entscheiden.

Dabei müssen sie neben dem Gleichbehandlungsgebot ein weiteres wichtiges rechtsstaatliches Gebot beachten, den Grundsatz der Verhältnismäßigkeit, anders ausgedrückt das Übermaßverbot. Das bedeutet, dass eine Behörde in die Rechte eines Bürgers nur so weit eingreifen darf, als es erforderlich ist, und dass der Zweck und die Mittel in einem vernünftigen Verhältnis zueinander stehen müssen.

Der Grundsatz der Verhältnismäßigkeit ist beispielsweise Richtschnur für die Bestimmungen über den Schusswaffengebrauch durch die Polizei. Das einschlägige Gesetz besagt, dass ein Polizeibeamter nur von der Schusswaffe Gebrauch machen darf, um schwere Straftaten zu verhüten oder um die Flucht von Straftätern zu verhindern, und auch dann nur, um den Verdächtigen angriffs- oder fluchtunfähig zu machen.

Eine Baubehörde darf ein Gebäude nicht einfach abbrechen lassen, weil es ohne Baugenehmigung errichtet wurde. Sie muss prüfen, ob der Bau nicht nachträglich genehmigt werden kann oder ob dem zwingende baurechtliche Vorschriften entgegenstehen.

Eine Demonstration darf nicht schon deshalb verboten werden, weil der Verkehr behindert zu werden droht oder weil Geschäftsleute Umsatzeinbußen befürchten. Die Behörde kann aber Auflagen machen, beispielsweise dass die Demonstration außerhalb der Innenstadt stattfindet.

Verwaltung des Bundes

Aufgaben

Von den 4,82 Millionen öffentlichen Bediensteten (einschließlich Teilzeitkräften und Bundeswehr) waren 2001 beim Bund 10,2, bei den Ländern 45,2 und bei den Kommunen 31,9 Prozent beschäftigt; beim Bundeseisenbahnvermögen waren 1,4 Prozent tätig und im mittelbaren öffentlichen Dienst (z.B. Bundesanstalt für Arbeit) 11,3 Prozent.

Das Grundgesetz schreibt in Art. 83 vor, dass die Bundesgesetze grundsätzlich von der Verwaltung der Länder ausgeführt werden (→ Seite 92), mit einigen Ausnahmen, die in Art. 87 aufgezählt sind. Das sind Staatsaufgaben, die eindeutig in die Kompetenz des Bundes fallen und nicht den Ländern überlassen werden können, vor allem die Verteidigung und die auswärtigen Beziehungen.

Für diese Bereiche gibt es eine eigene Verwaltung des Bundes mit dem entsprechenden Unterbau. Die zahlenmäßig stärkste ist die (zivile) Verwaltung der Bundeswehr (→ Seite 101), die dem Bundesministerium der Verteidigung unterstellt ist. Über eine eigene Verwaltung verfügen auch das Auswärtige Amt mit dem auswärtigen Dienst, das Finanzministerium mit der Verwaltung der Bundesfinanzen und des Zolls, das Verkehrsministerium, das für die Schifffahrt und die Bundeswasserstraßen zuständig ist, das Arbeitsministerium und das Innenministerium.

Im Zuge zweier Reformen wurden die beiden großen Dienstleistungsunternehmen Bundesbahn und Bundespost aus dem öffentlichen Dienst ausgegliedert. Die Post wurde in drei selbständige Bereiche – Postdienst, Telekom und Postbank – aufgeteilt, die seit dem 1.1.1995 privatwirtschaftlich geführt werden. 1994 sind auch die Deutsche Bundesbahn und die ehemalige Deutsche Reichsbahn der DDR in ein privatwirtschaftlich organisiertes Unternehmen, die Deutsche Bahn AG, umgewandelt worden, in der der Bund die Mehrheit der Anteile hält, um die Gemeinwohlbindung sicherzustellen.

Der Bund unterhält darüber hinaus eine große Anzahl von zentralen Behörden und Institutionen für spezielle Aufgaben. Die wichtigsten und personell starken werden als Bundesoberbehörden bezeichnet. Ihre Zuständigkeit erstreckt sich auf das gesamte Gebiet des Bundes, und sie unterstehen unmittelbar einer obersten Bundesbehörde, in der Regel dem Bundeskanzleramt oder einem Bundesministerium. Bundesoberbehörden sind zum Beispiel das Bundesamt für Verfassungsschutz, das

Bundeskartellamt, das Statistische Bundesamt, das Umweltbundesamt, der Bundesnachrichtendienst oder die Bundesanstalt für Arbeit.

Organisatorisch mit ihnen verwandt sind kleinere Bundesbehörden und -anstalten, die vorwiegend im Wissenschafts- und Informationsbereich tätig sind, zum Beispiel die Bundeszentrale für politische Bildung, das Bundesarchiv, die Bundeszentrale für gesundheitliche Aufklärung, die Physikalisch-technische Bundesanstalt, die Bundesanstalt für Arbeitsmedizin. Insgesamt gibt es ungefähr 100 solcher zentralen Einrichtungen, die jeweils einem Ministerium unterstellt sind.

Für bestimmte bundesstaatlichen Aufgaben sind »bundesunmittelbare« Körperschaften, Anstalten und Stiftungen eingerichtet worden. Sie sind selbstständig für ihren Sachbereich im gesamten Bundesgebiet zuständig und unterstehen der Aufsicht eines Ministeriums. Die größte ist die Bundesanstalt für Arbeit mit einem eigenen Unterbau aus Landesarbeitsämtern und örtlichen Arbeitsämtern. Andere haben wissenschaftliche und kulturelle Aufgaben, wie die Stiftung Preußischer Kulturbesitz und die Deutsche Bibliothek.

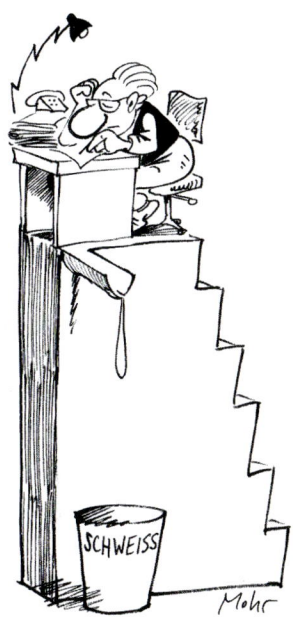

Organisation

Die Bundesministerien, das Bundespräsidialamt, das Bundeskanzleramt, das Bundespresseamt und – wegen seiner Bedeutung und seiner Unabhängigkeit von der Bundesregierung – der Bundesrechnungshof sind oberste Bundesbehörden. Bundesministerien haben politische Funktionen, sie bereiten die Entscheidungen des Ministers vor, vor allem die Gesetzgebung, und erlassen die notwendigen Rechtsverordnungen und Verwaltungsvorschriften. Zugleich sind sie oberste Verwaltungsbehörden. Soweit die Exekutive beim Bund liegt, sind nachgeordnete Bundesbehörden, die den Weisungen ihres Ministeriums unterliegen, damit betraut. Bei den Ministerien mit einem eigenen Verwaltungsunterbau sind sie in drei Stufen gegliedert: Bundesoberbehörde als Zentrale (Bundesamt für Finanzen, Bundeswehrverwaltungsamt), Bundesmittelbehörden, die regional zuständig sind (Wehrbereichsverwaltung, Oberfinanzdirektion, Wasser- und Schifffahrtsdirektion), und die örtlichen unteren Bundesbehörden (Kreiswehrersatzamt, Hauptzollamt, Wasser- und Schifffahrtsamt).

Den meisten Ministerien ohne eigene Verwaltungsorgane sind mehrere der erwähnten Bundesoberbehörden oder Bundesanstalten mit Spezialaufgaben nachgeordnet.

Die Organisation der Bundesverwaltung

Die Organisation der Bundesverwaltung kann nur beispielhaft dargestellt werden. Nur ein Teil der Behörden unterhalb der Ebene der Bundesministerien konnte aufgenommen werden.

Oberste Bundesbehörden	Bundesoberbehörden	Zentrale Bundesbehörden	Bundesmittelbehörden	Untere Bundesbehörden
	Bundesministerium für Verkehr, Bau- und Wohnungswesen	Bundesamt für Seeschifffahrt und Hydrographie		
		Luftfahrt-Bundesamt	Wasser- und Schifffahrtsdirektionen	Wasser- und Schifffahrtsämter
		Kraftfahrt-Bundesamt		
Bundesrechnungshof				
	Bundesministerium für wirtschaftliche Zusammenarbeit und Entwicklung			
	Bundesministerium für Gesundheit und Soziale Sicherung	Bundeszentrale für gesundheitliche Aufklärung		
		Bundesversicherungsamt		
	Bundesministerium für Familie, Senioren, Frauen und Jugend			Bundesforstämter
	Bundesministerium der Finanzen	Bundesschuldenverwaltung		Bundesvermögensämter
		Bundesamt für Finanzen	Oberfinanzdirektionen	Zollfahndungsämter
BUNDESKANZLER / Presse- und Informationsamt der Bundesregierung	**Bundesministerium für Verbraucherschutz, Ernährung u. Landwirtschaft**	Bundesamt für den Zivildienst		Hauptzollämter
	Bundesministerium für Umwelt, Naturschutz und Reaktorsicherheit	Umweltbundesamt		
	Bundesministerium für Bildung und Forschung	Bundesanstalt für Arbeit	Landesarbeitsämter	Arbeitsämter
	Bundesministerium für Wirtschaft und Arbeit	Bundeskartellamt	Bundesanstalt für Materialforschung und -prüfung	
		Bundesamt für Wirtschaft	Physikalisch-technische Bundesanstalt	
Bundesministerium der Justiz	**Bundesministerium der Verteidigung**	Bundeswehrverwaltungsamt	Wehrbereichsverwaltungen	Standortverwaltungen
				Kreiswehrersatzämter
		Bundesamt für Verfassungsschutz		
Auswärtiges Amt	**Bundesministerium des Innern**	Bundesverwaltungsamt	Bundeszentrale für politische Bildung	
			Bundesarchiv	Grenzschutzdirektion	Grenzschutzämter
		Statistisches Bundesamt		Botschaften, Generalkonsulate, Konsulate

Die Organisation einer Landesverwaltung

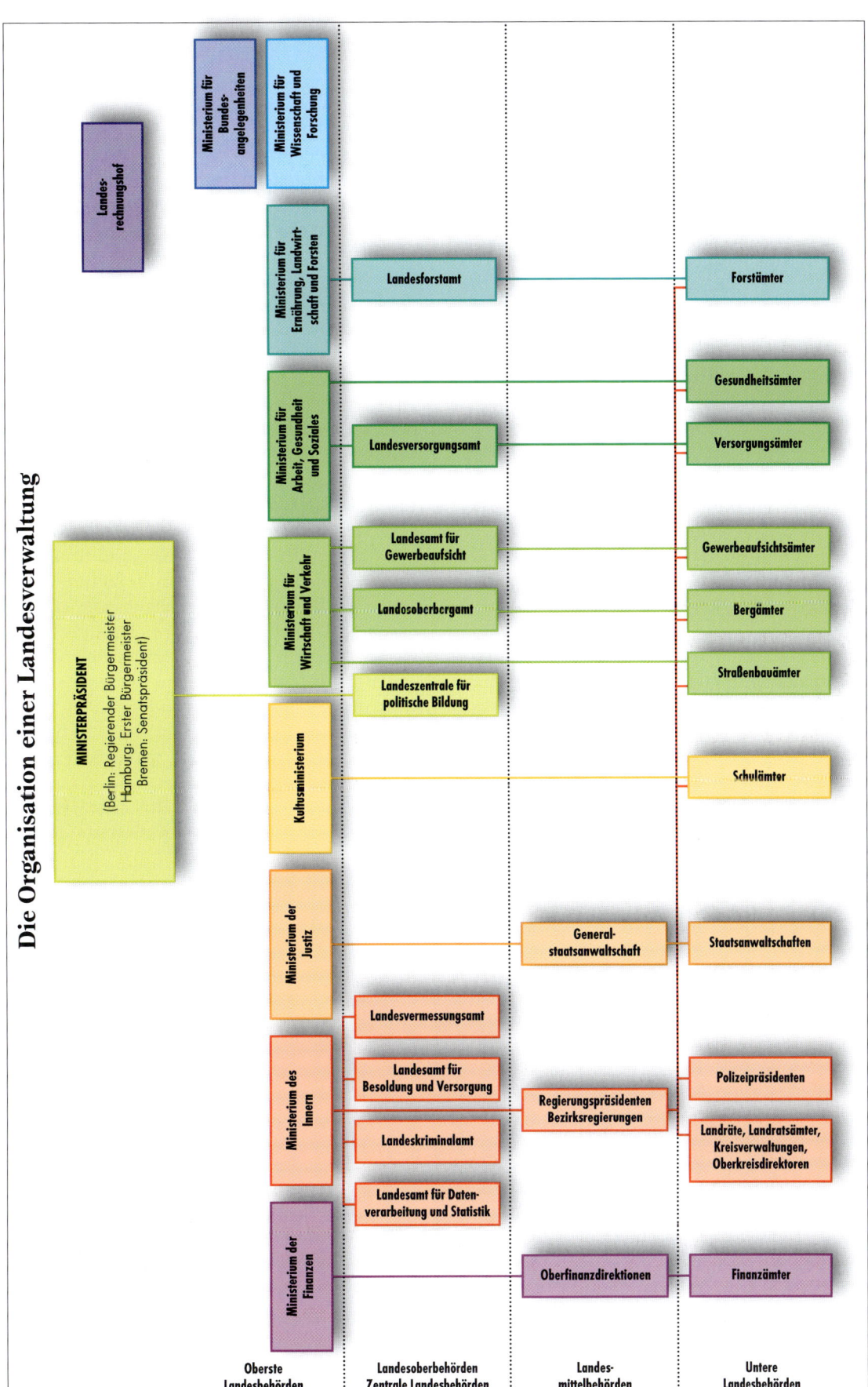

MINISTERPRÄSIDENT
(Berlin: Regierender Bürgermeister
Hamburg: Erster Bürgermeister
Bremen: Senatspräsident)

Landes-
rechnungshof

Ministerium für Bundes-
angelegenheiten

Ministerium für Wissenschaft und Forschung

Ministerium für Ernährung, Landwirt-
schaft und Forsten

Ministerium für Arbeit, Gesundheit und Soziales

Ministerium für Wirtschaft und Verkehr

Kultusministerium

Ministerium der Justiz

Ministerium des Innern

Ministerium der Finanzen

Landesforstamt

Landesversorgungsamt

Landesamt für Gewerbeaufsicht

Landesoberbergamt

Landeszentrale für politische Bildung

Landesvermessungsamt

Landesamt für Besoldung und Versorgung

Landeskriminalamt

Landesamt für Daten-
verarbeitung und Statistik

General-
staatsanwaltschaft

Regierungspräsidenten
Bezirksregierung

Oberfinanzdirektionen

Forstämter

Gesundheitsämter

Versorgungsämter

Gewerbeaufsichtsämter

Bergämter

Straßenbauämter

Schulämter

Staatsanwaltschaften

Polizeipräsidenten

Landräte, Landratsämter, Kreisverwaltungen, Oberkreisdirektoren

Finanzämter

Oberste
Landesbehörden

Landesoberbehörden
Zentrale Landesbehörden

Landes-
mittelbehörden

Untere
Landesbehörden

Die Organisation der Verwaltung eines Bundeslandes kann nur beispielhaft dargestellt werden. Nur ein Teil der Behörden auf allen Stufen konnte aufgenommen werden. Zwischen den einzelnen Bundesländern bestehen große Unterschiede.

Die Regierungspräsidenten/Bezirksregierungen (in der meisten Flächen-
staaten) haben die Funktion einer allgemeinen Verwaltungsbehörde in der Mittelinstanz. Sie üben im Auftrag der Landesregierung die staatlichen Verwaltungsaufgaben aus, für die es keine besondere zentrale Behörde gibt,

ferner Aufgaben, die ihnen von einem Landesministerium übertragen worden sind. Der jeweilige Landesminister führt die oberste Dienst- und Fachaufsicht über die Landesbehörden seines Geschäftsbereichs.

Bundesrechnungshof in Bonn. Die Behörde zog gemäß dem Umzugsbeschluss Mitte 2000 von Frankfurt am Main nach Bonn in das Gebäude des ehemaligen Auswärtigen Amtes

Bundesrechnungshof

Der Bundesrechnungshof kontrolliert die Einnahmen und Ausgaben aller Behörden und Unternehmen des Bundes und der Institutionen, an die der Bund Zuschüsse zahlt. Dabei wird nicht nur geprüft, ob die Ausgaben ordnungsgemäß erfolgt sind, beispielsweise ob sie mit dem Haushaltsplan übereinstimmen, sondern auch, ob die Mittel zweckmäßig und sparsam verwendet worden sind. Mängel werden den jeweiligen Behörden mitgeteilt und alljährlich in einem Prüfungsbericht zusammengefasst. Der Rechnungshof kann Vorschläge zur Beseitigung der Mängel machen, kann aber keine Weisungen erteilen.

Das Spitzenpersonal des Bundesrechnungshofes genießt richterliche Unabhängigkeit und hat richterliche Befugnisse, es kann beispielsweise Zeugen vorladen.

Verwaltung der Länder

Artikel 30
Die Ausübung der staatlichen Befugnisse und die Erfüllung der staatlichen Aufgaben ist Sache der Länder, soweit dieses Grundgesetz keine andere Regelung trifft oder zulässt.

Die Verwaltung fällt im Unterschied zur Gesetzgebung, die der Bund weitgehend an sich gezogen hat (→ Seite 62), überwiegend in die Zuständigkeit der Länder. Sie führen als landeseigene Verwaltung die Landesgesetze aus und als Verwaltung im Auftrag des Bundes oder in eigener Verantwortung die Bundesgesetze.

Landeseigene Verwaltung

Die Länder sind in erster Linie für die Gesetzgebung und damit auch für die Verwaltung in den Bereichen Bildung, Erziehung, Wissenschaft, Kultur sowie öffentliche Ordnung und Sicherheit zuständig. Der größte Teil des Personals ist in diesen beiden großen Dienstleistungsbereichen tätig, nur eine Minderheit der Länderbediensteten hat Verwaltungsaufgaben im engeren Sinne.

Zum ersten Bereich gehören Schulen, Fachhochschulen, Universitäten, Museen, Theater, Bibliotheken und zahlreiche wissenschaftliche Einrichtungen, zum letzten Polizei und Strafvollzug.

Eine wichtige Aufgabe der Länder, die von der Öffentlichkeit kaum wahrgenommen wird, ist die Landesplanung. Ihr Ziel ist es, für alle Bürger des Landes möglichst gleichwertige Lebensbedingungen zu schaffen. Sie sorgt dafür, dass in dünn besiedelten Räumen alle notwendigen Einrichtungen des täglichen Lebens – Schulen, Geschäfte, Ärzte, Apotheken – in zumutbarer Entfernung an einem zentralen Ort eingerichtet werden und dass in wirtschaftlich unterentwickelten Gebieten die Voraussetzungen für die Ansiedlung von Gewerbe und Industrie geschaffen werden. Ein nicht weniger wichtiges Ziel der Landesplanung ist der Schutz und die Erhaltung der Umwelt: Bewahrung von Naturlandschaften, sparsame Nutzung nicht vermehrbarer Naturgüter (Wasser, Luft, Boden), Beschränkung von »Landschaftsverbrauch« durch Industrie- und Verkehrsanlagen.

Ausführung von Bundesrecht

Artikel 83
Die Länder führen die Bundesgesetze als eigene Angelegenheit aus, soweit dieses Grundgesetz nichts anderes bestimmt oder zuläßt.

Artikel 84
(1) Führen die Länder die Bundesgesetze als eigene Angelegenheit aus, so regeln sie die Einrichtung der Behörden und das Verwaltungsverfahren, soweit nicht Bundesgesetze mit Zustimmung des Bundesrates etwas anderes bestimmen.

Die meisten Bundesgesetze werden von den Ländern als eigene Angelegenheiten in eigener Verantwortung vollzogen. Der Begriff »eigene Angelegenheiten« besagt, dass die Länder eigene Behörden und Einrichtungen mit dem entsprechenden Personal zur Verfügung stellen. Sie müssen beispielsweise eine Behörde zur Auszahlung von Wohngeld einrichten oder die notwendigen Unterkünfte für Asylbewerber bereitstellen. Dabei sind sie frei, wie sie die Auszahlung des Wohngeldes regeln, wie sie Sozialwohnungen vergeben, wie sie Personalausweise ausstellen oder wie sie den Aufenthalt, die Einbürgerung oder die Abschiebung von Ausländern regeln.

Der Bund kann lediglich die Rechtmäßigkeit des Vollzugs seiner Gesetze kontrollieren, er hat die Rechtsaufsicht. Er kann aber nicht ein anderes Verfahren anordnen, weil es zweckmäßiger erscheint, er hat nicht die Fachaufsicht.

Einige Bundesgesetze vollziehen die Länder im Auftrag des Bundes (Art. 85 GG). Das gilt zum Beispiel für die Verwaltung der Autobahnen, der Bundesstraßen und der Bundeswasserstraßen, für die Genehmigung von Flughäfen und von Kernkraftwerken, Wiederaufbereitungsanlagen und Lagerstätten für radioaktives Material. Hier hat der Bund auch die Fachaufsicht. Er kann den Landesbehörden Weisungen erteilen. Das geschieht selten, weil die Zusammenarbeit zwischen Bund und Ländern normalerweise problemlos ist, doch hat zum Beispiel das Bundesumweltministerium mehrfach Landesbehörden angewiesen, den Betrieb von Kernkraftwerken und Wiederaufbereitungsanlagen zu genehmigen.

Organisation

Die Landesbehörden sind ebenso wie die Verwaltung des Bundes in Stufen gegliedert. Oberste Landesbehörden sind der Ministerpräsident, dessen Behörde in den Flächenstaaten Staatskanzlei heißt, und die Landesministerien (in Berlin und Bremen Senatsverwaltungen, in Hamburg Fachbehörden). Zentralbehörden für spezielle Aufgaben unterstehen als nachgeordnete Behörden (Landesoberbehörden) einem Ministerium, wie die Landeskriminalämter, die Landesämter für Verfassungsschutz, für Statistik und Datenverarbeitung, für Straßenbau, die Landesvermessungsämter und zumeist die Landeszentralen für politische Bildung.

In den Flächenstaaten außer Brandenburg, Mecklenburg-Vorpommern, dem Saarland, Schleswig-Holstein und Thüringen sind für die allgemeine Verwaltung Landesmittelbehörden eingerichtet, Regierungspräsidien oder Bezirksregierungen genannt, mit dem Regierungspräsidenten an der Spitze. Ihnen unterstehen die zahlreichen unteren Landesbehörden auf der Kreisebene: Kreisverwaltungen bzw. Landratsämter, Polizeipräsidenten, Gewerbeaufsichtsämter, Schulämter, Straßenbauämter, Gesundheitsämter, Forstämter.

Die Landesrechnungshöfe haben in den Ländern dieselben Funktionen wie der Bundesrechnungshof für die Bundesverwaltung.

Nicht zur unmittelbaren öffentlichen Verwaltung gehören zahlreiche Körperschaften mit öffentlichen Aufgaben, die unter der Aufsicht der Landesregierungen stehen. Sie sind aufgrund eines Gesetzes errichtet, und für die jeweilige Berufsgruppe ist die Mitgliedschaft Pflicht. Die Industrie- und Handelskammern und die Handwerkskammern beispielsweise regeln die Berufsausbildung und nehmen die Abschlussprüfungen der Auszubildenden ab, benennen Sachverständige und erstellen Gutachten für Behörden und Gerichte. Gesetzliche Körperschaften sind auch die gesetzlichen Krankenkassen, die Landesversicherungsanstalten, die Ärzte- und Anwaltskammern.

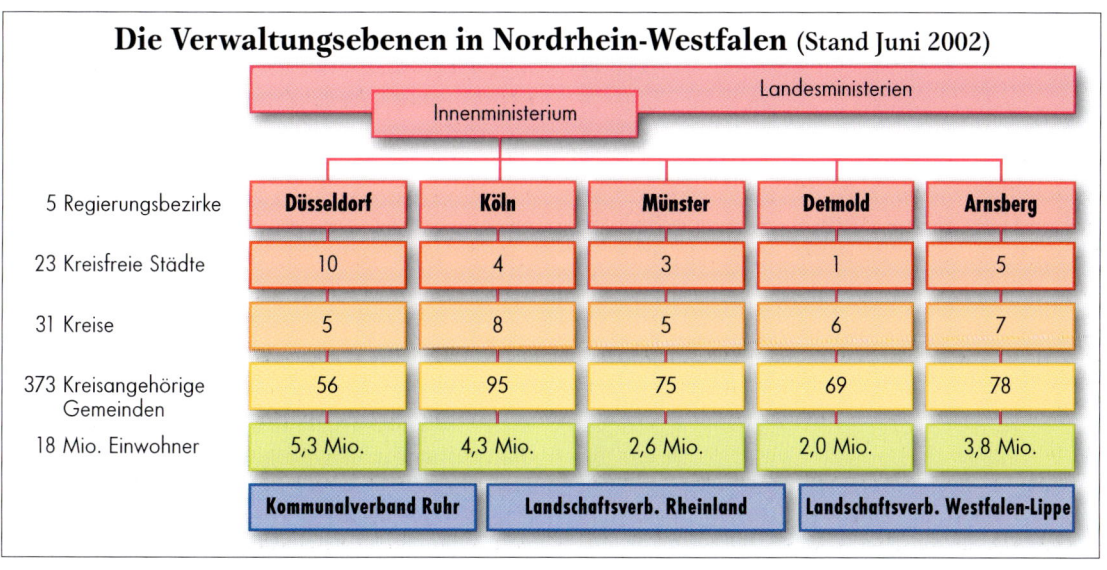

Die Verwaltungsebenen in Nordrhein-Westfalen (Stand Juni 2002)

	Düsseldorf	Köln	Münster	Detmold	Arnsberg
5 Regierungsbezirke	Düsseldorf	Köln	Münster	Detmold	Arnsberg
23 Kreisfreie Städte	10	4	3	1	5
31 Kreise	5	8	5	6	7
373 Kreisangehörige Gemeinden	56	95	75	69	78
18 Mio. Einwohner	5,3 Mio.	4,3 Mio.	2,6 Mio.	2,0 Mio.	3,8 Mio.

Landesministerien · Innenministerium

Kommunalverband Ruhr · Landschaftsverb. Rheinland · Landschaftsverb. Westfalen-Lippe

Gemeinden

Artikel 28

(1) (...) In den Ländern, Kreisen und Gemeinden muß das Volk eine Vertretung haben, die aus allgemeinen, unmittelbaren, freien, gleichen und geheimen Wahlen hervorgegangen ist. (...) In Gemeinden kann an die Stelle einer gewählten Körperschaft die Gemeindeversammlung treten.

(2) Den Gemeinden muß das Recht gewährleistet sein, alle Angelegenheiten der örtlichen Gemeinschaft im Rahmen der Gesetze in eigener Verantwortung zu regeln. Auch die Gemeindeverbände haben im Rahmen ihres gesetzlichen Aufgabenbereiches nach Maßgabe der Gesetze das Recht der Selbstverwaltung. (...)

In den Gemeinden kommt der Einzelne am unmittelbarsten mit öffentlichen Angelegenheiten in Berührung. Zugleich hat der Bürger in der Gemeinde am ehesten Möglichkeiten, an den öffentlichen Angelegenheiten mitzuwirken.

Die Selbstverwaltung der Gemeinden, die Art. 28 GG garantiert, hat in Deutschland eine lange Tradition. Ihre Anfänge gehen zurück auf das Mittelalter, als in den Städten die Gilden der Kaufleute und die Zünfte der Handwerker die Beteiligung an der Stadtregierung durchsetzten.

Heinrich Friedrich Karl Freiherr vom und zum Stein (1757–1831). Die Einführung seiner Städteordnung von 1808 gilt als die Geburtsstunde der kommunalen Selbstverwaltung

Als Geburtsstunde der kommunalen Selbstverwaltung gilt die preußische Städteordnung des Freiherrn vom Stein von 1808, wenn auch nur solchen Bürgern das Recht zur Wahl der Stadtverordneten zustand, die Grundbesitz besaßen oder selbständig ein Gewerbe ausübten, und Frauen überhaupt kein Wahlrecht hatten.

Rechtliche Stellung

Im föderalistischen System der Bundesrepublik Deutschland sind die Gemeinden nach Bund und Ländern die unterste Ebene in dem dreistufigen Verwaltungsaufbau. Sie haben im Rahmen der Selbstverwaltung eigene Zuständigkeiten und eine eigene Finanzwirtschaft. Staatsrechtlich gehören sie aber zur Ebene der Länder. Die Landtage bestimmen die Kommunalverfassungen und die Gemeindegrenzen. Bund und Land weisen ihnen Aufgaben zu und entscheiden, welche Finanzmittel ihnen zustehen. Die Landesregierungen üben die Aufsicht über die Gemeindeverwaltungen aus. Die Kommunen haben keine Vertretung mit weit reichenden verfassungsrechtlichen Mitwirkungsbefugnissen, wie sie die Länder im Bundesrat besitzen.

Aufgaben

Aus dieser rechtlichen Stellung der Kommunen folgt, dass sie eigene Aufgaben im Rahmen der Selbstverwaltung und Aufgaben im Auftrag von Bund und Land wahrnehmen.

Eigene Aufgaben sind die ursprünglichen Angelegenheiten einer jeden Gemeinde; sie gehören zum »eigenen Wirkungskreis«. Sie können freiwillig sein oder vom Staat als Pflicht vorgeschrieben werden. Hier mischt sich der Staat nicht in die Ausführung ein, er gibt keine Weisungen.

Die Gemeinden haben aber auch viele Aufgaben zu erfüllen, die ihnen der Staat überträgt, das sind Aufgaben des »übertragenen Wirkungskreises«. Der Staat bedient sich der Behördenorganisation der Gemeinden und überwacht mittels Weisungen die Ausführung, damit sie überall im Lande einheitlich erfolgt.

Freiwillige Aufgaben erfüllt eine Gemeinde nach eigenem Ermessen und nach ihren finanziellen Möglichkeiten. Sie entscheidet, ob sie ein neues Schwimmbad baut, neue Busse anschafft, ein Heimatmuseum einrichtet, welche Zuschüsse das Stadttheater und die örtlichen Vereine erhalten. Pflichtaufgaben ohne Weisung sind beispielsweise die Müllabfuhr, die Versorgung mit Strom, Gas

Systematik des Selbstverwaltungsrechts

Die Personalhoheit:	Sie räumt den Gemeinden das Recht ein, das Personal auszuwählen, anzustellen, zu befördern und zu entlassen.
Die Organisationshoheit:	Sie umfasst das Recht zur eigenen Gestaltung der Verwaltungsorganisation.
Die Planungshoheit:	Sie räumt den Gemeinden das Recht ein, Bauleitpläne (Flächennutzungs- und Bebauungspläne) in eigener Verantwortung aufzustellen, um das Gemeindegebiet zu ordnen und zu gestalten.
Die Rechtsetzungshoheit:	Sie enthält das Recht, kommunale Satzungen zu erlassen.
Die Finanzhoheit:	Sie gibt den Gemeinden das Recht zu eigenverantwortlicher Einnahmen- und Ausgabenwirtschaft.
Die Steuerhoheit:	Sie räumt den Gemeinden das Recht zur Erhebung von Steuern ein (soweit dieses Recht nicht durch übergeordnete Gesetze zum Finanzausgleich wieder rückgängig gemacht wurde).

Quelle: Wolfgang Gisevius, Leitfaden durch die Kommunalpolitik, Bonn 1991, S. 24.

und Wasser, der Bau von Kindergärten und Schulen. Der Kommune ist überlassen, wie sie das regelt. Zunehmend werden diese Aufgaben privaten Unternehmen übertragen.

Pflichtaufgaben nach Weisung müssen von der Gemeinde nach staatlichen Vorgaben erledigt werden; dazu gehören die Auszahlung von Sozialhilfe und Wohngeld, die Bereitstellung von Feuerwehr, Rettungsdiensten und Katastrophenschutz, die Durchführung von Gemeindewahlen.

Staatliche Auftragsangelegenheiten führt die Kommunalverwaltung für ihren Bereich als unterste staatliche Behörde aus, zum Beispiel eine Volkszählung, die Erfassung der Wehrpflichtigen, die Durchführung der Bundestags- und Landtagswahlen.

Finanzen

Die Einnahmen der Gemeinden kommen etwa zu je einem Drittel aus folgenden Quellen:

◆ Steuern werden von der Gemeinde selbst festgesetzt: Gewerbesteuer, Grundsteuer und verschiedene Steuern mit geringem Aufkommen, wie die Getränkesteuer und die Hundesteuer. Außerdem erhalten die Gemeinden 15 Prozent der Lohn- und Einkommensteuer ihrer Bürger. Dafür müssen sie einen Teil ihrer Gewerbesteuereinnahmen an Bund und Land abgeben.

◆ Gebühren und Beiträge werden erhoben für Dienstleistungen und Einrichtungen, zum Beispiel Eintrittsgelder für Bäder, Teilnehmerentgelte für Volkshochschulen, Gebühren für die Ausstellung eines Personalausweises und für die standesamtliche Trauung.

◆ Finanzzuweisungen von Bund und Land: Den Gemeinden steht ein Teil der Steuereinnahmen der Länder zu, die nach einem Schlüssel verteilt werden. Dabei werden die Unterschiede zwischen »reichen« und »armen« Gemeinden in einem gewissen Maß ausgeglichen (Finanzausgleich). Die Gemeinden können über diese zugewiesenen Mittel frei verfügen.

Darüber hinaus gibt es zweckgebundene Zuweisungen. Das sind Zuschüsse für Investitionen, wie Wohnungsbau, öffentliche Verkehrsmittel, Stadtsanierung oder Erneuerung des Ortskerns. Hier behalten sich die Zuschussgeber vor, über die Verwendung mitzuentscheiden. Manche Projekte werden nur deshalb realisiert, weil es dafür Zuschüsse gibt. Inzwischen können Gemeinden auch zweckgebundene Zuschüsse von der Europäischen Union erhalten.

Karikatur: Jan Tomaschoff

ICH FINDE DIE ZUSAMMENLEGUNG VON STADTBAD UND STADTBÜCHEREI NICHT NUR AUS KOSTENGRÜNDEN INTERESSANT...

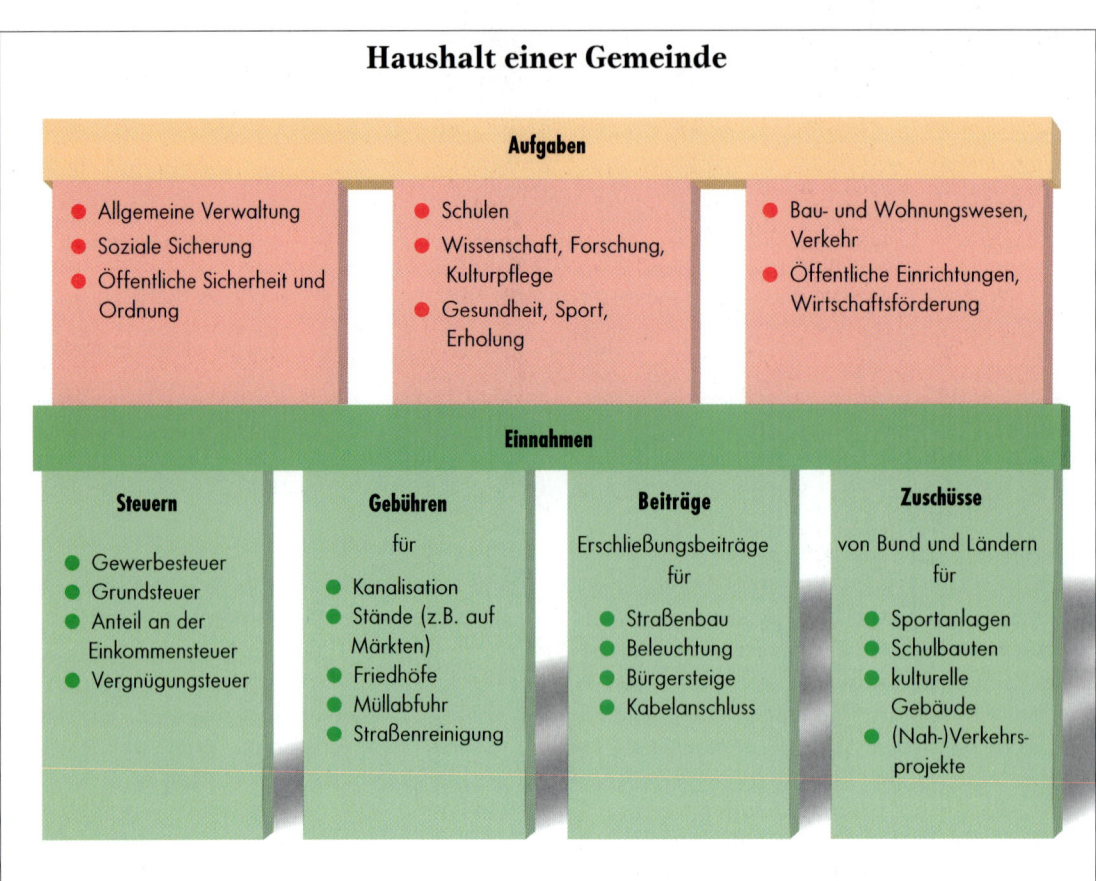

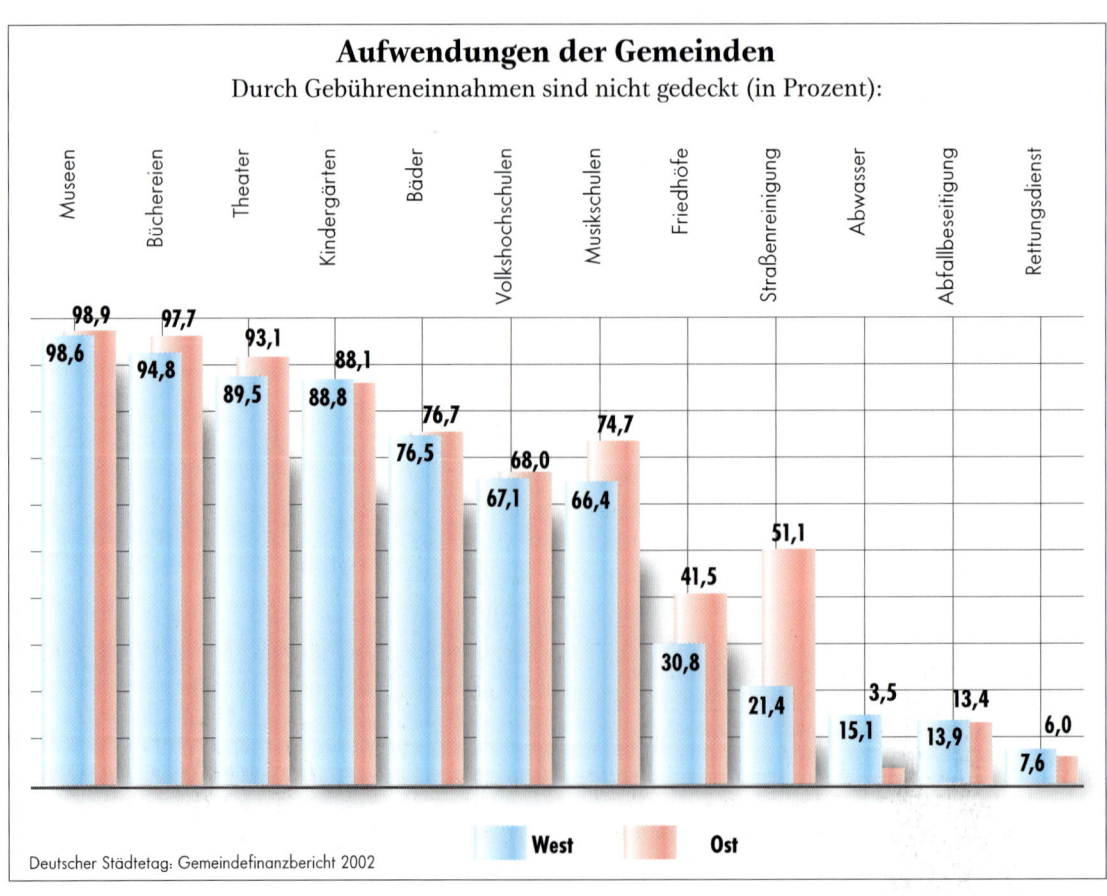

Deutscher Städtetag: Gemeindefinanzbericht 2002

Kommunalverfassungen

Im vereinigten Deutschland gab es am 1. Januar 2003 13 148 Gemeinden, davon 8 506 in den alten und 4 642 in den neuen Bundesländern. Wie zuvor in den alten Bundesländern werden in den kommenden Jahren Gebietsreformen die Zahl der selbstständigen Gemeinden auch in den neuen Bundesländern drastisch senken. Das ist notwendig, weil größere Gemeinden ihre Aufgaben organisatorisch und finanziell besser erfüllen können. So lassen sich die kommunalen Einrichtungen vom Schwimmbad bis zur Kläranlage für größere Gebiete besser planen.

Gemeinden (auch Kommunen, von lateinisch communis = öffentlich, gemeinsam) im politisch-administrativen Sinne sind alle Gebietskörperschaften vom Dorf bis zur Millionenstadt. Die Gemeinden eines bestimmten Gebietes (Kreisgebiet) bilden einen Gemeindeverband, den Landkreis. Große Städte sind kreisfrei, sie gehören zu keinem Landkreis, sondern bilden selbst einen Stadtkreis. Eine Besonderheit stellen die Stadtstaaten Berlin, Hamburg und Bremen dar. Sie sind zugleich Land und Gemeinde. Die Zuständigkeit für die Gemeinden liegt bei den Ländern. Sie erließen nach 1945 per Gesetz jeweils eigenständige Kommunalverfassungen (Gemeindeordnungen), entsprechend den Traditionen der Selbstverwaltung auf ihrem Gebiet. Auch Einflüsse der Besatzungsmächte haben eine Rolle gespielt und zu sehr unterschiedlichen Modellen geführt. Seit Anfang der Neunzigerjahre vollzieht sich ein Umbruch, an dessen Ende in ganz Deutschland – mit Abweichungen – die »Süddeutsche Ratsverfassung« stehen wird, so genannt, weil sie nach dem Zweiten Weltkrieg in den Ländern Baden-Württemberg und Bayern eingeführt worden ist.

Rat und Bürgermeister

Das oberste beschließende Organ einer Gemeinde ist die gewählte Vertretung der Bürger. Sie trägt unterschiedliche Bezeichnungen: Gemeinderat, Stadtrat, Gemeindevertretung, Stadtverordnetenversammlung.

Der Rat ist kein Parlament. Seine Verfahrensabläufe ähneln jedoch denen anderer Volksvertretungen. Es gibt Ausschüsse und Fraktionen, einflussreiche Ausschuss- und Fraktionsvorsitzende. Der Bürgermeister hat in der Süddeutschen Ratsverfassung eine starke Stellung. Er ist Vorsitzender des Rates und zugleich Chef der Verwaltung, schließlich auch Repräsentant und Rechtsvertreter der Gemeinde. Er wird von den Bürgern direkt gewählt und verfügt damit über eine eigenständige demokratische Legitimation. Das verstärkt seine Durchsetzungskraft, weil er seine Vorstellungen unter Berufung auf den Volkswillen in die Tat umsetzen kann.

Die Direktwahl des Bürgermeisters ist nicht das einzige basisdemokratische Element, das mit der Übernahme der Süddeutschen Ratsverfassung in ganz Deutschland eingeführt worden ist. Dazu gehört auch das Kumulieren und das Panaschieren bei den Wahlen zum Gemeinderat (→ Seite 35). Die Wähler müssen sich nicht strikt an die vorgegebenen Listen halten, sondern können als besonders geeignet eingeschätzte Kandidaten durchsetzen.

Nicht nur Großstädte wie Frankfurt am Main, auch kleine Gemeinden wie Altensteig (Kreis Calw) haben das Recht der kommunalen Selbstverwaltung

Süddeutsche Ratsverfassung

Gemeinderat
leitet
Bürgermeister als Vorsitzender des Gemeinderates und Leiter der Verwaltung
kontrolliert
besetzt
Ausschüsse
wählen
wählen
leitet
Bürgerinnen und Bürger
Verwaltung

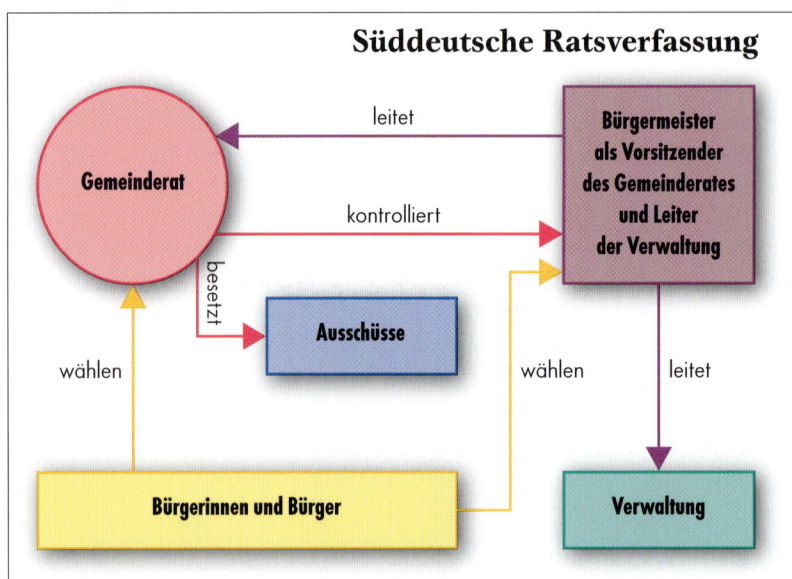

Gemeinderat und Bürgermeister werden in diesem Modell von den Bürgern direkt gewählt.
Dem Bürgermeister kommt dabei eine starke Schlüsselposition zu. Er führt den Vorsitz im Gemeinderat und leitet gleichzeitig die Verwaltung. Zudem ist er Vertreter der Gemeinde nach außen.

Beispiel einer Organisationsübersicht für Stadtverwaltungen

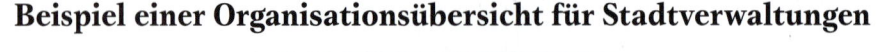

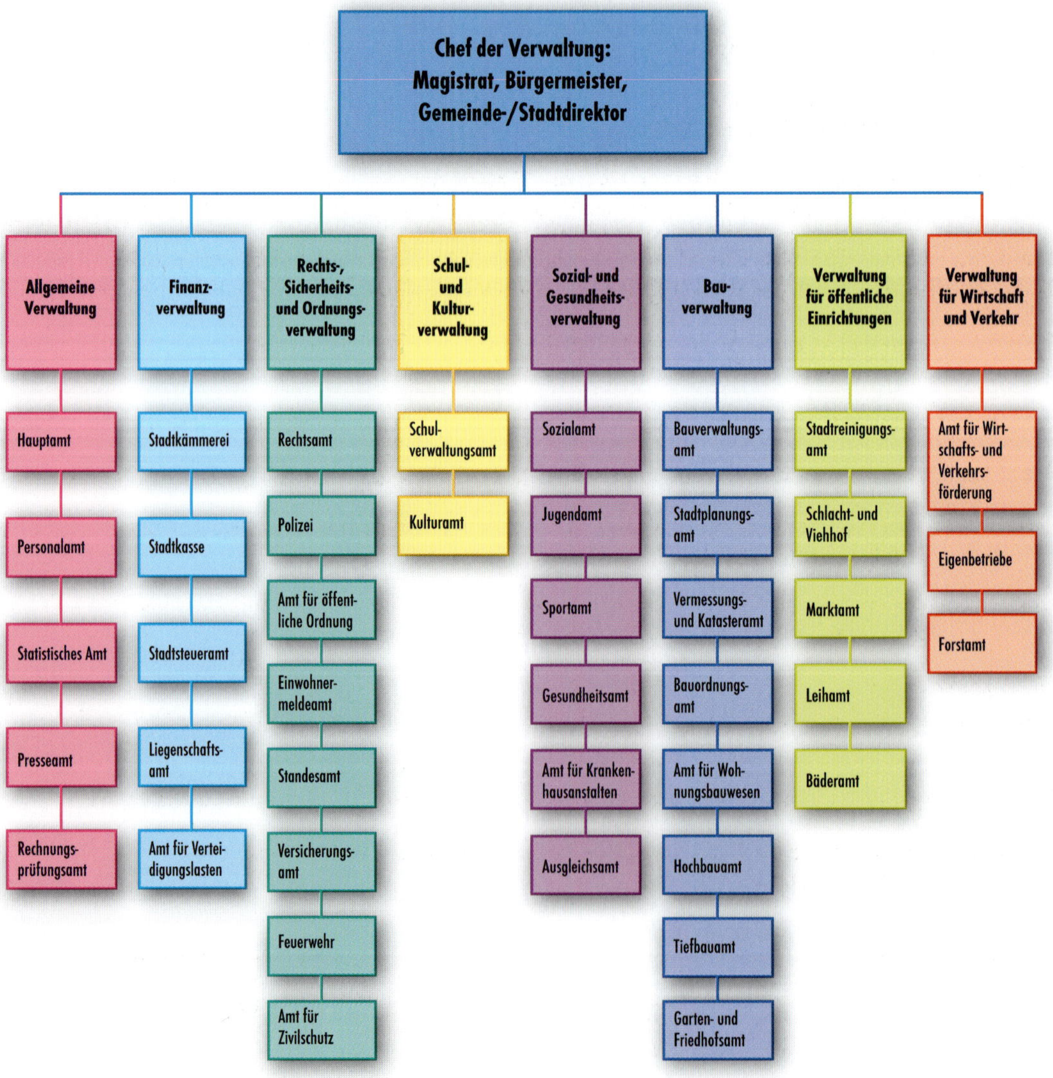

Chef der Verwaltung: Magistrat, Bürgermeister, Gemeinde-/Stadtdirektor
Allgemeine Verwaltung
Hauptamt
Personalamt
Statistisches Amt
Presseamt
Rechnungsprüfungsamt
Finanzverwaltung
Stadtkämmerei
Stadtkasse
Stadtsteueramt
Liegenschaftsamt
Amt für Verteidigungslasten
Rechts-, Sicherheits- und Ordnungsverwaltung
Rechtsamt
Polizei
Amt für öffentliche Ordnung
Einwohnermeldeamt
Standesamt
Versicherungsamt
Feuerwehr
Amt für Zivilschutz
Schul- und Kulturverwaltung
Schulverwaltungsamt
Kulturamt
Sozial- und Gesundheitsverwaltung
Sozialamt
Jugendamt
Sportamt
Gesundheitsamt
Amt für Krankenhausanstalten
Ausgleichsamt
Bauverwaltung
Bauverwaltungsamt
Stadtplanungsamt
Vermessungs- und Katasteramt
Bauordnungsamt
Amt für Wohnungsbauwesen
Hochbauamt
Tiefbauamt
Garten- und Friedhofsamt
Verwaltung für öffentliche Einrichtungen
Stadtreinigungsamt
Schlacht- und Viehhof
Marktamt
Leihamt
Bäderamt
Verwaltung für Wirtschaft und Verkehr
Amt für Wirtschafts- und Verkehrsförderung
Eigenbetriebe
Forstamt

Rat der Gemeinde Swisttal
– Bürgermeister –

An die Mitglieder
des Gemeinderates

Sehr geehrte Damen und Herren,

zu der 51. Sitzung des Rates am 16.08.1994 um 17.30, im Sitzungssaal des Rathauses in Swisttal-Ludendorf, lade ich freundlich ein.

Tagungsordnung:

Öffentlicher Teil:

Punkt 1: Feststellung der ordnungsgemäßen Einberufung,
der Tagesordnung,
der Beschlußfähigkeit.

Punkt 2: Anmerkung zur Sitzungsniederschrift des Rates vom 14.06.1994.

Punkt 3: Durchführung der Einwohnerfragestunde.

Punkt 4: Bericht über die Entwicklung der Haushaltswirtschaft im Haushaltsjahr 1994.

Punkt 5: Anzeige der über- und außerplanmäßigen Ausgaben nach dem Stande vom 30.06.1994.

Punkt 6: Genehmigung einer überplanmäßigen Ausgabe bei Haushaltsstelle 5600.5000.2 »Unterhaltung der Sportstätten«.

Punkt 7: Gewährung eines Zuschusses an den Kirchbauverein Buschhoven für die Restaurierung der denkmalgeschützten Korfmacher-Orgel in der alten Dorfkirche in Buschhoven.

Punkt 8: Übernahme der Bau- und Erstausstattungskosten sowie der laufenden Betriebskosten für die Elterninitiative Kindertagesstätte »Villa Kunterbunt« in Swisttal-Odendorf.

Punkt 9: Neuaufstellung des Flächennutzungsplanes für die Gemeinde Swisttal
– Erledigung der Anregungen und Bedenken, abschließender Beschluß –

Punkt 10: Vergabe der Bauarbeiten zur Umgestaltung der Odinstraße in Swisttal-Odendorf.

Punkt 11: Erschließung des Baugebietes »Burglindchen« in Swisttal-Heimerzheim, 4. Bauabschnitt.

Punkt 12: Mitteilung über das Ergebnis der Einwohnerversammlung zur Verkehrsproblematik durch den Bahnübergang B 56/Impekoven.

Punkt 13: Genehmigung einer Dringlichkeitsentscheidung über den Abschluß eines Vertrags zur Durchführung des Schülerspezialverkehrs.

Nichtöffentlicher Teil:

Punkt 1: Bericht über die Durchführung des Beschlüsse des Rates vom 14.06.1994 – nichtöffentlicher Teil –

Punkt 2: Verkauf des gemeindeeigenen Grundstücks Gemarkung Miel, Flur 13, Flurstück Nr. 42.

Punkt 3: Vergleich zwischen Nationalbank und Gemeinde wegen Forderungen aus Abtretung Containermiete.

Swisttal, den 05.08.1994

Mit freundlichen Grüßen

(Hein)

Landkreise

Aufgaben, die die Leistungsfähigkeit einer Gemeinde übersteigen, übernimmt der Landkreis. So unterhalten Landkreise Schulen, Krankenhäuser und Kreisstraßen. Sie sind ferner zuständig für die Müllbeseitigung und den öffentlichen Personennahverkehr. Die Institutionen der Landkreise entsprechen denen der Gemeinden. Die gewählte Vertretung ist der Kreistag, an der Spitze der Verwaltung steht der Landrat. Ebenso wie die Bürgermeister in den Städten werden in den meisten Ländern die Landräte direkt von der Bevölkerung gewählt (Ausnahme: Baden-Württemberg, Brandenburg).

Bürgerbegehren und Bürgerentscheid

In den Kommunalverfassungen aller Bundesländer gibt es Elemente direkter Demokratie. Die Bürger können dort in einem Bürgerantrag verlangen, dass eine wichtige Gemeindeangelegenheit, beispielsweise die Einrichtung eines Gymnasiums, der Bau eines Schwimmbades oder einer Stadthalle, auf die Tagesordnung des Gemeinderates gesetzt wird. Sie können darüber hinaus in einem Bürgerbegehren verlangen, dass die Entscheidung in einer solchen Angelegenheit von ihnen selbst in einer Abstimmung, dem Bürgerentscheid, getroffen wird. Der Rat kann auch von sich aus einen Bürgerentscheid ansetzen.

Alle diese Mitwirkungsrechte sind an eine Mindestbeteiligung gebunden. Einen Bürgerantrag müssen zwischen 5 und 10 Prozent der Abstimmungsberechtigten unterzeichnen, ein Bürgerbegehren muss von 10 bis 15 Prozent unterstützt werden, und um einem Bürgerentscheid zum Erfolg zu verhelfen, muss die Mehrheit 25 bis 30 Prozent der Abstimmungsberechtigten ausmachen.

Bundeswehr

Als die Bundesrepublik Deutschland 1949 gegründet wurde, besaß sie keine Streitkräfte. Zu den Kriegszielen der Alliierten gehörte, Deutschland für lange Zeit zu entwaffnen. Auch die Deutschen waren weit davon entfernt, sich so kurz nach dem Krieg wieder deutsche Soldaten zu wünschen. Der Ost-West-Konflikt und die Bedrohung durch die Sowjetunion veränderten die Lage und ließen einen deutschen Verteidigungsbeitrag notwendig erscheinen.

Nachdem die Bundesrepublik 1955 im Deutschlandvertrag die Souveränität wiedererlangt hatte, trat sie der Westeuropäischen Union und der NATO (→ Seite 129) bei und verpflichtete sich, eigene Streitkräfte aufzustellen.

Rechtsgrundlagen

Artikel 87 a
(1) Der Bund stellt Streitkräfte zur Verteidigung auf. Ihre zahlenmäßige Stärke und die Grundzüge ihrer Organisation müssen sich aus dem Haushaltsplan ergeben.
(2) Außer zur Verteidigung dürfen die Streitkräfte nur eingesetzt werden, soweit dieses Grundgesetz es ausdrücklich zuläßt.

Das Grundgesetz hatte in der vom Parlamentarischen Rat verabschiedeten Fassung in Art. 26 Abs. 1 die Vorbereitung eines Angriffskrieges verboten. Der 1956 neu eingefügte Art. 87 a erlaubt die Aufstellung von Streitkräften zur Verteidigung gegen einen bewaffneten Angriff auf das Bundesgebiet. In Verbindung mit den Art. 12a, Art. 73 Ziffer 1 und Art. 115b ist diese Verfassungsbestimmung Grundlage der so genannten Wehrverfassung, durch die die Grundentscheidung zur bewaffneten Landesverteidigung getroffen wurde.

Im Innern darf die Bundeswehr nur im Fall eines außergewöhnlichen Notstandes eingesetzt werden, der in der »Notstandsgesetzgebung« von 1968 genau definiert worden ist:
- bei einer Naturkatastrophe oder einem besonders schweren Unglücksfall (Art. 35 Abs. 2 und 3),
- im Verteidigungs- oder im Spannungsfall zum Schutz ziviler Objekte (Art. 87a Abs. 3),
- zur Abwehr von Gefahren für den Bestand des Staates oder die freiheitlich-demokratische Grundordnung beim Schutz von zivilen Objekten und bei der Bekämpfung organisierter und bewaffneter Aufständischer (Art. 87a Abs. 4).

Politische Führung und parlamentarische Kontrolle

Die Bundeswehr ist Teil der Exekutive des Bundes und untersteht ziviler Führung:
- Die Befehls- und Kommandogewalt liegt im Frieden beim Bundesminister der Verteidigung (Art. 65 a);
- im Verteidigungsfall geht sie auf den Bundeskanzler über (Art. 115 b).

Die parlamentarische Kontrolle übt der Bundestag aus durch
- das Budgetrecht (Art. 87a Abs. 1); Stärke und Organisation sind im Haushaltsplan festgelegt; es gibt keine geheimen Ausgaben;
- den Verteidigungsausschuss (Art. 45a), der als ständiger Ausschuss im Grundgesetz vorgeschrieben ist und zugleich die Rechte eines Untersuchungsausschusses hat;
- den Wehrbeauftragten (Art. 45 b) (→ Seite 66).

Auftrag und Stärke

Auftrag der Bundeswehr ist es, zusammen mit den Verbündeten einen bewaffneten Angriff auf die Bundesrepublik Deutschland abzuwehren. Bis 1989 war die Bundeswehr im Rahmen der NATO auf die Abschreckung und notfalls Abwehr einer großangelegten Aggression der Warschauer-Pakt-Staaten festgelegt. Nach der Auflösung des Warschauer Paktes und dem Zerfall der Sowjetunion ist eine solche Aggression extrem unwahrscheinlich.

Zu Beginn des 21. Jahrhunderts muss der Auftrag der Bundeswehr der veränderten sicherheitspolitischen Lage angepasst werden. Die Bundeswehr sollte auch in Zukunft fähig sein, das deutsche Territorium zu verteidigen, doch steht die klassische Landesverteidigung nicht mehr an erster Stelle ihrer Aufgaben. Im Zusammenwirken mit den Verbündeten muss die Bundeswehr weltweit auf Krisen und Konflikte angemessen reagieren. Im Jahre 2003 stehen deutsche Soldaten als Teil internationaler Schutztruppen im Kosovo, in Kuweit und in Afghanistan, Schiffe der Bundesmarine kreuzen im Arabischen Meer. Die Beteiligung der Bundeswehr an militärischen Operationen im Auftrag der UN, die bewaffnete Konflikte auch außerhalb des NATO-Gebietes verhindern oder beenden sollen, bedarf der Zustimmung des Bundestages.

Die Bundeswehr sollte ursprünglich 500 000 Soldaten umfassen. Diese Stärke hat sie nie erreicht, 1989 waren es 480 000 Mann. Der Zwei-plus-Vier-

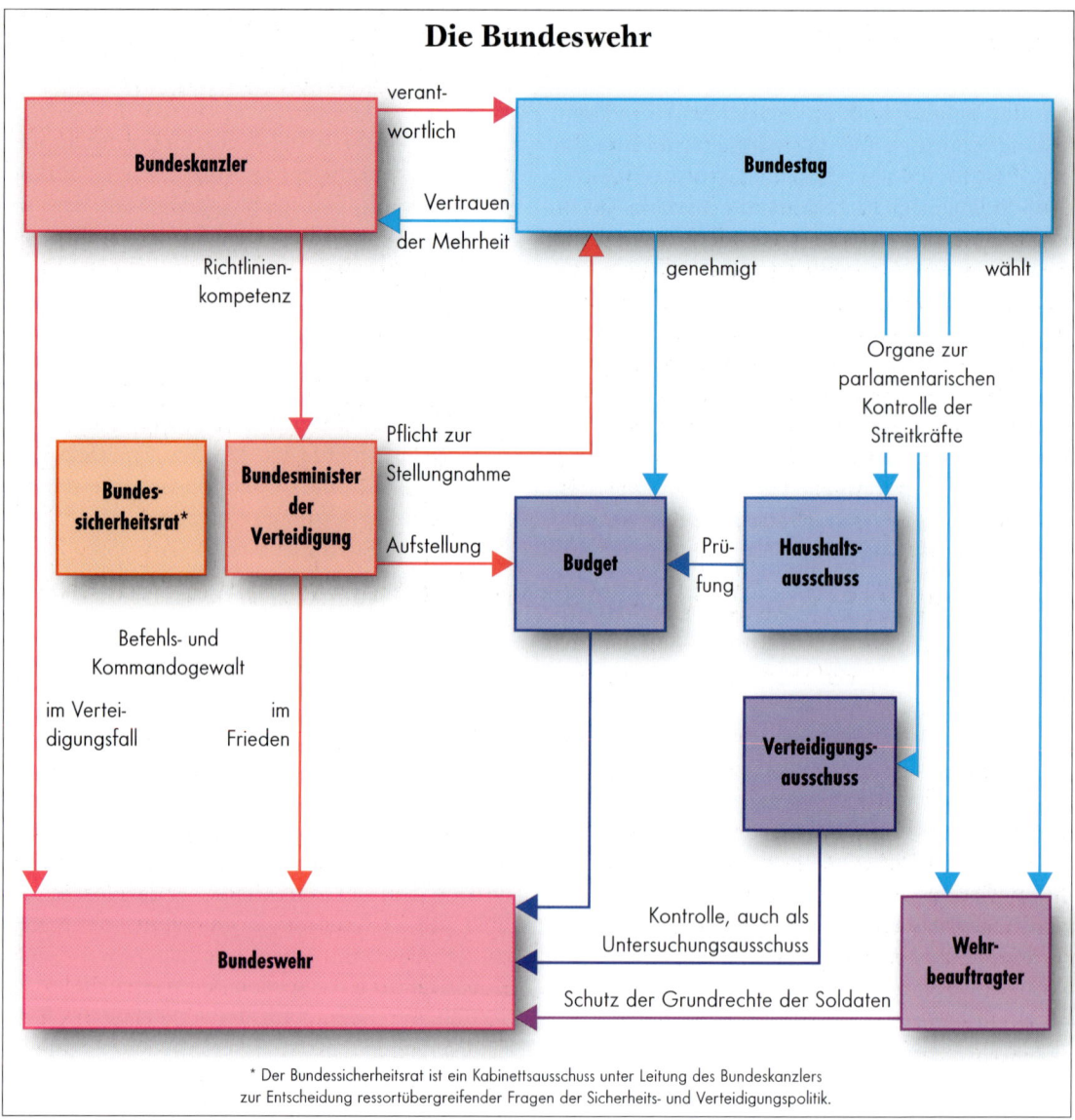

Die Bundeswehr

Bundeskanzler

verantwortlich

Bundestag

Vertrauen der Mehrheit

Richtlinienkompetenz

genehmigt

wählt

Organe zur parlamentarischen Kontrolle der Streitkräfte

Bundessicherheitsrat*

Bundesminister der Verteidigung

Pflicht zur Stellungnahme

Aufstellung

Budget

Prüfung

Haushaltsausschuss

Befehls- und Kommandogewalt

im Verteidigungsfall

im Frieden

Verteidigungsausschuss

Bundeswehr

Kontrolle, auch als Untersuchungsausschuss

Wehrbeauftragter

Schutz der Grundrechte der Soldaten

* Der Bundessicherheitsrat ist ein Kabinettsausschuss unter Leitung des Bundeskanzlers zur Entscheidung ressortübergreifender Fragen der Sicherheits- und Verteidigungspolitik.

Vertrag sah eine Reduzierung auf 370 000 Soldaten vor. Ihre tatsächliche Stärke liegt 2003 bei 285 000 Soldatinnen und Soldaten. Davon dienen 65 000 als »Krisenreaktionskräfte«, ständig einsatzbereite Truppenteile zur Konfliktverhütung und Krisenbewältigung und für internationale Friedensmissionen. Sie sollen auf 150 000 Soldaten aufgestockt werden. Die übrigen 220 000, später 135 000, gehören zu den Hauptverteidigungskräften, Kadertruppen zur Landesverteidigung, die im Spannungsfall durch Reservisten aufzufüllen sind.

Wehrpflicht

Artikel 12 a
(1) Männer können vom vollendeten achtzehnten Lebensjahr an zum Dienst in den Streitkräften, im Bundesgrenzschutz oder in einem Zivilschutzverband verpflichtet werden.

Die Bundeswehr ist eine Wehrpflichtarmee. Die allgemeine Wehrpflicht wurde 1956 eingeführt. Der Bundestag hat sich, der demokratischen Tradition folgend, die auf die Französische Revolution zurückgeht, für die Wehrpflicht und gegen eine Berufsarmee entschieden. Wehrpflichtig sind alle Männer vom 18. bis zum 45. Lebensjahr, im Verteidigungsfall bis zum 60. Lebensjahr. Seit 2001 können Frauen in allen Einheiten der Streitkräfte Dienst tun. Die Dauer des Wehrdienstes beträgt seit 1996 zehn Monate. Nach Ableistung können die Wehrpflichtigen zu Wehrübungen einberufen werden. Die Wehrpflicht kann auch durch den Dienst im Bundesgrenzschutz abgeleistet werden. Zivilschutzverbände sind bislang nicht aufgestellt worden.

Staatsbürger in Uniform

Die Bundeswehr ist Bestandteil einer demokratischen Gesellschaft. Der Dienst in der Bundeswehr wird bestimmt durch die Grundsätze der Inneren Führung. Ihr liegt das Leitbild des Staatsbürgers in Uniform zugrunde. Der Soldat soll als verantwortungsbewusster Staatsbürger seine Pflichten aus innerer Überzeugung erfüllen. Voraussetzung dafür ist, dass seine Menschenwürde geachtet wird und seine Freiheit und seine staatsbürgerlichen Rechte nur insoweit eingeschränkt werden, als der militärische Auftrag es erfordert. Soldaten haben daher das aktive und das passive Wahlrecht und die Koalitionsfreiheit, das Recht, sich zur Vertretung ihrer Interessen zusammenzuschließen.

Eine Bewährungsprobe hat die Bundeswehr und die Innere Führung bestanden, als nach der Vereinigung die Nationale Volksarmee (NVA) der DDR aufgelöst und neue Bundeswehrtruppenteile aus Angehörigen der Bundeswehr und der ehemaligen NVA aufgestellt wurden. Fast 11 000 Offiziere und Unteroffiziere der NVA wurden in die Bundeswehr übernommen und mit den Grundsätzen der Inneren Führung vertraut gemacht. Die Bundeswehrsoldaten, die mit der Zusammenfügung zweier bisher feindlicher Armeen beauftragt waren, haben diese organisatorisch und vor allem menschlich ungewöhnlich schwierige Aufgabe mit Takt und Einfühlungsvermögen gelöst und damit einen wichtigen Beitrag zur inneren Einheit geleistet. Dasselbe gilt für die Soldaten der ehemaligen NVA, die sich in ein völlig fremdes System einfügen mussten.

Kriegsdienstverweigerung/Zivildienst

Artikel 4

(3) Niemand darf gegen sein Gewissen zum Kriegsdienst mit der Waffe gezwungen werden. Das Nähere regelt ein Bundesgesetz.

Artikel 12 a

(2) Wer aus Gewissensgründen den Kriegsdienst mit der Waffe verweigert, kann zu einem Ersatzdienst verpflichtet werden. Die Dauer des Ersatzdienstes darf die Dauer des Wehrdienstes nicht übersteigen. Das Nähere regelt ein Gesetz, das die Freiheit der Gewissensentscheidung nicht beeinträchtigen darf und auch eine Möglichkeit des Ersatzdienstes vorsehen muß, die in keinem Zusammenhang mit den Verbänden der Streitkräfte und des Bundesgrenzschutzes steht.

Gelöbnis von Wehrdienstleistenden: »Ich gelobe, der Bundesrepublik Deutschland treu zu dienen und das Recht und die Freiheit des deutschen Volkes tapfer zu verteidigen.«

Das Grundgesetzt der Bundesrepublik Deutschland sieht kein Wahlrecht zwischen Wehr- und Zivildienst vor. Nur derjenige, der als Kriegsdienstverweigerer aus Gewissensgründen anerkannt ist, kann Zivildienst leisten. Das Verfahren der Überprüfung der Gewissensentscheidung ist mehrfach geändert worden. Seit 1984 gilt die gesetzliche Regelung, dass das Bundesamt für den Zivildienst über den Antrag auf Anerkennung als Kriegsdienstverweigerer entscheidet.

Kriegsdienstverweigerer leisten einen zivilen Ersatzdienst (Zivildienst). Seine Dauer betrug 1995 15 Monate, ein Viertel länger als der Wehrdienst. Diese Regelung war umstritten. Das Bundesverfassungsgericht hat entschieden, dass die längere Dauer zulässig ist, weil der Wehrdienst nicht nur den Grundwehrdienst, sondern auch Wehrübungen und die Verfügungsbereitschaft umfasst. Seit 1. Juli 2000 dauert der Zivildienst elf Monate.

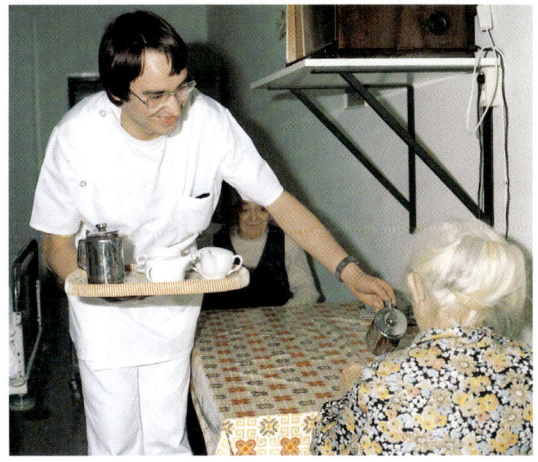

Ersatzdienstleistender im »Heinrich-Schleicher-Haus« für Altenpflege in Frankfurt-Fechenheim

Funktionen des Rechts

In der Bundesrepublik Deutschland leben die Menschen friedlich zusammen. Es herrschen Recht und Gesetz, wenn es auch keine perfekte Sicherheit vor dem Verbrechen gibt.

Das ist keineswegs selbstverständlich. In vielen Ländern der Welt herrschen keine rechtsstaatlichen Verhältnisse. In einigen Staaten hat sich die Rechtsordnung förmlich aufgelöst. In sinnlosen Kriegen wird keine Rücksicht auf die wehrlose Zivilbevölkerung genommen. Frauen, Kinder und alte Menschen werden vertrieben, terrorisiert oder getötet.

Das war in früheren Jahrhunderten in Europa nicht anders. Das ganze Mittelalter war gekennzeichnet durch Friedlosigkeit, der die »Friedensbewegungen« jener Zeit, die Gottesfriedensbewegung und die Landfriedensbewegung, nur mit geringem Erfolg entgegenzuwirken vermochten. Die Erfahrungen der mörderischen Religionskriege des 16. und 17. Jahrhunderts führten schließlich zu der Einsicht, dass die Wahrung des Friedens die wichtigste Aufgabe des Gemeinwesens sei und dass allein der Staat die Befugnis zur Gewaltausübung haben dürfe. Das staatliche Gewaltmonopol ist ein Wesensmerkmal des neuzeitlichen Staates. Später trat die Bindung der Staatsgewalt an das Gesetz hinzu. Beide zusammen begründen den Rechtsstaat.

Das Recht sichert den Frieden

Die wichtigste Funktion des Rechts ist offenkundig die Sicherung des inneren Friedens. In einer Gesellschaft gibt es unterschiedliche Interessen, die unausweichlich zu Konflikten führen. Das Recht sorgt dafür, dass sie auf friedliche Weise in einem geregelten Verfahren ausgetragen werden. Die Rechtsordnung verbietet, privat Vergeltung zu üben oder das Recht auf eigene Faust durchzusetzen. Das Opfer einer Straftat darf an dem Täter keine Rache nehmen. Ein Gläubiger darf nicht das Auto des säumigen Schuldners entwenden, um es bis zur Zahlung der Schuld als Pfand zu behalten. Der Bürger muss sich an die Gerichte wenden und sein Recht mithilfe der Staatsgewalt durchsetzen.

Bei Straftaten steht die Strafgewalt allein dem Staat zu, Anklage erhebt der Staatsanwalt. Auch bei einem zivilrechtlichen Streit setzt das Recht an die Stelle der gewaltsamen, ungeregelten Auseinandersetzung das geregelte Verfahren. Es kann seine befriedende Wirkung nur entfalten, wenn es für einen gerechten Ausgleich der Interessen sorgt. Der Gesetzgeber muss beim Erlass der Gesetze die unterschiedlichen Interessen und möglichen Konflikte vorwegnehmen. Das Recht dient so der Vorbeugung von Konflikten.

Das Mietrecht beispielsweise legt Rechte und Pflichten von Mietern und Vermietern unter Abwägung ihrer Interessen genau fest. Es regelt Voraussetzungen und Fristen einer Kündigung, Fristen und Umfang einer Mieterhöhung, Höhe und Verzinsung einer Kaution und anderes mehr.

Kommt es dennoch zum Streit, muss ein gerichtliches Verfahren eine Lösung des Konflikts herbeiführen. Sie soll möglichst von allen Beteiligten als gerecht empfunden werden. In jedem Fall setzt sie dem Konflikt ein Ende und stellt den Rechtsfrieden wieder her.

Das Recht gewährleistet die Freiheit

Das Recht sichert nicht nur den inneren Frieden, sondern gewährleistet auch die Freiheit des Einzelnen. Das erscheint auf den ersten Blick paradox, denn das Recht schränkt gerade die Freiheit auf vielfältige Weise ein.

In einer Gesellschaft, in der viele Menschen auf engem Raum zusammenleben, kann es aber keine uneingeschränkte Freiheit geben. Freiheit endet dort, wo das Recht des anderen beginnt. Die französische »Erklärung der Menschen- und Bürgerrechte« von 1789 hat das so ausgedrückt: »Die Freiheit besteht darin, alles tun zu können, was einem anderen nicht schadet. So hat die Ausübung der natürlichen Rechte eines jeden Menschen nur die Grenzen, die den anderen Gliedern der Gesellschaft den Genuss der gleichen Rechte sichern. Diese Grenzen können allein durch Gesetz festgelegt werden.«

Wenn das Recht diese Funktion nicht erfüllt, entstehen »rechtsfreie Räume«, es herrscht Willkür, unter der die Schwachen leiden.

Das Recht regelt die privaten Rechtsbeziehungen

Das Recht schützt nicht nur Frieden und Freiheit in der Gesellschaft, es stellt auch ein System von rechtlichen Regeln bereit, in dem der Einzelne seine Rechtsbeziehungen in eigener Verantwortung (autonom) gestalten kann. Die Juristen nennen das Privatautonomie.

Wenn jemand beispielsweise ein Haus bauen will, erwirbt er per Kaufvertrag zunächst ein Grundstück. Er wird als neuer Eigentümer in das Grundbuch eingetragen, damit ist sein Eigentum gesichert.

Dann schließt er Verträge mit dem Architekten und den verschiedenen Handwerkern über die Bauausführung. Ihre Leistungen kann der Bauherr mit den Mitteln des Rechts einfordern, ebenso wie seine Vertragspartner ein Recht auf die vereinbarte Bezahlung ihrer Leistungen haben. Solche Vereinbarungen sind »rechtswirksam«, die Rechtsordnung garantiert, dass sie eingehalten werden.

Derartige rechtliche Regelungen sind Bestandteil des täglichen Lebens. Jeder Kauf kommt durch einen Kaufvertrag zustande. Das Mietrecht ist ein weiteres Beispiel für rechtlich geregelte Beziehungen zwischen Vertragspartnern. Das Erbrecht sieht sogar Verfügungen über den Tod hinaus vor.

Das Recht gestaltet die Gesellschaft

Die Sicherung des Friedens und der Freiheit und die Gewährleistung der Privatautonomie sind Kernbestandteile des liberalen Rechtsstaates (→ Seite 25).

Der soziale Rechtsstaat greift darüber hinaus aktiv in alle Bereiche des persönlichen, sozialen und wirtschaftlichen Lebens ein. Gesetzliche Regelungen schützen die Schwächeren und sorgen für den Ausgleich sozialer Gegensätze.

Das Arbeitsrecht beispielsweise enthält zahlreiche Regelungen zum Schutz der Arbeitnehmer: Kündigungsschutz, Arbeitszeitbegrenzung, Lohnfortzah-

lung, Schutz vor den Gefahren des Arbeitslebens, Mutter- und Jugendschutz, Mitbestimmung.

Das Kartellrecht sichert den wirtschaftlichen Wettbewerb. Es verbietet beispielsweise Preisabsprachen von Unternehmern und soll verhindern, dass sich einzelne Unternehmen eine marktbeherrschende Position verschaffen können.

Der rasche gesellschaftliche Wandel, die begrenzten natürlichen Lebensgrundlagen, die Entwicklung neuer Technologien zwingen den Staat, steuernd und gestaltend in immer neue Lebensverhältnisse einzugreifen. Auch hier bedient sich der

Eine bronzene Bildsäule der Justitia schmückt den Gerechtigkeitsbrunnen auf dem Römerberg in Frankfurt am Main

Staat vor allem des Rechts. Dem Schutz der Umwelt beispielsweise dienen das Immissionsschutzgesetz, das Atomgesetz, das Chemikaliengesetz und andere mehr. Das Gentechnikgesetz von 1990 legt den rechtlichen Rahmen für die Anwendung der Gentechnik fest und soll vor deren Gefahren schützen.

Grundsätze der Rechtsprechung

Aufgabe der Rechtsprechung ist die Wahrung und Duchsetzung des Rechts. Dafür hat der Staat Gerichte eingerichtet. Sie entscheiden bei Rechtskonflikten zwischen Staat und Bürger und zwischen einzelnen Bürgern in einem Verfahren nach festgelegten Regeln, was rechtens ist.
Ihre Entscheidung, der Rechtsspruch, ist unanfechtbar und für alle Beteiligten bindend, sobald sie rechtskräftig ist. Notfalls kann sie zwangsweise durchgesetzt werden.
Das Grundgesetz garantiert in einer Reihe von Verfassungsbestimmungen eine Rechtsprechung nach den Prinzipien des Rechtsstaates.

Richterliche Unabhängigkeit

Die Rechtsprechung ist nach Art. 92 GG den Richtern anvertraut. Richter sind unabhängig und nur dem Gesetz unterworfen (Art. 97 GG). Sie unterliegen bei der Wahrnehmung ihrer Aufgaben keinerlei Weisungen.
Ein Richter muss auch dann nach dem Gesetz entscheiden, wenn es seiner Rechtsauffassung widerspricht. Hält ein Richter in einem konkreten Einzelfall das anzuwendende Gesetz für nicht vereinbar mit dem Grundgesetz, muss er nach Art. 100 GG eine Entscheidung des zuständigen Verfassungsgerichts einholen. Das ist bei Landesgesetzen das Landesverfassungsgericht, bei Bundesgesetzen das Bundesverfassungsgericht (→ konkrete Normenkontrolle, Seite 116).
Richter können nicht abgesetzt oder versetzt werden. Eine Dienstaufsicht sorgt lediglich dafür, dass sie ihre Amtsgeschäfte ordnungsgemäß erledigen. Nur bei schweren Dienstpflichtverletzungen, etwa Unterschlagung von Beweismaterial, kann ein Richter entlassen werden.
Die richterliche Unabhängigkeit soll eine unparteiische Rechtsprechung sichern. Darüber hinaus enthält das Grundgesetz eine Anzahl von Bestimmungen, die dem Schutz des Bürgers in einem Gerichtsverfahren dienen, die so genannten justiziellen Grundrechte (Art. 101, 103, 104 GG).

Recht auf den gesetzlichen Richter

Artikel 101
(1) Ausnahmegerichte sind unzulässig. Niemand darf seinem gesetzlichen Richter entzogen werden.
(2) Gerichte für besondere Sachgebiete können nur durch Gesetz errichtet werden.

Das Grundgesetz verbietet Ausnahmegerichte. Es darf beispielsweise keine Sondergerichte geben, die nur politische Straftaten oder nur Sittlichkeitsdelikte aburteilen. Durch Gesetz ist geregelt, welches Gericht für eine Sache zuständig ist, zum Beispiel das Amtsgericht, das Verwaltungsgericht, das Arbeitsgericht.
Auch innerhalb der Gerichte legt ein Geschäftsverteilungsplan fest, welcher Richter einen Fall zu übernehmen hat. Es wäre unzulässig, einen Fall dem nach dem Geschäftsverteilungsplan zuständigen Richter zu entziehen und einem anderen zu übertragen, weil dieser als besonders streng oder milde gilt. Hierzu gehört auch das Recht, einen Richter wegen Befangenheit abzulehnen. Es kommt nicht darauf an, ob der Richter wirklich befangen ist, schon die begründete Vermutung, er könne nicht objektiv entscheiden, genügt zur Antragstellung. Über den Antrag entscheidet ein Gericht.

Anspruch auf rechtliches Gehör

Artikel 103
(1) Vor Gericht hat jedermann Anspruch auf rechtliches Gehör.

Wer vor Gericht steht, als Partei in einem Zivilprozess oder als Angeklagter in einem Strafverfahren, muss Gelegenheit haben, sich zu dem Sachverhalt zu äußern. Das Gericht darf nur solche Tatsachen berücksichtigen, zu denen alle Beteiligten Stellung nehmen konnten.
Der Grundsatz des rechtlichen Gehörs geht auf sehr alte Rechtstraditionen zurück und findet einen prägnanten Ausdruck in der römischen Formel »Audiatur et altera pars« (Auch die andere Seite soll gehört werden). Drei Viertel aller Verfassungsbeschwerden nach Art. 93 Abs. 4 a haben eine Verletzung dieses Grundsatzes zum Gegenstand (→ Seite 116).

Garantien für das Strafverfahren

Artikel 103
(2) Eine Tat kann nur bestraft werden, wenn die Strafbarkeit gesetzlich bestimmt war, bevor die Tat begangen wurde.

Zu den elementaren Grundsätzen eines Rechtsstaates gehören zwei Garantien, die für das Strafverfahren gelten: das Verbot der Rückwirkung und das Verbot der Doppelbestrafung.
Die präzise Formulierung von Art. 103 Abs. 2, der »Magna Charta des Strafrechts«, geht auf den römischen Rechtsgrundsatz »Nullum crimen, nulla poena sine lege« (Kein Verbrechen, keine Strafe ohne Gesetz) zurück.
Das Rückwirkungsverbot hatte und hat eine zentrale Bedeutung bei der Ahndung von Verbrechen des nationalsozialistischen Herrschaftssystems und des SED-Staates. Täter können nur wegen solcher Verbrechen zur Rechenschaft gezogen werden, die auch damals schon strafbar waren, das gilt zum Beispiel für Mord.

Artikel 103
(3) Niemand darf wegen derselben Tat auf Grund der allgemeinen Strafgesetze mehrmals bestraft werden.

Ein rechtmäßig bestrafter oder freigesprochener Täter kann wegen derselben Tat nicht noch einmal angeklagt werden. Nur bei besonders schwerwiegenden Gründen, etwa wenn entscheidende neue Beweismittel beigebracht werden, ist eine Wiederaufnahme des Verfahrens zulässig. Ein Wiederaufnahmeverfahren kann zu einer schwereren Bestrafung oder auch zu einer milderen Strafe bzw. zu einem Freispruch des Verurteilten führen.
Art. 104 GG legt im Einzelnen fest, unter welchen Voraussetzungen die Freiheit einer Person eingeschränkt oder entzogen werden kann. Die historischen Wurzeln dieser Rechte reichen bis zu der englischen Habeas-Corpus-Akte von 1679 zurück:

> »Zur Verhütung von ungerechter Schikane durch wiederholte Verhaftung wegen desselben Vergehens wird angeordnet, dass niemand, der aufgrund eines Habeas-Corpus-Erlasses auf freien Fuß gesetzt wird, zu irgendwelcher Zeit danach von irgend jemandem wegen desselben Vergehens erneut eingekerkert oder in Haft genommen werden darf, es sei denn aufgrund eines gesetzmäßigen (Gerichts-)Behelfs und eines Verfahrens vor dem Gerichtshof, vor dem zu erscheinen er aufgrund schriftlicher Verpflichtung gebunden ist.«

Blick in ein Amtsgericht während eines Strafprozesses

Rechtsgarantien bei Freiheitsentziehung

Artikel 104
(1) Die Freiheit der Person kann nur auf Grund eines förmlichen Gesetzes und nur unter Beachtung der darin vorgeschriebenen Formen beschränkt werden. Festgehaltene Personen dürfen weder seelisch noch körperlich misshandelt werden.
(2) Über die Zulässigkeit und Fortdauer einer Freiheitsentziehung hat nur der Richter zu entscheiden. Bei jeder nicht auf richterlicher Anordnung beruhenden Freiheitsentziehung ist unverzüglich eine richterliche Entscheidung herbeizuführen. Die Polizei darf aus eigener Machtvollkommenheit niemanden länger als bis zum Ende des Tages nach dem Ergreifen in eigenem Gewahrsam halten. Das Nähere ist gesetzlich zu regeln.
(3) Jeder wegen des Verdachtes einer strafbaren Handlung vorläufig Festgenommene ist spätestens am Tage nach der Festnahme dem Richter vorzuführen, der ihm die Gründe der Festnahme mitzuteilen, ihn zu vernehmen und ihm Gelegenheit zu Einwendungen zu geben hat. Der Richter hat unverzüglich entweder einen mit Gründen versehenen schriftlichen Haftbefehl zu erlassen oder die Freilassung anzuordnen.

Freiheitsentziehung, das Festhalten einer Person, kann nur von einem Richter angeordnet werden. Die Polizei benötigt zur Verhaftung eines Verdächtigen einen richterlichen Haftbefehl. Sie kann ihn vorläufig festnehmen, wenn er auf frischer Tat ertappt wurde oder Fluchtgefahr besteht. Spätestens am folgenden Tage muss der Festgenommene einem Richter vorgeführt werden, der über Freilassung oder Fortdauer der Haft entscheidet.

Rechtssystem

Öffentliches Recht und Privatrecht

Man teilt das Recht ein in die beiden großen Rechtsgebiete Privatrecht und öffentliches Recht. Das Privatrecht regelt die Rechtsbeziehungen der einzelnen Bürger zueinander.

Sein Kern ist das bürgerliche Recht, das im Bürgerlichen Gesetzbuch (BGB) niedergelegt ist. Es enthält Regelungen für den bürgerlichen Alltag, zum Beispiel für Kauf und Verkauf, für Pacht, Leihe und Schenkung, für Eheschließung und Ehescheidung, für Unterhaltsansprüche und Vormundschaft, für Erbschaft.

Zum Privatrecht gehören auch das Handelsrecht, das nur unter Kaufleuten gilt, und das Arbeitsrecht, soweit es die Rechtsbeziehungen zwischen Arbeitgebern und Arbeitnehmern (mit Ausnahme der Beamten) umfasst, sowie das Urheber- und Patentrecht.

Das öffentliche Recht regelt die Beziehungen des Einzelnen zur öffentlichen Gewalt (Staat, Land, Gemeinde, öffentliche Körperschaft) und die Beziehungen der öffentlichen Gewalten zueinander, zum Beispiel zwischen Bund und Ländern. Zum öffentlichen Recht gehören das Verwaltungsrecht, das Straf- und Prozessrecht sowie das Verfassungsrecht, das Staatsrecht und das Völkerrecht.

Zweige der Gerichtsbarkeit

Die rechtsprechende Gewalt ist in der Bundesrepublik Deutschland in fünf selbstständige Gerichtszweige gegliedert, die mit den Begriffen ordentliche und besondere Gerichtsbarkeit unterschieden werden.

Die »ordentliche Gerichtsbarkeit« umfasst die
◆ Zivil- und Strafgerichte,

zur »besonderen Gerichtsbarkeit« zählen
◆ Verwaltungsgerichte,
◆ Arbeitsgerichte,
◆ Sozialgerichte,
◆ Finanzgerichte.

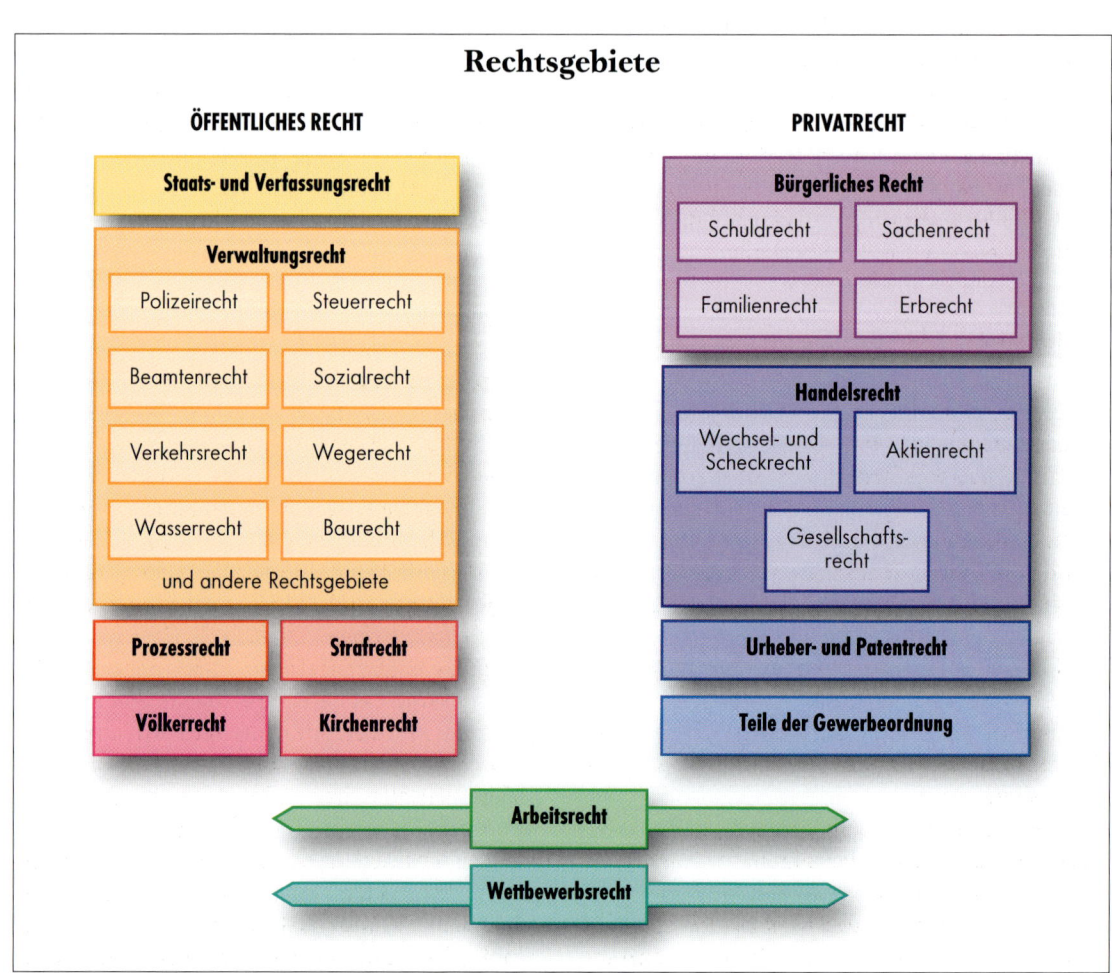

Rechtsgebiete

ÖFFENTLICHES RECHT

- Staats- und Verfassungsrecht
- Verwaltungsrecht
  - Polizeirecht
  - Steuerrecht
  - Beamtenrecht
  - Sozialrecht
  - Verkehrsrecht
  - Wegerecht
  - Wasserrecht
  - Baurecht
  - und andere Rechtsgebiete
- Prozessrecht
- Strafrecht
- Völkerrecht
- Kirchenrecht

PRIVATRECHT

- Bürgerliches Recht
  - Schuldrecht
  - Sachenrecht
  - Familienrecht
  - Erbrecht
- Handelsrecht
  - Wechsel- und Scheckrecht
  - Aktienrecht
  - Gesellschaftsrecht
- Urheber- und Patentrecht
- Teile der Gewerbeordnung

Arbeitsrecht

Wettbewerbsrecht

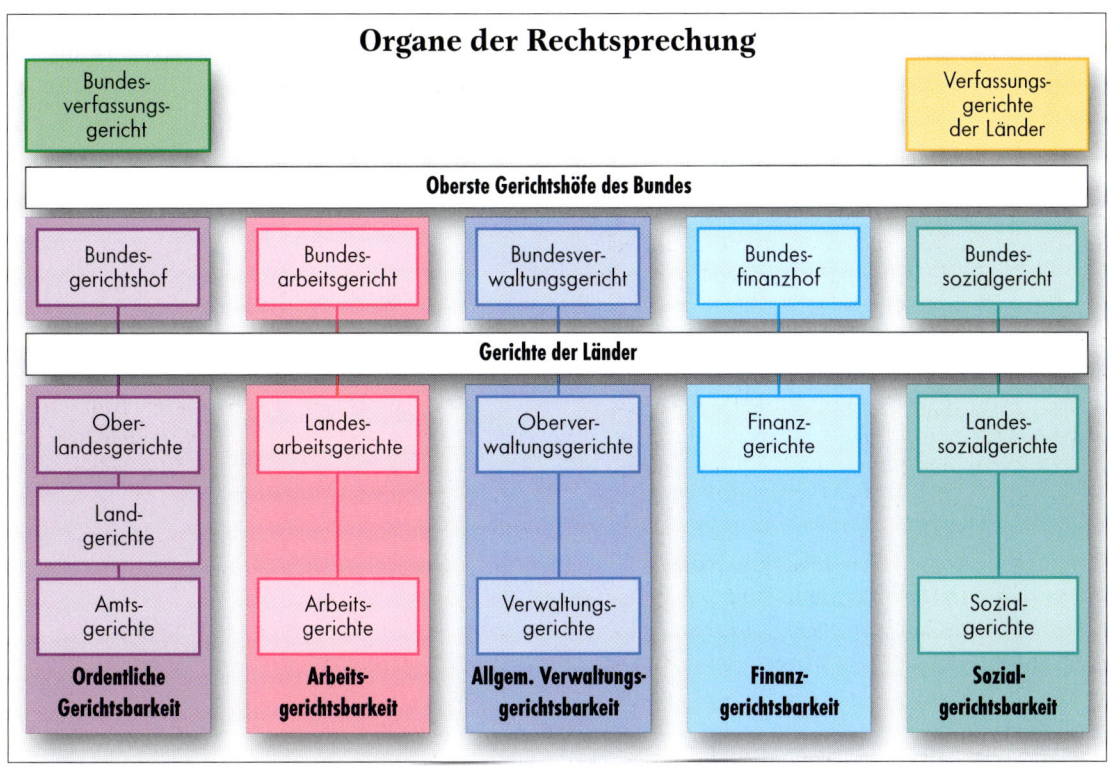

Organe der Rechtsprechung

Bundes-verfassungs-gericht				Verfassungs-gerichte der Länder
Oberste Gerichtshöfe des Bundes				
Bundes-gerichtshof	Bundes-arbeitsgericht	Bundesver-waltungsgericht	Bundes-finanzhof	Bundes-sozialgericht
Gerichte der Länder				
Ober-landesgerichte	Landes-arbeitsgerichte	Oberver-waltungsgerichte	Finanz-gerichte	Landes-sozialgerichte
Land-gerichte				
Amts-gerichte	Arbeits-gerichte	Verwaltungs-gerichte		Sozial-gerichte
Ordentliche Gerichtsbarkeit	**Arbeits-gerichtsbarkeit**	**Allgem. Verwaltungs-gerichtsbarkeit**	**Finanz-gerichtsbarkeit**	**Sozial-gerichtsbarkeit**

Die Bezeichnung »ordentliche Gerichtsbarkeit« erklärt sich historisch daraus, dass früher nur die Gerichte der Justiz, die Zivil- und Strafgerichte, mit unabhängigen Richtern besetzt waren. Dagegen wurde die Verwaltungs- und Finanzgerichtsbarkeit von weisungsgebundenen Beamten ausgeübt. Die Bezeichnung hat keinerlei Bedeutung im Hinblick auf den Rang der Gerichte.

Bundes- und Landesgerichte

In allen Gerichtszweigen gibt es jeweils Gerichte der Länder und des Bundes. Innerhalb der einzelnen Gerichtszweige bestehen mehrere Instanzen, das sind Stufen des gerichtlichen Verfahrens, die einander übergeordnet sind.
In der Regel sind es drei Instanzen, die ersten beiden sind Gerichte der Länder, die oberste Instanz ist ein Bundesgericht.
Die Instanzen der ordentlichen Gerichtsbarkeit sind Amtsgerichte, Landgerichte, die je nach Bedeutung des Falles erste oder zweite Instanz sein können, Oberlandesgerichte und der Bundesgerichtshof.
Die Verwaltungs-, Arbeits- und Sozialgerichtsbarkeit ist dreistufig, die Finanzgerichtsbarkeit zweistufig. Die obersten Instanzen sind das Bundesverwaltungsgericht, das Bundesarbeitsgericht, das Bundessozialgericht und der Bundesfinanzhof.

Für Streitigkeiten bei der gewerblichen Nutzung von Patenten, die für Erfindungen beim Bundespatentamt beantragt und erteilt werden können, ist ein Bundesgericht, das Bundespatentgericht, eingerichtet.
Eine Sonderstellung nimmt die Verfassungsgerichtsbarkeit ein (→ Seite 115).

Zivilgerichte

Zivilgerichte sind für bürgerliche (zivile) Rechtsstreitigkeiten zuständig, das sind Streitigkeiten, die zum Bereich des Privatrechts gehören.
Sie werden angerufen, wenn es Streit um einen Kaufvertrag gibt, wenn ein Schuldner seiner Zahlungspflicht nicht nachkommt, wenn ein Mieter eine Mieterhöhung für ungerechtfertigt hält. Sie scheiden Ehen und legen die Unterhaltszahlungen und das Sorgerecht für die Kinder fest. Sie entscheiden über Haftung und Schadensersatz, wenn jemand einem anderen einen Schaden zugefügt, ihn verletzt oder bestohlen hat, aber auch wenn ein öffentlicher Bediensteter seine Amtspflicht verletzt hat. Alle diese Streitigkeiten gehören zur streitigen Gerichtsbarkeit.
Zur Zivilgerichtsbarkeit gehört auch die freiwillige Gerichtsbarkeit. Sie ist vor allem für Vormundschaftssachen und Nachlassangelegenheiten zuständig (Vormundschafts- und Nachlassgerichte).

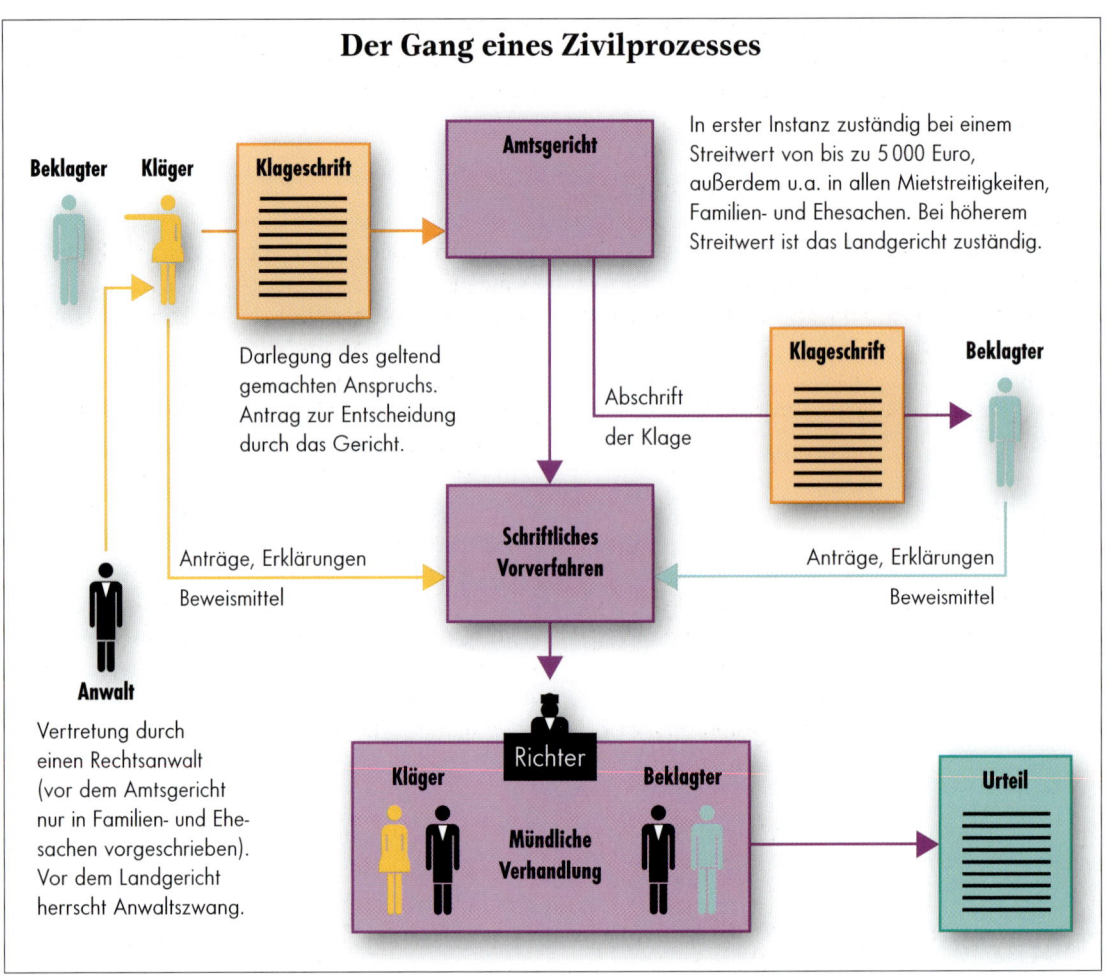

Der Gang eines Zivilprozesses

Beklagter Kläger **Klageschrift** **Amtsgericht**

In erster Instanz zuständig bei einem Streitwert von bis zu 5 000 Euro, außerdem u.a. in allen Mietstreitigkeiten, Familien- und Ehesachen. Bei höherem Streitwert ist das Landgericht zuständig.

Darlegung des geltend gemachten Anspruchs. Antrag zur Entscheidung durch das Gericht.

Abschrift der Klage

Klageschrift **Beklagter**

Schriftliches Vorverfahren

Anträge, Erklärungen
Beweismittel

Anträge, Erklärungen
Beweismittel

Anwalt

Vertretung durch einen Rechtsanwalt (vor dem Amtsgericht nur in Familien- und Ehesachen vorgeschrieben). Vor dem Landgericht herrscht Anwaltszwang.

Richter
Kläger **Beklagter**
Mündliche Verhandlung

Urteil

Zivilprozess

Ein Zivilprozess beginnt mit der Erhebung einer Klage. Kläger und Beklagter heißen Parteien. Die Parteien stehen sich gleichberechtigt gegenüber. Der Kläger begründet seinen Antrag, der Beklagte bestreitet die Behauptungen insgesamt oder teilweise. Beide Parteien können Beweismittel vorlegen und Zeugen beibringen. Das Gericht prüft nur, was die Parteien vorbringen, es ermittelt nicht selbst von Amts wegen. Man spricht deshalb im Zivilprozess von Parteiherrschaft.

Instanzen

Das Amtsgericht ist die erste Instanz bei einem Streitwert bis einschließlich 5 000 Euro. Der Streitwert ist der Wert des Streitgegenstandes. Wenn nicht ohnehin eine bestimmte Geldsumme eingeklagt wird, setzt das Gericht ihn fest. Nach dem Streitwert bestimmen sich die Gerichtskosten und Anwaltsgebühren. Außerdem werden vom Amtsgericht Mietstreitigkeiten, Ehescheidungen und die sich daraus ergebenden Streitigkeiten verhan-

delt. Für alle übrigen Streitigkeiten ist das Landgericht zuständig.

Das Verfahren in der ersten Instanz endet mit einem Urteil, soweit es nicht auf andere Weise abgeschlossen wurde, etwa durch Rücknahme der Klage oder durch gütliche Einigung, einen Vergleich. Das Urteil ist rechtskräftig, wenn die Parteien keine Rechtsmittel einlegen oder wenn die Einlegung von Rechtsmitteln nicht mehr zulässig ist. Unter Rechtsmitteln versteht man die Möglichkeit, eine gerichtliche Entscheidung anzufechten und ihre Nachprüfung durch ein höheres Gericht (höhere Instanz) zu verlangen.

Berufung und Revision

Die wichtigsten Rechtsmittel sind Berufung und Revision. Bei einer Berufung überprüft die höhere Instanz sowohl den Sachverhalt als auch die rechtliche Seite des Falles, der Prozess wird neu aufgerollt. Die Berufung gegen Urteile des Amtsgerichts wird vom Landgericht verhandelt, gegen Urteile des Landgerichts vom Oberlandesgericht. Berufung kann nur eingelegt werden, wenn der Beschwerdewert (der vom Streitwert abweichen kann) 600 Euro überschreitet.

Bei der Revision wird nur geprüft, ob die Vorinstanz das Recht richtig angewandt hat. Revision kann nur gegen Berufungsurteile des Oberlandesgerichts beim Bundesgerichtshof beantragt werden.

Die Revision ist im Allgemeinen nur zulässig, wenn der Fall grundsätzliche Bedeutung hat oder wenn ein Urteil von der Entscheidung des Bundesgerichtshofes in einem ähnlich gelagerten Fall abweicht. Auf diese Weise soll gesichert werden, dass die Gesetze einheitlich ausgelegt werden.

Strafgerichte

Strafgerichte sind für die Anwendung des Strafrechts zuständig, das im Strafgesetzbuch (StGB) niedergelegt ist. Strafrechtsvorschriften enthalten aber auch viele andere Gesetze, zum Beispiel das Betäubungsmittelgesetz, das Versammlungsgesetz, das das »Vermummungsverbot« enthält, und das Außenwirtschaftsgesetz, das Waffenexporte in bestimmte Länder verbietet.

Strafprozess

Ein Strafverfahren beginnt mit der Erhebung der Anklage durch die Staatsanwaltschaft. Vorausgegangen ist ein Ermittlungsverfahren, in dem die Staatsanwaltschaft in Zusammenarbeit mit der Polizei feststellt, ob ein hinreichender Verdacht auf eine strafbare Handlung vorliegt. Ist das der Fall, so muss Anklage erhoben werden. Die Staatsanwaltschaft handelt nach dem Legalitätsprinzip, sie ist zur Verfolgung einer Straftat verpflichtet. Ausgenommen sind so genannte Antragsdelikte (Beleidigung, leichte oder fahrlässige Körperverletzung, Hausfriedensbruch und andere). Ist das Antragsdelikt zugleich ein Privatklagedelikt, wird nur dann Anklage erhoben, wenn dies im öffentlichen Interesse liegt; andernfalls bleibt dem Verletzten nur die Möglichkeit einer Privatklage.

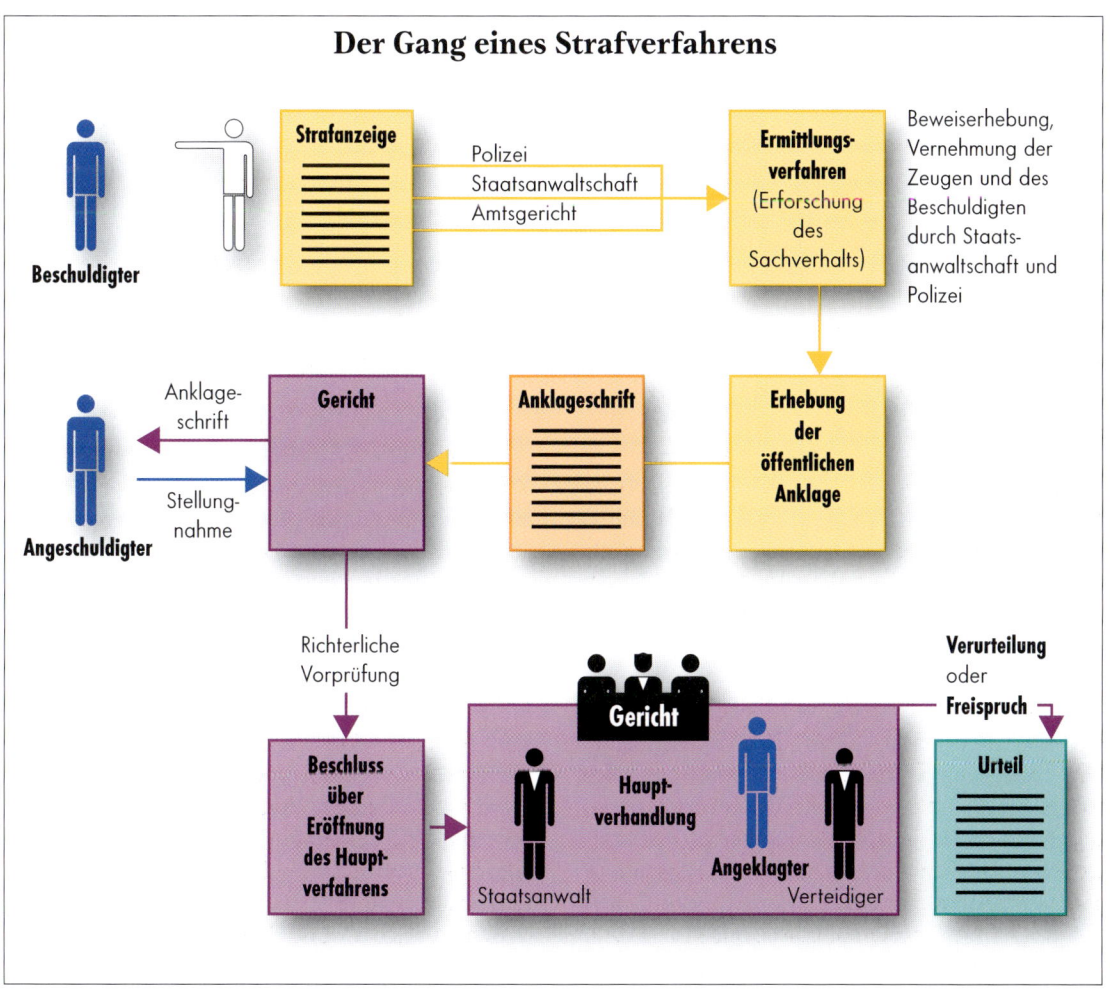

Der Gang eines Strafverfahrens

Beschuldigter — Strafanzeige — Polizei / Staatsanwaltschaft / Amtsgericht — Ermittlungsverfahren (Erforschung des Sachverhalts) — Beweiserhebung, Vernehmung der Zeugen und des Beschuldigten durch Staatsanwaltschaft und Polizei

Angeschuldigter — Anklageschrift / Stellungnahme — Gericht — Anklageschrift — Erhebung der öffentlichen Anklage

Richterliche Vorprüfung — Beschluss über Eröffnung des Hauptverfahrens — Hauptverhandlung — Gericht — Staatsanwalt / Angeklagter / Verteidiger — Verurteilung oder Freispruch — Urteil

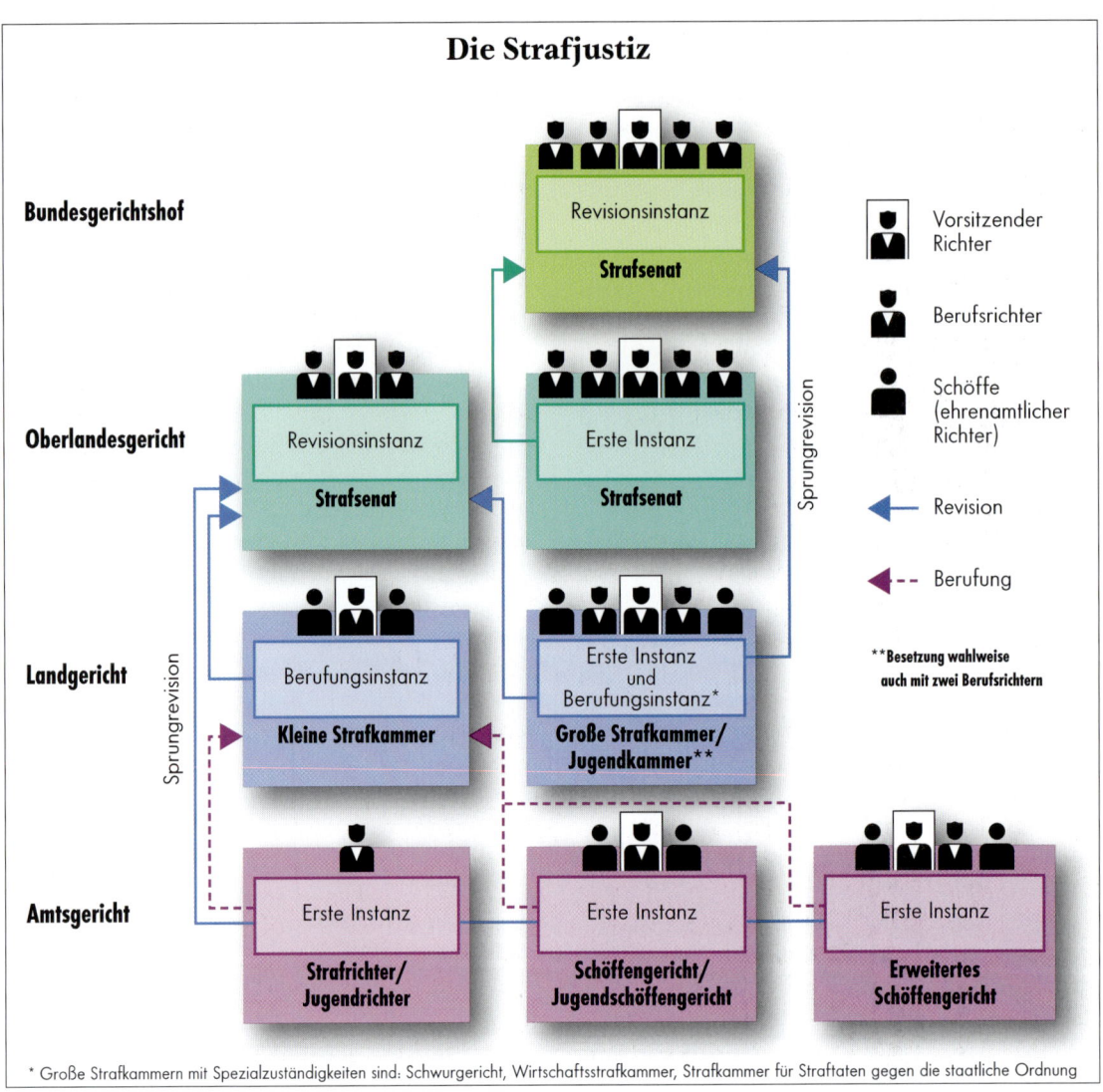

Die Strafjustiz

Bundesgerichtshof — Revisionsinstanz — Strafsenat

Oberlandesgericht — Revisionsinstanz — Strafsenat / Erste Instanz — Strafsenat

Landgericht — Berufungsinstanz — Kleine Strafkammer / Erste Instanz und Berufungsinstanz* — Große Strafkammer/ Jugendkammer**

Amtsgericht — Erste Instanz — Strafrichter/ Jugendrichter / Erste Instanz — Schöffengericht/ Jugendschöffengericht / Erste Instanz — Erweitertes Schöffengericht

Sprungrevision

Legende:
- Vorsitzender Richter
- Berufsrichter
- Schöffe (ehrenamtlicher Richter)
- ← Revision
- ◄--- Berufung

**Besetzung wahlweise auch mit zwei Berufsrichtern

* Große Strafkammern mit Spezialzuständigkeiten sind: Schwurgericht, Wirtschaftsstrafkammer, Strafkammer für Straftaten gegen die staatliche Ordnung

Ablauf des Strafverfahrens

Bei Verdacht auf eine Straftat wird ein Ermittlungsverfahren eingeleitet. Ist der Beschuldigte hinreichend verdächtig, wird das Hauptverfahren eröffnet.

Mit dem Eröffnungsbeschluss wird der Beschuldigte zum Angeklagten. Das Gericht hat den Sachverhalt zu ermitteln und dem Angeklagten seine Schuld nachzuweisen. Es ist dabei nicht an die vom Staatsanwalt vorgelegten Beweise gebunden, sondern kann selbst Beweise erheben, Zeugen vernehmen, Sachverständige heranziehen.

Der Angeklagte hat das Recht auf Verteidigung. Er kann sich durch einen Rechtsanwalt vertreten lassen, bei schweren Straftaten ist dies vorgeschrieben. Kann er den Verteidiger nicht bezahlen, bestellt das Gericht auf Staatskosten einen Pflichtverteidiger. Das Strafverfahren endet mit einem Urteil. Sofern keine Rechtsmittel eingelegt werden, wird es rechtskräftig und wird vollstreckt.

Instanzen

In erster Instanz entscheidet

- der Strafrichter als Einzelrichter bei Vergehen, wenn eine Freiheitsstrafe bis zu zwei Jahren oder eine Geldstrafe zu erwarten ist;
- das Schöffengericht beim Amtsgericht (ein oder zwei Richter, zwei Schöffen) bei Verbrechen und Vergehen mit Freiheitsstrafen bis zu vier Jahren;
- die Große Strafkammer beim Landgericht (zwei oder drei Richter, zwei Schöffen) bei schweren Verbrechen, als Schwurgericht bei Tötungsverbrechen;
- der Strafsenat beim Oberlandesgericht (fünf Richter) bei Staatsschutzsachen (Landesverrat, terroristische Gewalttaten).

Schöffen sind ehrenamtliche Richter, die nicht juristisch vorgebildet sind. Sie haben in der Verhandlung und bei der Beratung über das Urteil dieselben Rechte und Pflichten wie Berufsrichter. Durch ihre Mitwirkung soll die Lebens- und

Berufserfahrung der Bürger bei der Rechtsprechung genutzt werden.

Rechtsmittel
Gegen das Urteil kann der Verurteilte Rechtsmittel einlegen. Berufung ist nur bei Urteilen der Amtsgerichte zulässig. Gegen erstinstanzliche Urteile der Landgerichte ist nur Revision beim Bundesgerichtshof zugelassen.

Ordnungswidrigkeiten
Von Straftaten zu unterscheiden sind Ordnungswidrigkeiten. Das sind Verstöße gegen staatliche Gebote und Verbote, die nicht so schwerwiegend sind, dass eine Strafe verhängt werden müsste. Sie werden von Verwaltungsbehörden geahndet, die per Bußgeldbescheid ein Bußgeld auferlegen. Geringfügige Ordnungswidrigkeiten, deren häufigste die Geschwindigkeitsüberschreitung und das falsche Parken sind, werden mit einem Verwarnungsgeld belegt.

Jugendgerichte
Für Straftaten Jugendlicher (14–18 Jahre) gilt das Jugendstrafrecht. Es wird häufig auch bei Heranwachsenden (18–21 Jahre) angewandt. Das Jugendstrafrecht sieht Erziehungsmaßregeln vor, zum Beispiel die Weisung, eine gemeinnützige Arbeit zu verrichten, oder das Verbot, Gast- und Vergnügungsstätten zu besuchen, bis hin zur Anordnung der Fürsorgeerziehung. Reicht das nicht aus, können Zuchtmittel verhängt werden, zum Beispiel die Auflage, den Schaden wieder gutzumachen, oder Jugendarrest. Wenn wegen schwerer Schuld eine Strafe erforderlich ist, wird Jugendstrafe verhängt. Sie wird in einer Jugendstrafanstalt verbüßt und beträgt mindestens sechs Monate, höchstens zehn Jahre.

Über Verfehlungen Jugendlicher entscheiden Jugendgerichte, und zwar je nach Schwere des Falles der Jugendrichter als Einzelrichter, das Jugendschöffengericht (ein Jugendrichter, zwei Jugendschöffen) oder die Jugendkammer beim Landgericht (drei Jugendrichter, zwei Jugendschöffen).

Verwaltungsgerichte

Verwaltungsgerichte sind zuständig für Streitigkeiten zwischen den Bürgern und der Staatsgewalt. Sie bieten dem Bürger Rechtsschutz, wenn er sich durch eine Maßnahme der Verwaltung in seinen Rechten verletzt glaubt (→ Seite 88). Verwaltungsgerichte entscheiden beispielsweise, wenn gegen das Versagen einer Baugenehmigung geklagt wird. Sie können gegen die als ungerecht empfundene Benotung eines Schülers ebenso angerufen werden wie bei Auseinandersetzungen über den Bau eines neuen Flughafens, einer Autobahn oder eines Hochtemperaturreaktors.

Gegen einen als rechtswidrig empfundenen Verwaltungsakt muss der Betroffene zunächst Widerspruch einlegen. Im Widerspruchsverfahren soll die Behörde noch einmal prüfen, ob ihre Entscheidung rechtmäßig und zweckmäßig ist. Wird der Widerspruch abgelehnt, kann das Verwaltungsgericht angerufen werden.

Erste Instanz ist das Verwaltungsgericht, Berufungsinstanz das Oberverwaltungsgericht, in einigen Ländern Verwaltungsgerichtshof genannt, Revisionsinstanz das Bundesverwaltungsgericht. Bei Streitigkeiten über technische Großprojekte und bei Vereinsverboten ist das Oberverwaltungsgericht die erste Instanz.

Arbeitsgerichte

Arbeitsrechtliche Streitigkeiten ergeben sich in der Regel aus Verträgen zwischen Arbeitgebern und Arbeitnehmern und sind somit eigentlich zivilrechtliche Konflikte. Allerdings sind die Arbeitsgerichte auch für entsprechende Streitigkeiten im öffentlichen Dienst zuständig. Die Einrichtung einer besonderen Arbeitsgerichtsbarkeit, 1926 erstmals in Deutschland, trägt der besonderen Bedeutung des Arbeitslebens in der Industriegesellschaft Rechnung.

Außer für Streitigkeiten aus Arbeitsverhältnissen, zum Beispiel wegen Lohn, Kündigung, Arbeitsschutz, sind Arbeitsgerichte zuständig für Auseinandersetzungen über Mitbestimmung, zum Beispiel über Rechte des Betriebsrates, aber auch für Auseinandersetzungen zwischen Gewerkschaften und Arbeitgeberverbänden, über Tarifverträge und über die Rechtmäßigkeit eines Streiks.

Die Arbeitsgerichtsbarkeit ist dreistufig. Erste Instanz ist das Arbeitsgericht, zweite das Landesarbeitsgericht und höchste das Bundesarbeitsgericht. Arbeitsgerichte sind mit Berufsrichtern und ehrenamtlichen Richtern besetzt. Die ehrenamtlichen Richter kommen je zur Hälfte aus den Kreisen der Arbeitgeber und Arbeitnehmer.

Arbeitsgerichtsverfahren sind kostengünstiger als andere Gerichtsverfahren. Die Parteien können den Rechtsstreit selbst führen oder sich, für Mitglieder kostenlos, durch Prozessvertreter der Gewerkschaft bzw. des Arbeitgeberverbandes vertreten lassen. Vorab wird eine gütliche Einigung versucht. Einige Sondervorschriften dienen der Beschleunigung und Vereinfachung des Verfahrens.

Sozialgerichte

Sozialgerichte entscheiden über Rechtsstreitigkeiten in Angelegenheiten der Sozialversicherung, der Arbeitslosen- und Unfallversicherung, der Kriegsopferversorgung und des Kindergeldes. Beispielsweise kann das Sozialgericht angerufen werden, damit es feststellt, dass eine Arbeitsunfähigkeit Folge eines Arbeitsunfalls oder einer Berufskrankheit ist, sodass Anspruch auf eine Unfallrente besteht. Das Gericht muss den Sachverhalt von Amts wegen erforschen.

Die drei Instanzen der Sozialgerichtsbarkeit sind die Sozialgerichte, die Landessozialgerichte als Berufungs- und das Bundessozialgericht als Revisionsinstanz. In allen Instanzen wirken neben Berufsrichtern ehrenamtliche Richter mit, sie werden aus dem mit der speziellen Materie vertrauten Personenkreis berufen.

Vor Sozialgerichten, außer vor dem Bundessozialgericht, kann sich jeder selbst vertreten oder sich durch Experten einschlägiger Verbände vertreten lassen. Bei Sozialgerichtsverfahren entstehen keine Gerichtskosten.

Finanzgerichte

Finanzgerichte sind bei Streitigkeiten zwischen Bürgerinnen und Bürgern mit den Finanzbehörden zuständig. Das sind in der überwiegenden Zahl der Fälle Klagen gegen Steuerbescheide. Zuvor muss gegen einen Bescheid des Finanzamtes Einspruch eingelegt werden. Bleibt dieser erfolglos, kann Klage beim Finanzgericht erhoben werden. Gegen Urteile der Finanzgerichte ist Revision an den Bundesfinanzhof zulässig. Es gibt nur diese beiden Instanzen. Finanzgerichte sind mit drei Berufsrichtern und zwei ehrenamtlichen Richtern besetzt, der Bundesfinanzhof mit fünf Berufsrichtern.

Kritik an der Rechtsprechung

Die rechtsprechende Gewalt genießt in Deutschland hohes Ansehen. Es wird allgemein anerkannt, dass die Richter und die anderen Justizorgane nach besten Kräften die Gesetze anwenden und Recht sprechen. Dennoch gibt es vielfältige Kritik an der Rechtsprechung.

Sie richtet sich meist nicht gegen die Justizorgane, sondern gegen Missstände, die im Laufe der Zeit eingerissen sind und die letztlich der Gesetzgeber zu verantworten hat. Unter den Missständen leiden die Bürger, die in irgendeiner Weise mit den Gerichten in Berührung kommen, ebenso wie die Bediensteten der Justiz. Kritik wird gerade auch von Juristen geübt.

Dabei stehen folgende Kritikpunkte im Vordergrund:

◆ **Es gibt zu viele Gesetze:**
Ständig werden neue Gesetze verabschiedet, wird vorhandenes Recht geändert oder außer Kraft gesetzt. Immer mehr Lebensbereiche unterliegen immer komplizierteren Regelungen. Die Fachleute sprechen von einer »Normenflut«.

◆ **Die Gesetze sind zu kompliziert:**
Ihr Inhalt ist abstrakt, sie sind in einer künstlichen Sprache abgefasst und enthalten Begriffe, die im täglichen Leben nicht verwendet werden. Das Zivilrecht, das Recht des Alltagslebens, ist für den Laien kaum noch durchschaubar. Im »Paragraphendschungel« des Steuer- und Sozialrechts finden sich selbst Spezialisten nicht mehr zurecht.

◆ **Die Gerichtsverfahren dauern zu lange:**
Privatrechtliche Streitigkeiten, in denen es auf schnelle Entscheidung ankommt, werden oft erst nach langwierigen Verfahren abgeschlossen, in allzu vielen Fällen erst nach Ausschöpfung des Rechtsweges. Kritiker sprechen vom »Rechtswegestaat«. Strafprozesse werden vielfach über alle zulässigen Instanzen geführt. Manche Prozesse werden regelrecht verschleppt, durch immer neue Beweisanträge, durch zahlreiche Befangenheitsanträge, durch endloses Vorlesen von Urkunden. Es gibt Prozesse, die drei Jahre und länger dauern, enorme Kosten verursachen und dann womöglich ohne Urteil enden.

◆ **Gerichte entscheiden über politische Fragen:**
Sie greifen immer mehr in Bereiche ein, die in die Kompetenz der Legislative und der Exekutive fallen. Politische Konflikte werden zu Rechtsstreitigkeiten. Verwaltungsgerichte werden in steigendem Maße angerufen, um Maßnahmen der demokratisch legitimierten Organe, von der Anlage eines Kinderspielplatzes bis zum Bau eines Großflughafens, zu verzögern oder zu verhindern.

◆ **Gegen diese Kritik wird eingewandt:**
Die Klage über die große Zahl von Gesetzen gibt es bereits seit Einführung des Bürgerlichen

Gesetzbuches, das die Rechtsverhältnisse der Industriegesellschaft regeln sollte.

Die Gesetze sind so kompliziert, weil unsere Lebenswelt kompliziert ist.

Den Gerichten ist im politischen System auch eine politische Rolle zugewiesen.

Die Klärung politischer Fragen wird von den Politikern zunehmend den Gerichten übertragen. In der modernen Gesellschaft wird ständig neu geplant und geregelt; daher wächst die Zahl der Eingriffe in die Sphäre des Einzelnen. Vor dem Hintergrund einer sich wandelnden politischen Kultur nimmt die Bereitschaft der Bürger zu, gegen solche Eingriffe den Schutz der Gerichte anzurufen.

Justizreform

Reformen des Gerichtswesens zielen darauf ab, die Dauer der Verfahren zu verkürzen und die Gerichte zu entlasten. Um in Zivilverfahren die Zuständigkeit des Amtsgerichts zu erweitern, wurden die Streitwertgrenzen immer wieder heraufgesetzt, von 1 000 DM im Jahre 1950 bis 10 000 DM im Jahre 1993. Ebenso wurde die Berufungssumme auf 1 500 DM (bis 1991: 700 DM) erhöht. Vorschläge, die Rechtsmittel einzuschränken, etwa Amtsgerichte und Landgerichte zu einem einheitlichen Eingangsgericht zusammenzulegen, sind bisher nicht realisiert worden.

Bundesverfassungsgericht

Das Grundgesetz ist die oberste Richtschnur allen staatlichen Handelns. Eine eigene Institution, das Bundesverfassungsgericht, wacht darüber, dass Parlament, Regierung und Rechtsprechung die Verfassung einhalten. Als Hüter der Verfassung kann es jeden Akt der gesetzgebenden Gewalt, der Regierung und Verwaltung und jede Entscheidung der Gerichte auf ihre Verfassungsmäßigkeit prüfen. Dabei schützt es besonders die Grundrechte der Bürger.

Außer dem Schutz der Verfassung hat das Bundesverfassungsgericht die Aufgabe, das Grundgesetz rechtsverbindlich zu interpretieren. Eine Verfassung enthält nur grundsätzliche und allgemein formulierte Regeln. Sie muss ständig neu ausgelegt und – dem gesellschaftlichen Wandel entsprechend – fortentwickelt werden. Das Grundgesetz gilt so, wie das Bundesverfassungsgericht es auslegt. Es gibt kaum einen Artikel, zu dem keine interpretierende Entscheidung des Gerichts vorläge.

Gericht und Verfassungsorgan

»Das Bundesverfassungsgericht ist ein allen übrigen Verfassungsorganen gegenüber selbstständiger und unabhängiger Gerichtshof des Bundes.« So lautet Paragraph 1 Abs. 1 des »Gesetzes über das Bundesverfassungsgericht«. Das bedeutet, dass das Bundesverfassungsgericht einerseits ein Gericht und andererseits ein Verfassungsorgan ist.

Als Gericht ist es ein Teil der rechtsprechenden Gewalt. Allen anderen Gerichten gegenüber hat es eine einzigartige Stellung. Es ist das höchste Gericht des Bundes, die letzte Instanz für die Kontrolle der Verfassungsmäßigkeit des politischen Lebens. Es kann die Entscheidungen aller anderen Gerichte aufheben, wenn sie der Prüfung auf die Verfassungsmäßigkeit nicht standhalten. Seine Entscheidungen sind für alle verbindlich. Soweit sie die Rechtswirksamkeit von Bundes- und Landesgesetzen betreffen, haben sie sogar Gesetzeskraft und werden im Bundesgesetzblatt verkündet.

Die herausragende Bedeutung des Bundesverfassungsgerichts kommt darin zum Ausdruck, dass es ein Verfassungsorgan ist, gleichen Ranges mit den anderen Verfassungsorganen, dem Bundestag, dem Bundesrat, der Bundesregierung und dem Bundespräsidenten.

Zuständigkeit

Das Bundesverfassungsgericht wird nicht von sich aus tätig, sondern nur auf Antrag, es muss von einer Person oder Institution angerufen werden.

Seine Zuständigkeit ist in verschiedenen Artikeln des Grundgesetzes geregelt, die wesentlichen Aufgaben sind in den umfangreichen Art. 93 und 100 detailliert aufgeführt.

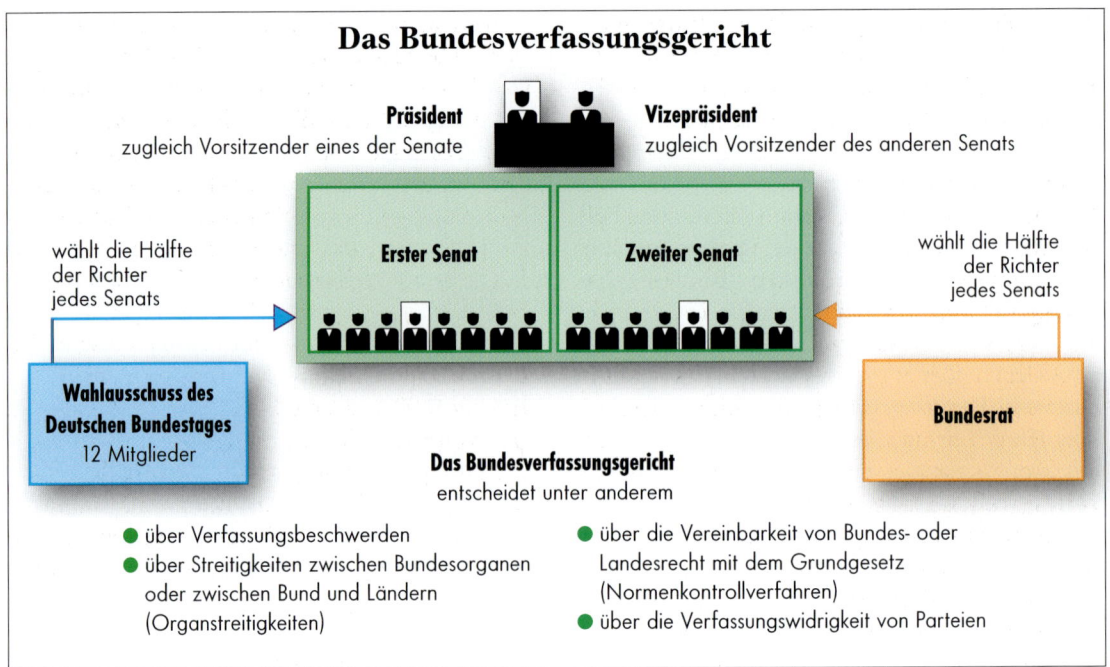

Das Bundesverfassungsgericht

Präsident
zugleich Vorsitzender eines der Senate

Vizepräsident
zugleich Vorsitzender des anderen Senats

Erster Senat

Zweiter Senat

wählt die Hälfte
der Richter
jedes Senats

wählt die Hälfte
der Richter
jedes Senats

**Wahlausschuss des
Deutschen Bundestages**
12 Mitglieder

Bundesrat

Das Bundesverfassungsgericht
entscheidet unter anderem

- über Verfassungsbeschwerden
- über Streitigkeiten zwischen Bundesorganen
  oder zwischen Bund und Ländern
  (Organstreitigkeiten)
- über die Vereinbarkeit von Bundes- oder
  Landesrecht mit dem Grundgesetz
  (Normenkontrollverfahren)
- über die Verfassungswidrigkeit von Parteien

◆ Verfassungsbeschwerde

Mit einer Verfassungsbeschwerde kann jeder Bürger das Gericht anrufen, der glaubt, durch die öffentliche Gewalt in seinen Grundrechten verletzt worden zu sein (→ Seite 16). Das kann ein Verwaltungsakt, eine Gerichtsentscheidung oder auch ein Gesetz sein.

Seit Gründung des Gerichts im September 1951 sind bis Ende 2001 rund 131 000 Verfassungsbeschwerden eingegangen. Die tatsächliche Verletzung von Grundrechten ist seltener, als diese Flut von Beschwerden vermuten lassen könnte. Nur 3 268, das sind 2,5 Prozent aller Verfassungsbeschwerden, waren erfolgreich.

Verfassungsbeschwerde kann erst dann eingelegt werden, wenn der Rechtsweg ausgeschöpft ist, das heißt, wenn zuvor alle Instanzen des zuständigen Gerichts angerufen worden sind. Kammern, die mit je drei Bundesverfassungsrichtern besetzt sind, prüfen jede eingereichte Beschwerde auf ihre Zulässigkeit. Die Kammer kann die Beschwerde einstimmig annehmen oder ohne Begründung ablehnen, wenn sie unzulässig oder aussichtslos ist. Die weit überwiegende Mehrheit der Verfassungsbeschwerden scheitert an dieser Hürde.

Die Verfassungsbeschwerde muss schriftlich eingereicht werden. Es besteht kein Anwaltszwang. Das Verfahren ist kostenlos. Um zu verhindern, dass das Gericht in offensichtlich unbegründeten Fällen in Anspruch genommen wird, kann in Fällen von Missbrauch eine Gebühr von 2 600 Euro auferlegt werden.

◆ Normenkontrolle

Von großer politischer Bedeutung ist die Zuständigkeit des Bundesverfassungsgerichts für die Normenkontrolle. Es kontrolliert, ob ein Gesetz, eine Norm, mit dem Grundgesetz übereinstimmt. Es gibt zwei Arten von Verfahren der Normenkontrolle:

Konkrete Normenkontrolle

Wenn ein Gericht bei der Verhandlung eines konkreten Falles zu der Überzeugung gelangt, dass das anzuwendende Gesetz nicht mit dem Grundgesetz vereinbar ist, muss es das Verfahren unterbrechen und die Entscheidung des Bundesverfassungsgerichts (bei Landesgesetzen des Landesverfassungsgerichts) einholen.

So haben beispielsweise 1992 mehrere Gerichte das Bundesverfassungsgericht angerufen, weil sie es für verfassungswidrig hielten, den Umgang mit Haschisch, vom Besitz über die Weitergabe bis zum Handel, unter Strafe zu stellen. In seinem viel diskutierten »Haschisch-Urteil« hat das Bundesverfassungsgericht entschieden, dass das einschlägige »Betäubungsmittelgesetz« verfassungsgemäß ist, das Besitz und Handel mit Haschisch verbietet. Lediglich der Eigenverbrauch geringer Mengen von Haschisch kann straffrei bleiben.

In seinem »Extremistenurteil« von 1975 zur Beschäftigung von Extremisten im öffentlichen Dienst hat das Bundesverfassungsgericht Stellung genommen, nachdem es von einem Landesverwaltungsgericht angerufen worden war (→ Öffentlicher Dienst, Seite 87f.).

Das Bundesverfassungsgericht ist bei Anträgen auf konkrete Normenkontrolle besonders zurückhaltend und überprüft streng die Zulässigkeit. In der Mehrzahl der Fälle wird der Antrag zurückgenommen.

Abstrakte Normenkontrolle

Auf Antrag der Bundesregierung, einer Landesregierung oder mindestens eines Drittels der Bundestagsabgeordneten prüft das Bundesverfassungsgericht, ob Bundesrecht oder Landesrecht mit dem Grundgesetz übereinstimmt. Das Gericht entscheidet in solchen Verfahren »abstrakt« über die Verfassungsmäßigkeit eines Gesetzes oder eines Vertrages, bevor das Gesetz in einem »konkreten« Fall angewendet worden bzw. der Vertrag rechtsgültig geworden ist.

Hier geht es um Entscheidungen in wichtigen Fragen, oftmals um zentrale politische Kontroversen. In der Regel wird das Gericht von der parlamentarischen Opposition, entweder von der Bundestagsfraktion oder von einer Landesregierung gleicher parteipolitischer Färbung, gegen Entscheidungen der regierenden Mehrheit angerufen. In anderen Fällen klagt die Bundesregierung gegen eine Landesregierung.

So klagte die sozialdemokratische Opposition 1952/53 erfolglos gegen einen deutschen Verteidigungsbeitrag. Eine Normenkontrollklage der bayerischen Staatsregierung 1973 gegen den Grundlagenvertrag mit der DDR wurde abgewiesen, das Gericht legte aber den Vertrag in wichtigen Punkten einschränkend aus. Gesetze in Hamburg und Schleswig-Holstein, die Ausländern das kommunale Wahlrecht einräumen sollten, wurden 1990 vom Bundesverfassungsgericht für verfassungswidrig und damit für nichtig erklärt. Das Gericht hat festgestellt, dass nach dem Grundgesetz nur Deutsche ein Wahlrecht auf Bundes-, Länder- und auch auf kommunaler Ebene ausüben können. Wer Staatsangehöriger eines Mitgliedsstaates der Europäischen Union ist, hat jedoch seit dem 1. November 1993 nach dem EU-Vertrag das Recht, sich bei Wohnsitz in einem Mitgliedsstaat an dessen Kommunal- und Europawahlen zu beteiligen.

Normenkontrollverfahren waren auch die Streitigkeiten um das Mitbestimmungsgesetz von 1976, die Kriegsdienstverweigerung, die Abtreibung und das Asylrecht.

Meinungsverschiedenheiten zwischen Verfassungsorganen

Verfassungsstreitigkeiten zwischen Verfassungsorganen sind verhältnismäßig selten.

Dabei geht es um Meinungsverschiedenheiten über die Rechte und Pflichten von Bund und Ländern oder um Streitigkeiten zwischen Ländern. Antragsberechtigt sind Bundesregierung oder Landesregierungen.

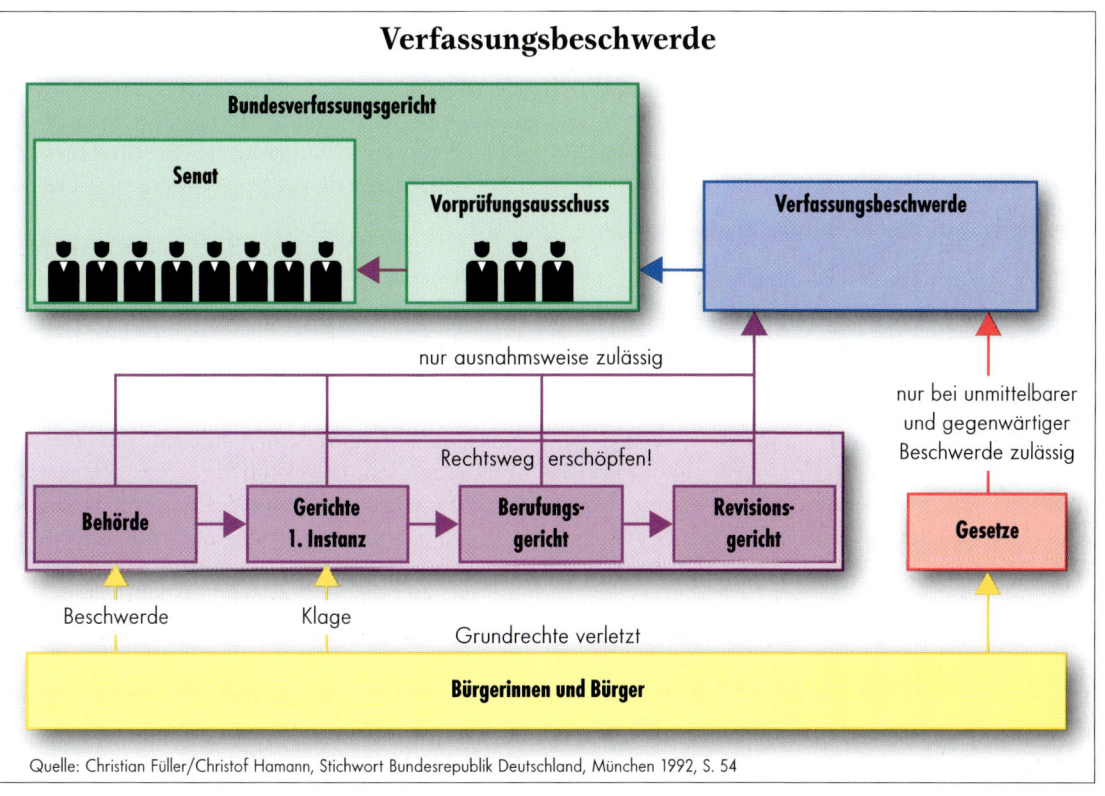

Quelle: Christian Füller/Christof Hamann, Stichwort Bundesrepublik Deutschland, München 1992, S. 54

Auf eine Klage der hessischen Landesregierung hin erging das »Fernsehurteil« von 1961, in dem eine von der Bundesregierung in Aussicht genommene Bundesfernsehanstalt für verfassungswidrig erklärt wurde.

Streitigkeiten zwischen Verfassungsorganen des Bundes nennt man Organstreitigkeiten. Prozessparteien können die obersten Bundesorgane (Bundestag, Bundesrat, Bundesregierung, Bundespräsident), aber auch Bundestagsfraktionen und einzelne Abgeordnete, zu bestimmten Streitfragen (Zulassung zur Wahl, Parteienfinanzierung, Fünfprozentklausel) auch Parteien sein.

Eine Organklage wurde beispielsweise von vier Bundestagsabgeordneten angestrengt, als Bundeskanzler Kohl 1983 mit dem Instrument der Vertrauensfrage die Auflösung des Bundestages herbeiführte. Die Frage, ob nicht auf diesem Wege faktisch die Selbstauflösung des Bundestages eingeführt worden sei, die im Grundgesetz nicht vorgesehen ist, wurde vom Bundesverfassungsgericht verneint.

Organklagen waren auch die Klagen der SPD- und FDP-Bundestagsfraktionen gegen die Bundeswehreinsätze in Somalia und bei der militärischen Überwachung des Embargos gegen Serbien, über die 1994 vom Bundesverfassungsgericht entschieden worden ist. Von den weiteren Zuständigkeiten des Bundesverfassungsgerichts ist vor allem die Aufgabe zu erwähnen, über die Verfassungsmäßigkeit von Parteien zu entscheiden und gegebenenfalls ein Parteiverbot auszusprechen (→ Seite 40).

Organisation und Richterwahl

Das Bundesverfassungsgericht besteht aus zwei Senaten mit je acht Richtern. Die Richter jedes Senates werden je zur Hälfte durch einen Wahlausschuss des Bundestages (zwölf Abgeordnete) und vom Bundesrat jeweils mit Zweidrittelmehrheit gewählt. Die Amtsdauer der Richter beträgt zwölf Jahre, höchstens bis zum 68. Lebensjahr. Eine Wiederwahl ist nicht zulässig.

Die Bedeutung des Gerichts macht die Besetzung jeder Richterstelle zu einem Politikum. Die Kandidaten werden nach einem Proporz von den Fraktionen ausgehandelt. Dabei kommt es gelegentlich zu heftigen Kontroversen, die teilweise in der Öffentlichkeit ausgetragen werden. Das Erfordernis der Zweidrittelmehrheit zwingt zu Kompromissen und schließt die Wahl von parteipolitisch besonders exponierten Kandidaten aus.

Die Nähe zu einer Partei hat sich als viel weniger bedeutungsvoll erwiesen, als der Parteienstreit vermuten ließe. Es besteht Übereinstimmung darüber, dass bei der Auswahl der Richter die fachliche Qualifikation die entscheidende Rolle spielt.

Zwischen Recht und Politik

Das Bundesverfassungsgericht genießt ein hohes Maß an Respekt und Ansehen. Umfragen zeigen, dass ihm die Bürger mehr Vertrauen entgegenbringen als den meisten anderen staatlichen Institutionen.

Es gibt auch Kritik am Bundesverfassungsgericht. Ihm wird vorgeworfen, es urteile über Fragen, die eigentlich in die Kompetenz des Bundestages fallen, es politisiere die Justiz oder verrechtliche die Politik.

Naturgemäß können sich Klagen vor dem Bundesverfassungsgericht nur gegen bestehende Gesetze oder gegen Entscheidungen der Exekutive richten. Daher ist es in der Regel die Opposition, die das Gericht gegen Beschlüsse der Regierungsmehrheit anruft, um sie auf diesem Wege zu korrigieren, und es ist die Regierungsmehrheit, die sich darüber beklagt.

Tatsächlich sind in der Geschichte der Bundesrepublik die großen politischen Kontroversen und viele weniger wichtige Streitfragen mit verfassungsrechtlichen Argumenten vor dem Bundesverfassungsgericht ausgetragen worden.

Die Problematik der gerichtlichen Entscheidung politischer Konflikte wird vom Bundesverfassungsgericht sehr wohl gesehen. Es bekennt sich zu dem Grundsatz richterlicher Selbstbeschränkung

Vertrauen in öffentliche Institutionen (in %)

Institutionen	1982	1990	1993	1995	1999
Bundesverfassungsgericht	82	84	73	69	74
Polizei	-	83	76	73	77
Schulen	70	76	73	77	75
Hochschulen	69	77	75	80	80
Justiz	74	69	62	59	64
Bundeswehr	71	68	66	74	72
Verfassungsschutz	70	67	56	58	61
Rundfunk	74	67	61	66	72
Bundestag	61	65	44	58	43
Fernsehen	69	64	52	59	59
Kirchen	67	62	52	49	53
Städtische Behörden	68	62	55	59	53
Bundesregierung	59	61	43	53	35
Gesundheitswesen	80	68	64	70	58
Unternehmen	65	54	46	52	49
Gewerkschaften	53	44	44	47	54
Parteien	39	37	23	41	20
Zeitungen	57	51	42	56	60

Quelle: Emnid-Informationen, 3/1982, 9-10/1990; Umfrage und Analyse 11-12/1993, 7-8/1995, 11-12/1999 (judicial self-restraint), der vom amerikanischen Obersten Bundesgericht entwickelt worden ist.

In der Regel liegt es jedoch nicht im Ermessen des Gerichts, die Behandlung einer politischen Streitfrage abzulehnen, wenn es angerufen wird. Man kann auch eine zunehmende Tendenz feststellen, unpopuläre Entscheidungen dem Bundesverfassungsgericht zuzuschieben, weil sie dann in der Öffentlichkeit eher akzeptiert werden, als wenn sie vom Parlament getroffen werden. Die Auseinandersetzung um den Bundeswehreinsatz außerhalb des NATO-Bereichs ist dafür ein aktuelles Beispiel (→ Seite 118). Das Bundesverfassungsgericht gibt allerdings immer wieder ungefragt Hinweise, wie es in bestimmten Fragen denkt. Die Referenten in den Ministerien prüfen daher Gesetzentwürfe daraufhin, ob sie bei Anrufung des Gerichts Bestand haben.

Die richterliche Selbstbeschränkung kommt nicht zuletzt darin zum Ausdruck, dass das Gericht in der Regel die Übereinstimmung von Gesetzen und Verträgen mit der Verfassung feststellt und bestätigt, was die Politik entschieden hat. Ein neueres Beipiel sind die Entscheidungen zu den Enteignungen zwischen 1945 und 1949 in der sowjetischen Besatzungszone Deutschlands. Für Besitz, der in diesem Zeitraum enteignet wurde, besteht laut Einigungsvertrag kein Anspruch auf Rückerstattung oder Entschädigung. Diese Regelung ist vom Bundesverfassungsgericht in zwei Entscheidungen 1991 und 1996 mit der – umstrittenen – Begründung bestätigt worden, anders sei die Wiedervereinigung nicht zu erreichen gewesen.

Das Gericht kann jedoch auch eine nur teilweise Verfassungswidrigkeit von Regelungen feststellen oder aber deren verfassungskonforme Auslegung für geboten erachten, wie zum Beispiel in der Entscheidung zum Grundlagenvertrag (→ Seite 117). Seit 1970 können die Bundesverfassungsrichter, wenn sie mit der Entscheidung der Mehrheit nicht übereinstimmen, ihre abweichende Meinung in einem Sondervotum kundtun und begründen. Solche Sondervoten, die naturgemäß vor allem bei besonders umstrittenen Entscheidungen des Gerichts abgegeben werden, stoßen in der Öffentlichkeit auf großes Interesse. Sie zeigen, dass der Meinungsbildungs- und Entscheidungsprozess auch in einem solchen Kollegium nicht immer einhellig verläuft. Die Verfassungsrichter bestätigen damit, dass unterschiedliche Auffassungen, die in der öffentlichen Diskussion geäußert werden, auch verfassungsrechtliche Gründe für sich in Anspruch nehmen können, selbst wenn dies im politischen Meinungsstreit oft bestritten wird. Die Autorität des Bundesverfassungsgerichts beruht darauf, dass seine Urteile von den verschiedenen politischen Richtungen akzeptiert werden. Auch wenn an einzelnen Urteilen heftige Kritik geübt wird, herrscht doch der Eindruck vor, das Gericht entscheide unparteiisch und wahre die Balance zwischen Rechtsinterpretation und politischer Wertung.

Verfassungsgerichte der Länder

In einem Bundesstaat ist die Staatsgewalt zwischen Bund und Ländern aufgeteilt. Die Länder der Bundesrepublik Deutschland haben eigene Verfassungen und eine eigene Landesgesetzgebung. Sie haben daher auch eine eigene Verfassungsgerichtsbarkeit, die selbstständig neben dem Bundesverfassungsgericht besteht. Schleswig-Holstein hat die Zuständigkeit für Verfassungsstreitigkeiten dem Bundesverfassungsgericht übertragen (nach Art. 99 GG).

Die Landesverfassungsgerichte sind wie das Bundesverfassungsgericht Hüter der Verfassung. Ihre wichtigste Aufgabe ist es, die Vereinbarkeit von Landesgesetzen mit der Landesverfassung zu überprüfen (Normenkontrolle). Darüber hinaus haben sie unterschiedliche weitere Zuständigkeiten, darunter zumeist die Entscheidung über Verfassungsbeschwerden. So entscheidet beispielsweise der Verfassungsgerichtshof in Rheinland-Pfalz darüber, ob ein Gesetz oder die sonstige Handlung eines Verfassungsorgans verfassungswidrig ist, ob ein verfassungsänderndes Gesetz unzulässig ist und ob die Voraussetzungen für eine Sozialisierung vorliegen, ferner über Beschwerden gegen Entscheidungen des Wahlprüfungsausschusses des Landtages und über Anklagen gegen Mitglieder der Landesregierung. In Nordrhein-Westfalen liegt ein Schwergewicht der Rechtsprechung des Verfassungsgerichts in der Entscheidung über Verfassungsbeschwerden der Gemeinden wegen der Verletzung ihres Selbstverwaltungsrechts.

Die Verfassungsgerichte der Länder tragen unterschiedliche Bezeichnungen. Sie heißen Staatsgerichtshof, Verfassungsgerichtshof oder Verfassungsgericht.

Da die Landesverfassungsgerichte relativ selten angerufen werden, sind die Richter in der Regel dort nicht ausschließlich tätig, sondern nehmen diese Aufgabe zusätzlich wahr. Zumeist sind es Berufsrichter, die an anderen Gerichten amtieren, zum Teil auch ehrenamtliche Richter, beispielsweise Rechtsprofessoren.

Das Grundgesetz verkündet schon in der Präambel von 1949 den Verfassungsauftrag, »als gleichberechtigtes Glied in einem vereinten Europa dem Frieden der Welt zu dienen«. In Art. 24 bekennt es sich zu einer »friedlichen und dauerhaften Ordnung in Europa und zwischen den Völkern der Welt« und ermächtigt den Bund, »Hoheitsrechte auf zwischenstaatliche Einrichtungen zu übertragen« und sich einem »System gegenseitiger kollektiver Sicherheit einzuordnen«.

Heute ist Deutschland Mitglied zahlreicher internationaler Organisationen, es ist weltweit vielfältige Verpflichtungen eingegangen.

Europarat

Als erster europäischer Zusammenschluss auf freiheitlich-demokratischer Grundlage wurde 1949 der Europarat gegründet. Die Bundesrepublik Deutschland trat 1951 bei. Seit April 2003 gehören dem Europarat 45 Staaten an, darunter 21 aus dem Bereich des ehemaligen Ostblocks.

Der Europarat ist eine beratende Körperschaft, deren Beschlüsse der Zustimmung der nationalen Regierungen bedürfen. Zahlreiche Vereinbarungen (Konventionen) verpflichten die Mitglieder zur Angleichung ihres Rechtswesens, ihrer Sozial-, Wirtschafts- und Kulturpolitik. Besonders bedeutsam ist die 1950 verabschiedete Europäische Konvention zum Schutze der Menschenrechte und Grundfreiheiten (→ Seite 17). Weitere wichtige Abkommen sind die Europäische Sozialcharta (1961) sowie verschiedene Rechtshilfeabkommen, darunter das Europäische Übereinkommen zur Bekämpfung des Terrorismus (1977).

Die wichtigsten Organe des Europarats sind die Beratende Versammlung (auch Parlamentarische Versammlung), deren Mitglieder von den Parlamenten der Mitgliedsstaaten bestimmt werden, und das Ministerkomitee, dem die Außenminister der Mitgliedsstaaten angehören. Sitz des Europarats ist Straßburg.

Europäische Union

Geschichte

Die Bundesrepublik Deutschland gehört mit Frankreich, Italien, Belgien, den Niederlanden und Luxemburg zu den Gründungsmitgliedern der Europäischen Gemeinschaft (EG). Ihre Vorgeschichte reicht bis in das Jahr 1951 zurück, als die sechs Staaten die Europäische Gemeinschaft für Kohle und Stahl (EGKS), die Montanunion, gründeten und da-

Schritte der europäischen Einigung

1957:	Verträge von Rom, unterzeichnet von Belgien, Bundesrepublik Deutschland, Frankreich, Italien, Luxemburg, den Niederlanden: Gründung der Europäischen Wirtschaftsgemeinschaft
1959:	Beginn des Zollabbaus innerhalb der Gemeinschaft
1967:	Schaffung der EG durch Zusammenlegung der Organe EWG, EGKS, EURATOM
1968:	Zollunion vollendet: Binnenzölle abgeschafft, gemeinsamer Außenzoll
1973:	EG-Beitritt Dänemarks, Irlands und Großbritanniens Freihandelsabkommen mit den EFTA-Ländern
1975:	Lomé-Abkommen: Zusammenarbeit mit den Entwicklungsländern
1979:	Europäisches Währungssystem (EWS) eingeführt Erste Direktwahl des Europäischen Parlaments
1981:	EG-Beitritt Griechenlands
1986:	EG-Beitritt Spaniens und Portugals »Einheitliche Europäische Akte« mit dem Ziel eines einheitliche Binnenmarktes unterzeichnet
1992:	Vertrag von Maastricht über die Europäische Union unterzeichnet
1993:	Europäischer Binnenmarkt weitgehend vollendet
1994:	Europäischer Wirtschaftsraum
1995:	EU-Beitritt Finnlands, Österreichs und Schwedens
1997:	Vertrag von Amsterdam zur Änderung des Vertrages über die Europäische Union unterzeichnet
1998:	Europäische Zentralbank nimmt ihre Arbeit in Frankfurt auf
1999:	Beginn der Wirtschafts- und Währungsunion
2001:	Vertrag von Nizza
2002:	Euro wird allgemeines Zahlungsmittel

mit einen gemeinsamen Markt und eine gemeinsame Industriepolitik für diese damals wichtigsten Grundstoffe vereinbarten. Die Römischen Verträge begründeten 1957 die Europäische Wirtschaftsgemeinschaft (EWG) und die Europäische Atomgemeinschaft (EURATOM). Als erste Stufe schuf die EWG schrittweise eine Zollunion, in der die Zölle im gegenseitigen Warenverkehr abgebaut wurden. Ziel war die Schaffung eines Gemeinsamen Marktes mit Freizügigkeit der Arbeitnehmer und freiem Dienstleistungs- und Kapitalverkehr. EURATOM sollte die Zusammenarbeit bei der friedlichen Nutzung der Kernenergie fördern. Die Organe der drei Gemeinschaften EGKS, EWG und EURATOM wurden 1967 zusammengelegt, seither ist die Bezeichnung Europäische Gemeinschaft üblich.

Die Europäische Gemeinschaft entwickelte eine eigene Dynamik, die sie zum Motor der wirtschaftlichen und zunehmend der politischen Integration Europas werden ließ. Ihre Attraktivität führte zu Beitrittsgesuchen weiterer Länder. 1973 wurden Großbritannien, Dänemark und Irland Mitglieder der EG, Griechenland folgte 1981, Spanien und Portugal schlossen sich 1986 der Gemeinschaft an. 1995 sind Österreich, Finnland und Schweden der Europäischen Union (EU) beigetreten, nachdem Volksabstimmungen eine Mehrheit für den Beitritt erbracht hatten. Die Norweger haben sich mit Mehrheit gegen den Beitritt entschieden.

18. April 1951: Unterzeichnung des Vertrages über die Einrichtung der Europäischen Gemeinschaft für Kohle und Stahl (Montanunion) in Paris

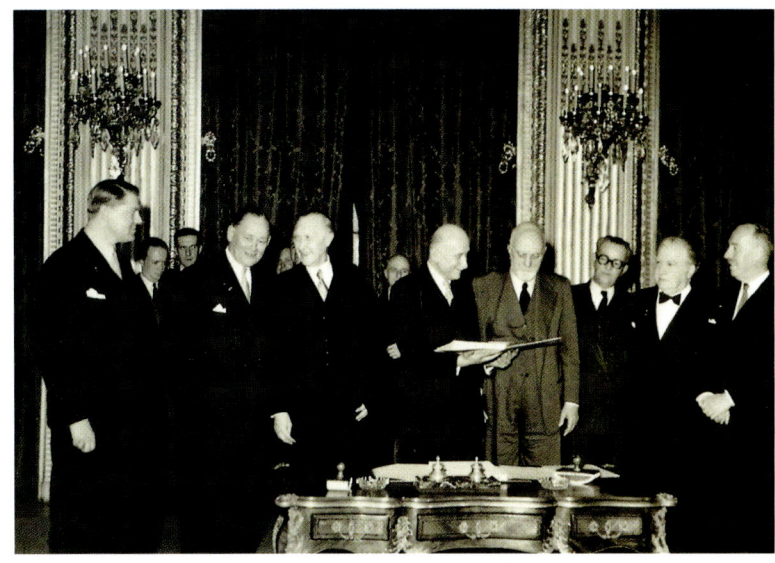

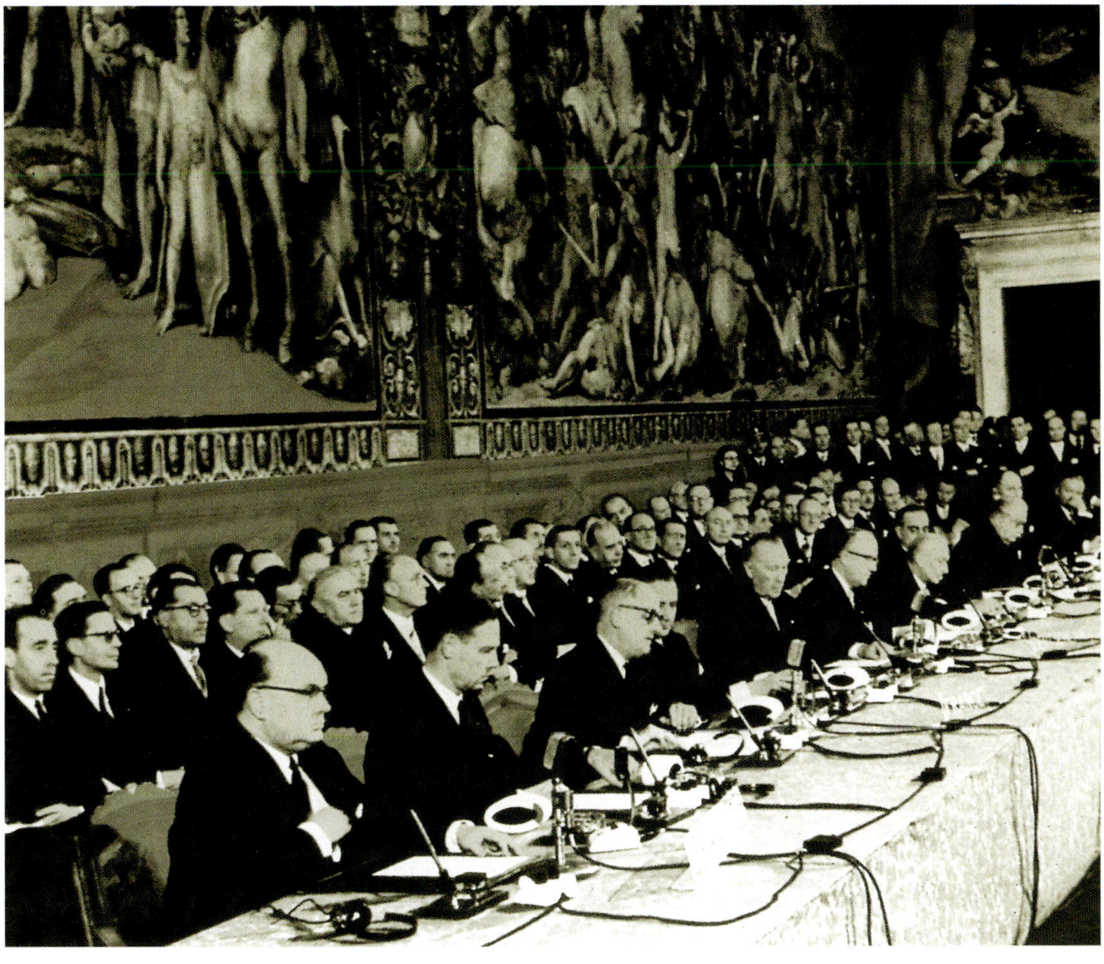

25. März 1957 in Rom: Die Verträge zur Gründung von EWG und EURATOM werden unterzeichnet (Bundeskanzler Adenauer in der ersten Reihe, Fünfter von links)

Die Europäische Union

Reykjavik
Island

Schweden

Finnland

Norwegen

Helsinki

Oslo

Stockholm

Russland

Tallinn
Estland

Moskau

Lettland
Riga

Litauen
Vilnius

Minsk

Dänemark

Kopenhagen

Weißrussland

**Groß-
britannien**

Niederlande
Amsterdam

Deutschland

Berlin

Polen

Warschau

Irland
Dublin

London

Brüssel **Belgien**

Kiew

Ukraine

Luxemburg

Paris

Frankreich

**Tschechische
Republik**

Prag

Slowakei
Bratislava

Budapest

Moldawien
Chisinau

Wien
Österreich

Liechtenstein

Bern **Schweiz**

Ungarn

Rumänien

Slowenien
Ljubljana

Kroatien

Zagreb

Bukarest

Italien

Sarajevo

Belgrad

Bulgarien
Sofia

Rom

**Bosnien-
Herzegowina**

Serbien

Skopje
Mazedonien

Portugal

Madrid

Tirana
Albanien

Türkei
Ankara

Spanien

Lissabon

Griechenland

Athen

Malta

Zypern

Gründungsmitglieder der EU	Beitritt in den 70er-Jahren	Beitritt in den 80er-Jahren	Beitritt in den 90er-Jahren

Beitritt 2004 vorgesehen	Beitritt 2007 vorgesehen	Beitrittsantrag vorläufig zurückgestellt

Der Binnenmarkt in Zahlen

	Fläche in 1 000 qkm	Bevölkerung in Mio. 2002	Arbeitslosenquote 2002 in %	Sozialleistungen 2000 in % des BIP[1]	BIP in Tsd. Euro 2001	Ausfuhr in EU 2000 in % der Gesamtausfuhr	Einfuhr aus EU 2000 in % der Gesamteinfuhr
Belgien	31	10,3	7,3	25,3	254	75,4[2]	70,2[2]
Dänemark	43	5,4	4,5	28,0	178	66,9	68,3
Deutschland	357	82,4	8,2	28,5	2 071	56,5	54,3
Finnland	305	5,2	9,1	24,4	136	55,7	61,9
Frankreich	544	59,3	8,7	28,3	1 464	61,4	64,7
Griechenland	132	10,6	9,9	25,5	131	43,5	57,7
Großbritannien	244	59,8	5,1	25,8	1 593	57,0	49,4
Irland	70	3,9	4,4	13,4	114	63,1	61,7
Italien	301	57,9	9,1	24,3	1 220	54,9	56,3
Luxemburg	3	0,4	2,4	20,2	22	–	–
Niederlande	34	16,1	2,7	25,7	429	78,7	51,1
Österreich	84	8,1	4,3	27,9	212	61,4	68,8
Portugal	92	10,3	5,1	20,2	123	80,3	75,1
Schweden	411	8,9	4,9	31,7	245	55,9	64,2
Spanien	505	40,4	11,4	19,6	652	70,3	66,4
Europäische Union	3 234	377,6	7,6	26,2	8 843	62,3	58,7

[1] Bruttoinlandsprodukt; [2] einschließlich der Angaben für Luxemburg

Quelle: eurostat

Von der EG zur EU

Der Prozess der europäischen Integration hat durch den 1991 in Maastricht geschlossenen Vertrag über die Europäische Union, der 1993 nach Ratifizierung in allen Mitgliedsstaaten in Kraft getreten ist, ein neues Stadium erreicht. Die Europäische Gemeinschaft sollte zu einer politischen Union zusammenwachsen und der gemeinsame Binnenmarkt zu einer Wirtschafts- und Währungsunion werden. Folgende Vereinbarungen dienen diesen Zielen:

◆ Eine Unionsbürgerschaft gewährleistet völlige Freizügigkeit im Hoheitsgebiet der Europäischen Union. Unionsbürger haben das Recht, sich am Wohnsitz an Kommunal- und Europawahlen zu beteiligen.

◆ Das Europäische Parlament erhält mehr Kompetenzen. Verordnungen werden künftig vom Rat und vom Parlament beschlossen. Das Parlament kann eine Verordnung in bestimmten Bereichen mit absoluter Mehrheit ablehnen. Die Ernennung der Mitglieder der Kommission wird erst nach der Bestätigung durch das Parlament wirksam. Die Amtsperioden von Parlament und Kommission sind künftig gleich.

◆ Eine gemeinsame Außen- und Sicherheitspolitik soll schrittweise erarbeitet und verwirklicht werden.

◆ Eine Zusammenarbeit in der Innen- und Justizpolitik wird für folgende Gebiete vereinbart: Asylpolitik, Grenzkontrollen, Einwanderungspolitik, Drogenbekämpfung, internationale Kriminalität, Terrorismusbekämpfung.

Wirtschafts- und Währungsunion

Für die Wirtschafts- und Währungsunion wurden ein Zeitplan und genaue Vorschriften festgelegt:

◆ 1997 wurde die Europäische Zentralbank mit Sitz in Frankfurt am Main gegründet. Sie ist unabhängig und dem Ziel der Geldwertstabilität verpflichtet. Die Geldpolitik in den Staaten der Wirtschafts- und Währungsunion liegt in deren Verantwortung.

◆ Der Wirtschafts- und Währungsunion können nur Staaten beitreten, die folgende Voraussetzungen erfüllen: jährliche Neuverschuldung höchstens drei Prozent, Gesamtverschuldung höchstens 60 Prozent des Bruttosozialprodukts; Inflationsrate höchstens 1,5 Punkte über dem

Die Europäische Union

Erste Säule: Europäische Gemeinschaft	Zweite Säule: Gemeinsame Außen- und Sicherheitspolitik	Dritte Säule: Polizeiliche und justizielle Zusammenarbeit
★ Zollunion und Binnenmarkt ★ Agrarpolitik ★ Struktur- und Handelspolitik ★ Unionsbürgerschaft ★ Verkehrspolitik ★ Wettbewerbspolitik ★ Wirtschafts- und Währungsunion ★ Bildung und Kultur ★ Transeuropäische Netze ★ Industriepolitik, Forschung ★ Entwicklungszusammenarbeit ★ Freizügigkeit, Asylrecht, Einwanderung, zivilrechtliche Zusammenarbeit ★ Sozialpolitik ★ Diskriminierungsverbot ★ Beschäftigungspolitik ★ Umweltpolitik ★ Gesundheits- und Verbraucherschutz	★ Wahrung gemeinsamer Werte, Interessen und Unabhängigkeit ★ Stärkung der Sicherheit der EU-Staaten und Solidarität ★ Friedenswahrung durch: ★ Gemeinsame Strategien, Standpunkte und Aktionen ★ Humanitäre und friedenserhaltende Aufgaben sowie Kampfeinsätze zur Krisenbewältigung ★ WEU und Festlegung einer gemeinsamen Verteidigungspolitik ★ Organisationsrahmen: ★ Neue Troika: Ratsvorsitzender, neuer GASP-Generalsekretär und zuständiges Kommissionsmitglied ★ Einrichtung einer Strategieplanungs- und Frühwarneinheit	★ Bekämpfung u.a. der organisierten Kriminalität, des Terrorismus, des Drogen- und Waffenhandels, des Menschenhandels, der Straftaten gegenüber Kindern, der Bestechung und des Betrugs ★ Stärkung von Europol ★ Engere Zusammenarbeit der Polizei, Zoll- und Justizbehörden ★ Beschleunigung der Zusammenarbeit bei Gerichtsverfahren ★ Erleichterung der Vollstreckung der Urteile

Die vier Grundfreiheiten im Binnenmarkt

– Freizügigkeit
– Freier Warenverkehr
– Freier Kapitalverkehr
– Freier Dienstleistungsverkehr

Durchschnitt der drei Länder mit der niedrigsten Inflationsrate; langjährige Zinsen höchstens zwei Prozent über dem Durchschnitt der drei Länder mit der niedrigsten Inflationsrate; mindestens zwei Jahre ohne größere Schwankung des Wechselkurses der nationalen Währung.

◆ Auch nach dem Beitritt zur Wirtschafts- und Währungsunion müssen die Mitgliedsstaaten Haushaltsdisziplin wahren. Überschreitet ihre Neuverschuldung die Obergrenze von drei Prozent des Bruttosozialprodukts, können Geldbußen verhängt werden; diese können bis zu einem halben Prozent des Bruttosozialprodukts ausmachen.

◆ 1997 erfüllten elf Staaten die genannten Voraussetzungen und erklärten ihren Beitritt: Belgien, Deutschland, Finnland, Frankreich, Irland, Italien, Luxemburg, die Niederlande, Österreich, Portugal, Spanien.

◆ 1999 trat die Wirtschafts- und Währungsunion in Kraft. Die gemeinsame Währung Euro wurde im bargeldlosen Zahlungsverkehr eingeführt (Buchgeld). Die Umrechnungskurse der nationalen Währungen zum Euro traten in Kraft (1 Euro = 1,95583 DM).

◆ Seit dem 1. Januar 2002 ist der Euro das alleinige gesetzliche Zahlungsmittel.

Vertrag von Amsterdam

Der Vertrag von Maastricht sah vor, dass eine Regierungskonferenz 1996 eine Bewertung und gegebenenfalls eine Abänderung des EU-Vertrages vornimmt. Die Überprüfung mündete in eine Reihe von Änderungsvorschlägen, die 1997 vom Europäischen Rat erörtert wurden. Eine Kompromisslösung wurde als »Vertrag von Amsterdam« verabschiedet. Er trat 1999 in Kraft.

Der Vertrag sieht vor, dass weitere Elemente der Innen- und Justizpolitik (»dritte Säule«), vor allem die Einwanderungs-, Asyl- und Visapolitik, vergemeinschaftet werden und die Zusammenarbeit von Polizei- und Justizbehörden intensiviert wird. In der Gemeinsamen Außen- und Sicherheitspolitik/ GASP (»zweite Säule«) wurde zwar das neue Amt eines Hohen Vertreters für die GASP (Generalsekretär) geschaffen, substanzielle Fortschritte wurden keine erzielt. Entscheidendes Hindernis bleibt die Einstimmigkeitsklausel, die auf ein Vetorecht jedes einzelnen Unionsmitgliedes hinausläuft.

Gewinner der Amsterdamer Beschlüsse ist das Europäische Parlament. Es kann künftig Entscheidungen gleichberechtigt mit dem Europäischen Rat treffen. Bei unterschiedlichen Auffassungen kann das Parlament eine Entscheidung verhindern. Das Parlament hat das Recht, den neu ernannten Präsidenten der Europäischen Kommission zu bestätigen oder abzulehnen, ebenso das Kollegium der 20 Kommissionsmitglieder.

Die Position des Kommissionspräsidenten ist gestärkt worden; er verfügt jetzt über eine Art »Richtlinienkompetenz« wie der deutsche Bundeskanzler. Zudem hat er ein Mitspracherecht bei der Auswahl der Kommissare bis hin zur Möglichkeit ihrer Ablehnung.

Organe und Funktionen

◆ Die **Kommission** vertritt die gemeinsamen Interessen der EU. Sie plant die Gemeinschaftspolitik, schlägt dem Ministerrat Verordnungen vor und führt die Entscheidungen aus. Als »Hüterin der Verträge« überwacht sie die Einhaltung des Gemeinschaftsrechts. Die Kommission besteht aus 20 Mitgliedern, die alle Beschlüsse gemeinsam fassen.

◆ Der **Ministerrat** ist das »Gesetzgebungsorgan« der EU. Er besteht aus den Ministern der Mitgliedsstaaten; die Regierungen entsenden zu den Beratungen jeweils den zuständigen Fachminister. Damit ist sichergestellt, dass im Gesetzgebungs-(Verordnungs-)verfahren die Rechte der Einzelstaaten gewahrt werden. Sitz von Kommission und Ministerrat ist Brüssel.

◆ Das **Europäische Parlament** wirkt an der Gesetzgebung mit, ist an der Aufstellung des Haushalts der EU und der Kontrolle der Ausgaben beteiligt. Außerdem muss es der Ernennung des Kommissionspräsidenten zustimmen. Das Europäische Parlament wurde 1979 zum ersten Mal direkt gewählt. Die Wahlperiode dauert fünf Jahre. Bei der fünften Direktwahl im Juni 1999 wurden 626 Abgeordnete gewählt, die übernationale Fraktionen gleicher politischer Ausrichtung bilden. Das Parlament hält seine Plenarsitzungen in Straßburg ab.

◆ Als **Europäischer Rat** treten die Staats- und Regierungschefs der Mitgliedsstaaten der Europäischen Union jährlich mindestens zweimal zusammen, um die Entwicklung der Union voranzutreiben und die politischen Ziele und Leitlinien dieser Entwicklung festzulegen. Der Europäische Rat ist rechtlich kein Organ der EU, tatsächlich trifft er die wesentlichen Grundsatzentscheidungen.

◆ Der **Gerichtshof** sorgt für die Einhaltung und Durchsetzung des Gemeinschaftsrechts. Er schlichtet Streitigkeiten zwischen den Mitgliedern und entscheidet über Klagen gegen Vertragsverletzungen. Der Gerichtshof besteht aus 13 Richtern, sein Sitz ist Luxemburg.

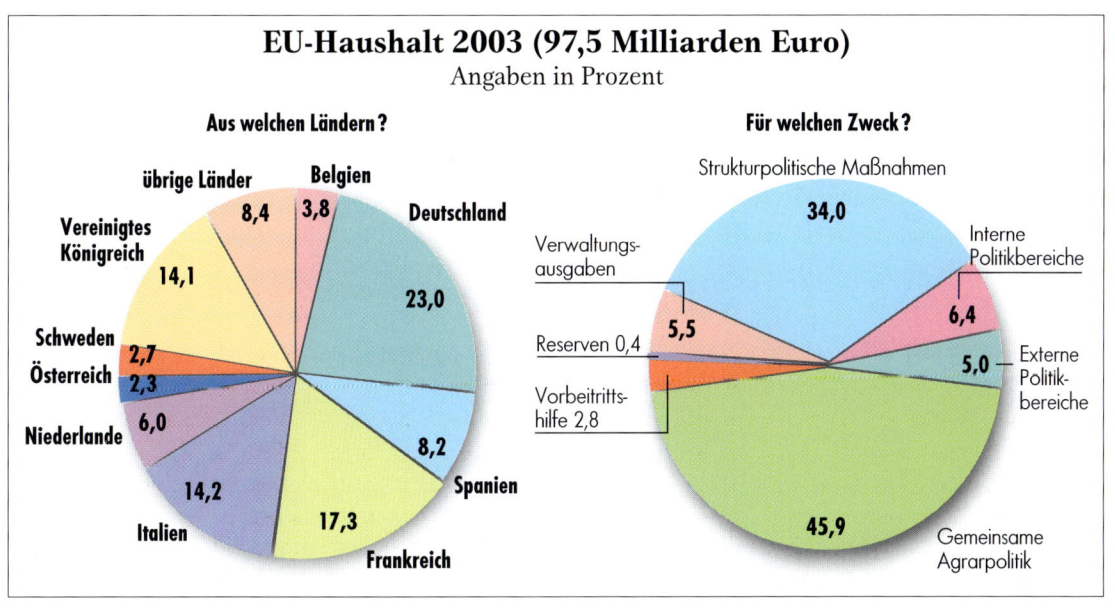

EU-Haushalt 2003 (97,5 Milliarden Euro)
Angaben in Prozent

Aus welchen Ländern?

- übrige Länder 8,4
- Belgien 3,8
- Deutschland 23,0
- Vereinigtes Königreich 14,1
- Schweden 2,7
- Österreich 2,3
- Niederlande 6,0
- Italien 14,2
- Frankreich 17,3
- Spanien 8,2

Für welchen Zweck?

- Strukturpolitische Maßnahmen 34,0
- Interne Politikbereiche 6,4
- Externe Politikbereiche 5,0
- Gemeinsame Agrarpolitik 45,9
- Verwaltungsausgaben 5,5
- Reserven 0,4
- Vorbeitrittshilfe 2,8

Organe der Europäischen Union

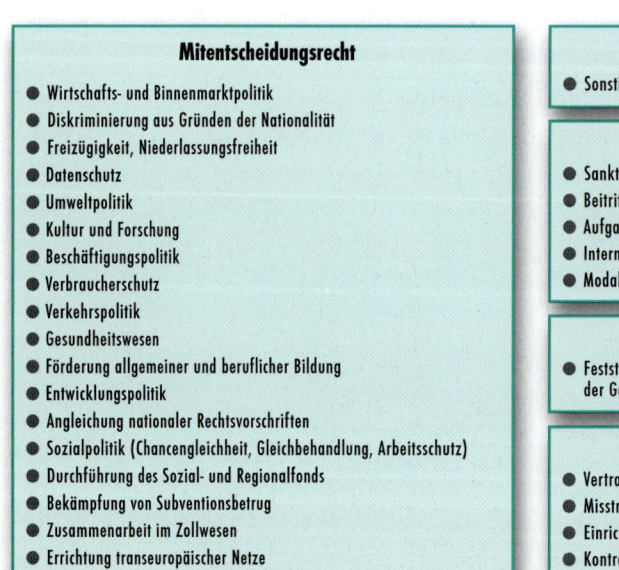

Kommission

»Regierung« der EU
ausführendes Organ, 20 Mitglieder

(D) (E) (F) (GB) (I)
je 2

(B) (DK) (IRL) (L) (NL)

(GR) (P) (FIN) (A) (S)
je 1

Europäischer Rat

Grundsatzentscheidungen
Die 15 Regierungschefs

Entscheidungen

Vorschläge

Ministerrat

»Gesetzgeber der EU«
15 Mitglieder, je 1 pro EU-Land

Gerichtshof

»Wächter« über
die Verträge

Anfragen
Kontrolle
Misstrauens-
votum
Zustimmung
zur Besetzung
der Kommission

**Wirtschafts- und
Sozialausschuss**

**Ausschuss der
Regionen**

Beratung

Haushalts-
beschlüsse
Anhörung
Mitent-
scheidung

**Europäischer
Rechnungshof**

Ausgabenkontrolle

EUROPÄISCHES PARLAMENT
625 Abgeordnete

Belgien — 25
Dänemark — 16
Deutschland — 99
Frankreich — 87
Griechenland — 25
Großbritannien — 87
Irland — 15
Italien — 87
Luxemburg — 6
Niederlande — 31
Portugal — 25
Spanien — 63
Finnland — 16
Österreich — 21
Schweden — 22

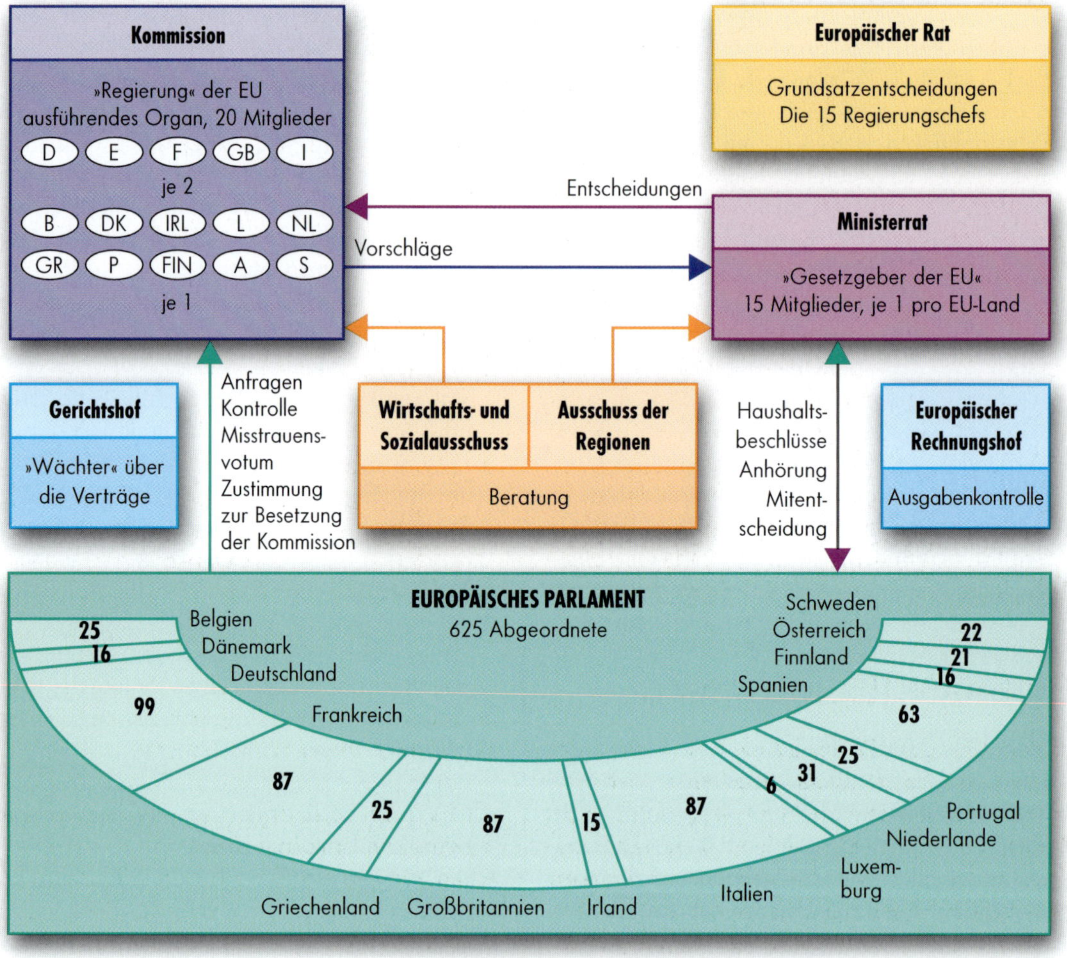

Das Europäische Parlament

ist das demokratische Kontrollorgan der Europäischen Union. Die direkt gewählten Abgeordneten vertreten die Interessen der Bürger der Union gegenüber Rat und Kommission. Seine wichtigsten Befugnisse sind:

Mitentscheidungsrecht
- Wirtschafts- und Binnenmarktpolitik
- Diskriminierung aus Gründen der Nationalität
- Freizügigkeit, Niederlassungsfreiheit
- Datenschutz
- Umweltpolitik
- Kultur und Forschung
- Beschäftigungspolitik
- Verbraucherschutz
- Verkehrspolitik
- Gesundheitswesen
- Förderung allgemeiner und beruflicher Bildung
- Entwicklungspolitik
- Angleichung nationaler Rechtsvorschriften
- Sozialpolitik (Chancengleichheit, Gleichbehandlung, Arbeitsschutz)
- Durchführung des Sozial- und Regionalfonds
- Bekämpfung von Subventionsbetrug
- Zusammenarbeit im Zollwesen
- Errichtung transeuropäischer Netze

Anhörung
- Sonstige Fragen der europäischen Gesetzgebung

Zustimmung
- Sanktionen bei Verletzung von Grundrechten durch einen Mitgliedsstaat
- Beitritt neuer Unionsmitglieder
- Aufgaben des Struktur- und Kohäsionsfonds
- Internationale Abkommen
- Modalitäten der Europawahlen

Haushalt
- Feststellung des Haushaltes zusammen mit dem Rat für etwa die Hälfte der Gesamtausgaben

Kontrollrecht (außer Gesetzgebung)
- Vertrauensvotum zur Ernennung der Kommission und des Präsidenten
- Misstrauensvotum zum Sturz der Kommission
- Einrichtung von Untersuchungsausschüssen
- Kontrolle der Haushaltsführung, Entlastung

Blick auf den Neubau des Europäischen Parlaments in Straßburg (im Bild hinten) und auf das Palais de l'Europe (im Bild vorn), den Sitz des Europarates. Mit der konstituierenden Sitzung des fünften direkt gewählten Europäischen Parlaments wurde am 20. Juli 1999 der neue Plenarsaal eingeweiht

Grundgesetz und Europäische Union

Die Schaffung der Europäischen Union mit umfassenden rechtlichen Zuständigkeiten in der Wirtschafts- und Währungspolitik, künftig auch in der Außen- und Sicherheitspolitik sowie in der Innen- und Rechtspolitik wird tief greifende Auswirkungen auf die Verfassungsordnung haben. So musste Art. 24 GG, der die Übertragung von Hoheitsrechten auf zwischenstaatliche Einrichtungen erlaubt, konkretisiert werden. Der 1992 neu eingeführte Art. 23 stellt den europäischen Integrationsprozess auf eine eigene verfassungsrechtliche Grundlage.

Artikel 23

(1) Zur Verwirklichung eines vereinten Europas wirkt die Bundesrepublik Deutschland bei der Entwicklung der Europäischen Union mit, die demokratischen, rechtsstaatlichen, sozialen und föderativen Grundsätzen und dem Grundsatz der Subsidiarität verpflichtet ist und einen diesem Grundgesetz im wesentlichen vergleichbaren Grundrechtsschutz gewährleistet. Der Bund kann hierzu durch Gesetz mit Zustimmung des Bundesrates Hoheitsrechte übertragen. Für die Begründung der Europäischen Union sowie für Änderungen ihrer vertraglichen Grundlagen und vergleichbare Regelungen, durch die dieses Grundgesetz seinem Inhalt nach geändert oder ergänzt wird oder solche Änderungen oder Ergänzungen ermöglicht werden, gilt Artikel 79 Abs. 2 und 3.
(2) In Angelegenheiten der Europäischen Union wirken der Bundestag und durch den Bundesrat die

Länder mit. Die Bundesregierung hat den Bundestag und den Bundesrat umfassend und zum frühestmöglichen Zeitpunkt zu unterrichten.

Dieser Artikel schafft ein System des Zusammenwirkens von Bund und Ländern bei der europäischen Integration. Die Europapolitik liegt nicht mehr in der ausschließlichen Zuständigkeit des Bundes, sondern wird gemeinsam durch Bundesregierung, Bundestag und Bundesrat bestimmt. Damit werden vor allem die Befürchtungen der Bundesländer ausgeräumt, dass die Übertragung von Hoheitsrechten auf die Europäische Union ihre Kompetenzen immer mehr aushöhlen könnte.

Das neue Sitzungsgebäude »Espace Léopold« des Europäischen Parlaments in Brüssel

Die gemeinsamen Vorderseiten der Euro-Münzen stellen die Karte der Europäischen Union dar, wobei die Abbildung auf den 1- und 2-Euro-Münzen Europa ohne Grenzen symbolisiert. Die Rückseiten der Münzen werden von jedem Land mit eigenen nationalen Symbolen gestaltet: in Deutschland mit Eichenzweig, Brandenburger Tor und Adler

Art. 23 legt in Abs. 4-6 fest, dass künftig jedwede Übertragung von Hoheitsrechten auf die Europäische Union der Zustimmung des Bundesrates bedarf. Die Beteiligung des Bundesrates ist genau festgelegt. Sie richtet sich abgestuft nach den Gesetzgebungskompetenzen von Bund und Ländern im Grundgesetz. Sofern der Bund ausschließlich zuständig ist, hat die Bundesregierung die Stellungnahme des Bundesrates lediglich zu berücksichtigen. Wenn ausschließliche Gesetzgebungsbefugnisse der Länder betroffen sind, werden – als stärkste Mitwirkung – die Rechte der Bundesrepublik Deutschland von einem Vertreter der Länder wahrgenommen. Die Mitwirkung des Bundestages in Angelegenheiten der Europäischen Union wird durch Art. 23 Abs. 3 geregelt. Die Bundesregierung hat den Bundestag – ebenso wie den Bundesrat – umfassend und zum frühestmöglichen Zeitpunkt zu unterrichten und ihm Gelegenheit zur Stellungnahme zu geben, die sie bei den Verhandlungen zu berücksichtigen hat. Insgesamt ist durch die Verfassungsänderung im Zusammenhang mit der Gründung der Europäischen Union eine wesentliche Stärkung des bundesstaatlichen Elements erfolgt.

Grenzüberschreitende Zusammenarbeit

Artikel 24

(1a) Soweit die Länder für die Ausübung der staatlichen Befugnisse und die Erfüllung der staatlichen Aufgaben zuständig sind, können sie mit Zustimmung der Bundesregierung Hoheitsrechte auf grenznachbarschaftliche Einrichtungen übertragen.

Diese Ergänzung des Art. 24 schafft eine Rechtsgrundlage für die grenzüberschreitende Zusammenarbeit, die schon seit langem auf vielfältige Weise praktiziert wird, so von Nordrhein-Westfalen mit den benachbarten niederländischen Grenzregionen seit 1965 (»Euregio«) und von Rheinland-Pfalz mit Belgien (Deutschsprachige Gemeinschaft Belgiens, Wallonien), Luxemburg und Frankreich (Elsass, Lothringen).
Der Vertrag von Maastricht über die Europäische Union sieht die Einrichtung eines Ausschusses der Regionen mit beratenden Befugnissen vor. Dieser nahm 1994 seine Tätigkeit auf. Ihm gehören 222 Vertreter der regionalen und kommunalen Gebietskörperschaften an (24 aus Deutschland).

Perspektiven für die Zukunft

Zu Beginn des 21. Jahrhunderts steht die EU vor großen Herausforderungen. 2004 werden acht Staaten Mittel- und Osteuropas, Estland, Lettland, Litauen, Polen, Slowakei, Slowenien, Tschechien und Ungarn, sowie Malta und Zypern der EU beitreten. Damit erhöht sich die Zahl der Mitglieder auf 25. Für 2007 ist der Beitritt Bulgariens und Rumäniens vorgesehen. Anders als bei den bisherigen Erweiterungsrunden liegen die neuen Beitrittsländer in ihrer wirtschaftlichen Entwicklung weit hinter dem bisherigen EU-Durchschnitt zurück. Die Angleichung des Lebensstandards wird Jahrzehnte dauern und enorme Summen fordern. Die bisherige Agrarmarktordnung und die Strukturpolitik zur Verringerung des Wohlstandsgefälles zwischen reicheren und ärmeren Regionen, die die Hälfte bzw. ein Drittel des EU-Haushaltes ausmachen, sind schon für die Union der 15 nicht mehr bezahlbar. Ausgaben in dieser Höhe für weitere Mitglieder wären nicht zu finanzieren. Auf jeden Fall werden große Teile der Förderungsmittel in die neuen Mitgliedsstaaten fließen.
Die Struktur der EU – ursprünglich für sechs Mitgliedsstaaten konzipiert – stieß schon mit 15 Mitgliedern an die Grenzen ihrer Handlungsfähigkeit. Auf dem Europäischen Gipfel in Nizza 2000 wurde eine Reform der Institutionen beschlossen. In wichtigen Politikfeldern wird im Ministerrat statt der bisherigen Einstimmigkeit die Entscheidung mit qualifizierten Mehrheiten eingeführt. Die Stimmen werden nach Größe und Bedeutung der einzelnen Länder neu gewichtet. In der EU-Kommission erhält jedes Mitglied einen Kommissar. In der EU der 27 wird das Europäische Parlament 732 Abgeordnete haben.

Jeder der sieben Euro-Scheine steht für eine Epoche der europäischen Kulturgeschichte. Der Zehner zeigt den romanischen Stil, also den des frühen Mittelalters. Der runde Torbogen ist ein typisches Architekturelement für Kirchen, die etwa 1 000 Jahre alt und als gemeinsames Kulturerbe in ganz Europa zu finden sind. Der Zweihunderter zeigt Elemente der Eisen- und Glasarchitektur, wie sie in dieser Form zu Beginn des 20. Jahrhunderts überall in Europa errichtet wurden

NATO

Die NATO (North Atlantic Treaty Organization – Nordatlantikpakt) entstand 1949 im Zuge des sich verschärfenden Ost-West-Konflikts, der mit der Blockade der Westsektoren Berlins 1948/49 einen ersten Höhepunkt erreicht hatte. Gründungsmitglieder waren zehn westeuropäische Staaten, die USA und Kanada. Die Bundesrepublik Deutschland trat 1955 bei. Seit 1999 gehören 19 Staaten der NATO an. Die NATO ist ein Verteidigungsbündnis. Die Vertragspartner haben sich verpflichtet, in Übereinstimmung mit der Charta der Vereinten Nationen »ihre Bemühungen für die gemeinsame Verteidigung und die Erhaltung des Friedens und der Sicherheit zu vereinigen« (Präambel des NATO-Vertrages) und »sich in ihren internationalen Beziehungen jeder Gewaltanwendung zu enthalten, die mit den Zielen der Vereinten Nationen nicht vereinbar ist« (Art. 1). Im Falle eines bewaffneten Angriffs gegen einen oder mehrere Mitgliedsstaaten sind die anderen verpflichtet, die Maßnahmen, einschließlich der Anwendung von Waffengewalt, zu treffen, »die sie für erforderlich halten, um die Sicherheit des nordatlantischen Gebietes wieder herzustellen und zu erhalten« (Art. 5). Die NATO versteht sich nicht nur als militärisches Bündnis, sondern auch als eine Wertegemeinschaft. Ihr Ziel ist es, »die Freiheit, das gemeinsame Erbe und die Zivilisation ihrer Völker, die auf den Grundsätzen der Demokratie, der Freiheit der Person und der Herrschaft des Rechts beruhen, zu gewährleisten« (Präambel).

Organe

Die NATO gliedert sich in eine politische und eine militärische Organisation. Der politischen gehören alle 19 Mitglieder an. Sie bilden das politische Führungsorgan, den Nordatlantikrat aus den Regierungschefs oder den Verteidigungsministern, der zweimal jährlich unter dem Vorsitz des NATO-Generalsekretärs tagt. Ein ständiger NATO-Rat besteht aus den NATO-Botschaftern der Mitgliedsstaaten. Höchstes militärisches Organ ist der Militärausschuss, das gemeinsame Oberkommando in Friedenszeiten. Ihm gehören die Chefs der

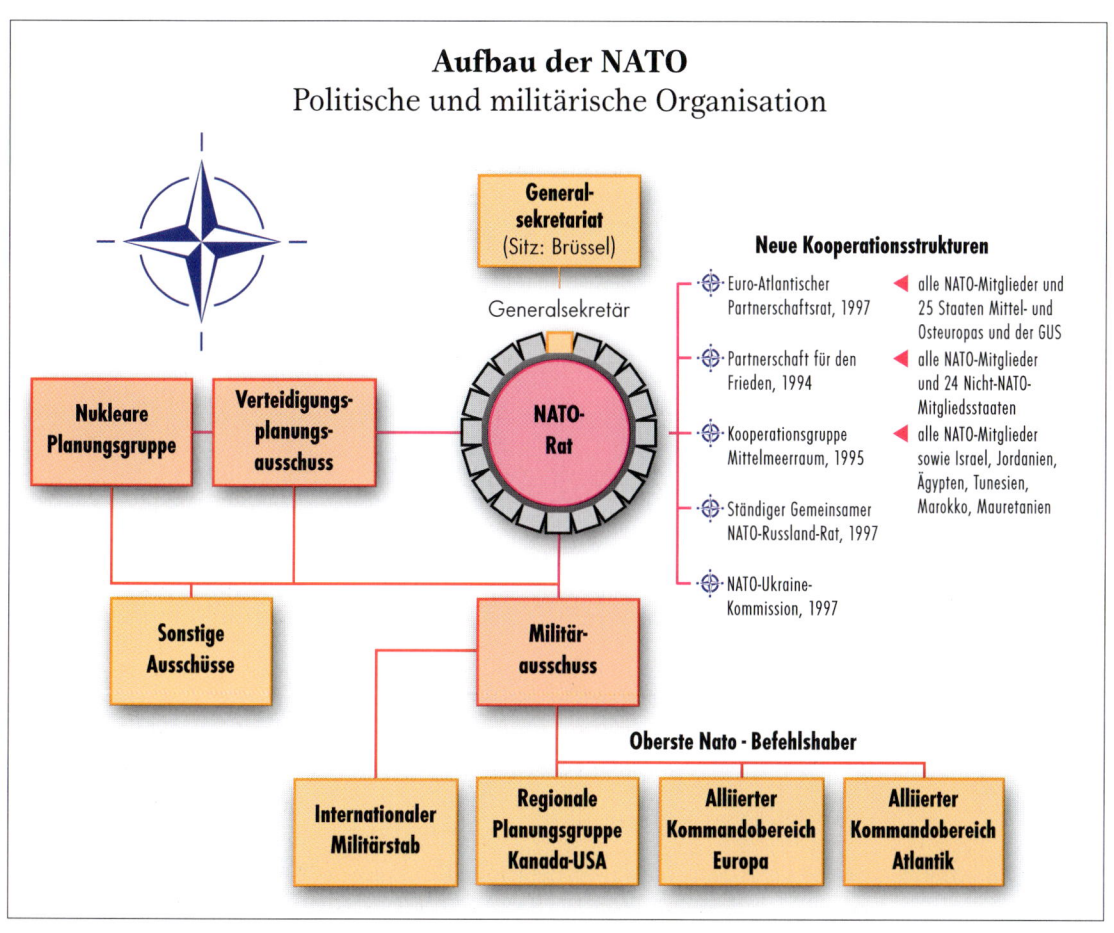

Aufbau der NATO
Politische und militärische Organisation

Jaap de Hoop Scheffer,
seit Januar 2004 neuer
NATO-Generalsekretär,
und Javier Solana, Hoher
Vertreter der GASP der EU,
hier am 21. Januar 2004
im NATO-Hauptquartier
in Brüssel

Die Zukunft der NATO

Die NATO hat 50 Jahre lang den Frieden in Europa gesichert. Seit dem Ende des Ost-West-Konflikts und der Auflösung des Warschauer Pakts existiert die bisherige Bedrohung nicht mehr.

Neue Konflikte entstanden durch den Zerfall Jugoslawiens. Im Krieg um Bosnien-Herzegowina unterstützte die NATO erstmals außerhalb des Bündnisgebietes die Friedenstruppen der Vereinten Nationen mit Lufteinsätzen. Der Kosovo-Krieg wurde sogar unter Führung der NATO ausgetragen.

Inzwischen sieht sich die NATO vor neue Herausforderungen gestellt: die Bedrohung durch den organisierten internationalen Terrorismus und die Verbreitung von Massenvernichtungswaffen. Der Terrorangriff fanatischer Selbstmordattentäter am 11. September 2001 gegen die USA löste die Beistandspflicht der NATO aus. Die Militäraktion gegen das Netzwerk der Al Qaida und das Taliban-Regime in Afghanistan wurde jedoch weitgehend von amerikanischen Streitkräften bestritten. Für künftige weltweite Einsätze soll eine multinationale Eingreiftruppe (NATO Response Force) mit 21 000 Soldaten gebildet werden, die 2004 bedingt und 2006 voll einsatzbereit sein soll.

Von weltgeschichtlicher Bedeutung ist die Ausdehnung der NATO auf Osteuropa. Waren bereits 1999 mit Polen, der Tschechischen Republik und Ungarn frühere Mitglieder des Warschauer Paktes aufgenommen worden, so folgen zum 1. Januar 2004 Bulgarien, Rumänien, Slowenien und die Slowakei. Mit Estland, Lettland und Litauen treten dann auch frühere Sowjetrepubliken dem Bündnis bei.

Generalstäbe – für die Bundeswehr der Generalinspekteur – an. Im Juni 1996 hat Frankreich seine Rückkehr in die militärische Organisation der NATO erklärt.

Deutschland in der NATO

Die Stellung Deutschlands in der NATO unterscheidet sich von der anderer Mitglieder:

◆ Alle Streitkräfte, außer der Territorialverteidigung, unterstehen der integrierten Kommandostruktur der NATO.

◆ Die Bundeswehr verfügt über keinen Generalstab.

◆ Die Bundesrepublik hat auf die Produktion und den Erwerb von Atomwaffen verzichtet.

NATO-Hauptquartier
in Brüssel

Bundeskanzler Schmidt vor der UNO am 26. Mai 1978

Vereinte Nationen

Die Vereinten Nationen (United Nations Organization – UNO) sind 1945 gegründet worden. Gründungsmitglieder waren 51 Staaten, die sich mit Deutschland im Kriegszustand befunden hatten. 2002 gehörten den Vereinten Nationen 191 Staaten an, das sind fast alle Staaten der Welt mit Ausnahme der Schweiz, Taiwans, der Vatikanstadt und einiger Inseln im Pazifik.

Ziel der Vereinten Nationen ist die Wahrung des Weltfriedens und der internationalen Sicherheit auf der Grundlage der Menschenrechte durch freundschaftliche Zusammenarbeit aller Mitglieder, durch friedliche Schlichtung aller Streitigkeiten, durch Verzicht auf Gewaltanwendung und durch Unterstützung von Maßnahmen zur Erhaltung des Friedens. Die Vereinten Nationen haben sich verpflichtet, das Prinzip der nationalen Souveränität zu wahren und nicht in Angelegenheiten einzugreifen, die »zur inneren Zuständigkeit eines Staates gehören«. Die Grundsätze, die ihre Tätigkeit bestimmen, sind in der UN-Charta vom 26. Juni 1945 sowie in den beiden Menschenrechtspakten »über bürgerliche und politische Rechte« sowie »über wirtschaftliche, soziale und kulturelle Rechte« festgelegt, die 1966 verabschiedet worden sind.

Charta der Vereinten Nationen
(Präambel)

WIR, DIE VÖLKER DER VEREINTEN NATIONEN – FEST ENTSCHLOSSEN, künftige Geschlechter vor der Geißel des Krieges zu bewahren, die zweimal zu unseren Lebzeiten unsagbares Leid über die Menschheit gebracht hat,
unseren Glauben an die Grundrechte des Menschen, an Würde und Wert der menschlichen Persönlichkeit, an die Gleichberechtigung von Mann und Frau sowie von allen Nationen, ob groß oder klein, erneut zu bekräftigen,
Bedingungen zu schaffen, unter denen Gerechtigkeit und die Achtung vor den Verpflichtungen aus Verträgen und anderen Quellen des Völkerrechts gewahrt werden können,
den sozialen Fortschritt und einen besseren Lebensstandard in größerer Freiheit zu fördern,

UND FÜR DIESE ZWECKE
Duldsamkeit zu üben und als gute Nachbarn in Frieden miteinander zu leben,
unsere Kräfte zu vereinen, um den Weltfrieden und die internationale Sicherheit zu wahren,
Grundsätze anzunehmen und Verfahren einzuführen, die gewährleisten, daß Waffengewalt nur noch im gemeinsamen Interesse angewendet wird, und internationale Einrichtungen in Anspruch zu nehmen, um den wirtschaftlichen und sozialen Fortschritt aller Völker zu fördern –

HABEN BESCHLOSSEN, IN UNSEREM BEMÜHEN UM DIE ERREICHUNG DIESER ZIELE ZUSAMMENZUWIRKEN.

Die Organisation der Vereinten Nationen – UN

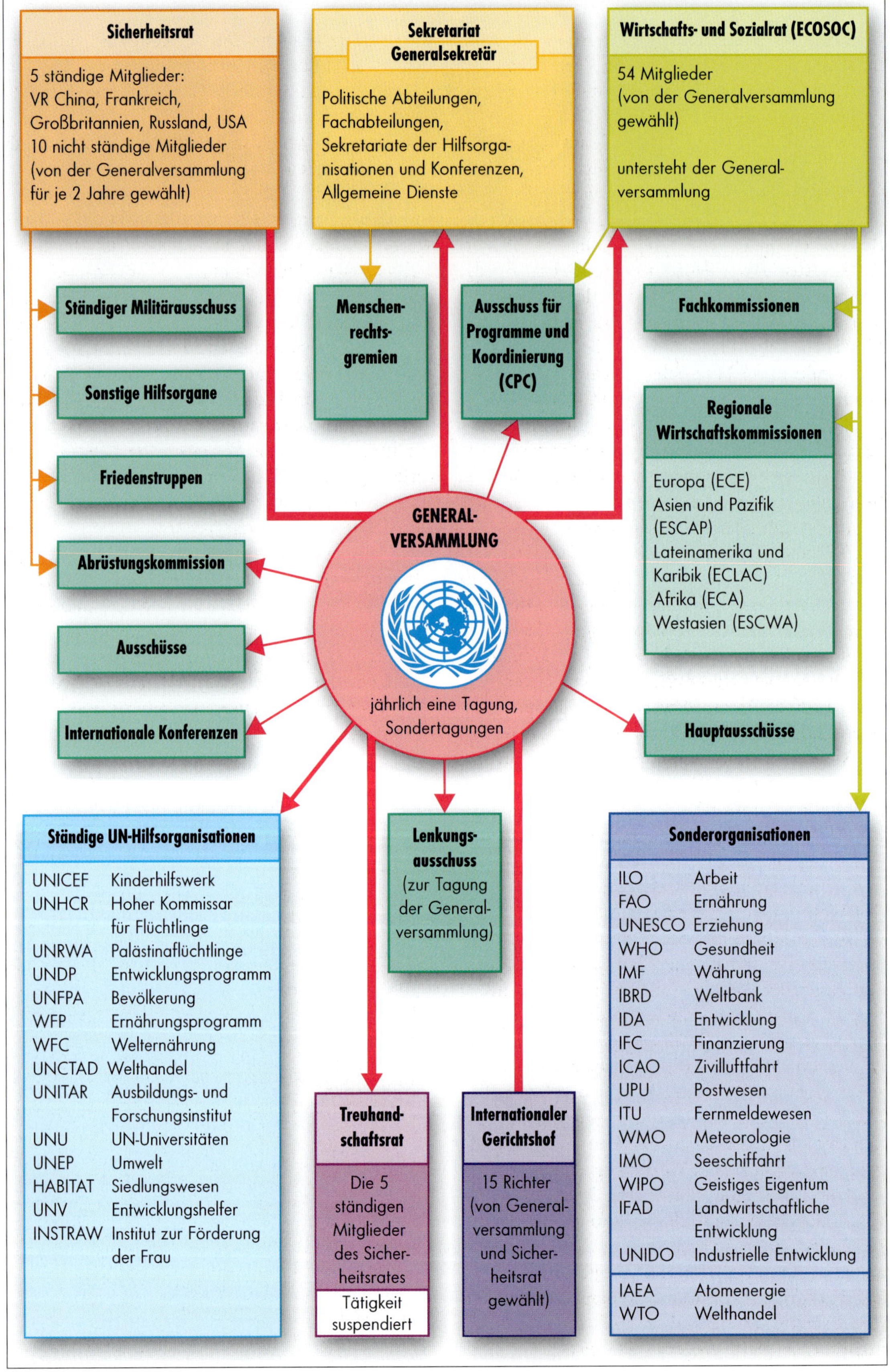

Generalsekretäre der UNO

1. 1946-1952
   Trygve Lie (Norwegen)

2. 1953-1961
   Dag Hammarskjöld
   (Schweden)

3. 1961-1971
   Sithu U Thant (Birma)

4. 1972-1981
   Kurt Waldheim (Österreich)

5. 1982-1991
   Javier Pérez de Cuéllar
   (Peru)

6. 1992-1996
   Boutros Boutros-Ghali
   (Ägypten)

7. seit 1997
   Kofi Annan (Ghana)

Sicherheitsrat

5 ständige Mitglieder:
VR China, Frankreich,
Großbritannien, Russland, USA
10 nicht ständige Mitglieder
(von der Generalversammlung
für je 2 Jahre gewählt)

- Ständiger Militärausschuss
- Sonstige Hilfsorgane
- Friedenstruppen
- Abrüstungskommission
- Ausschüsse
- Internationale Konferenzen

Sekretariat
Generalsekretär

Politische Abteilungen,
Fachabteilungen,
Sekretariate der Hilfsorga-
nisationen und Konferenzen,
Allgemeine Dienste

- Menschen-rechts-gremien
- Ausschuss für Programme und Koordinierung (CPC)

Wirtschafts- und Sozialrat (ECOSOC)

54 Mitglieder
(von der Generalversammlung
gewählt)

untersteht der General-
versammlung

- Fachkommissionen
- Regionale Wirtschaftskommissionen
  - Europa (ECE)
  - Asien und Pazifik (ESCAP)
  - Lateinamerika und Karibik (ECLAC)
  - Afrika (ECA)
  - Westasien (ESCWA)

GENERAL-VERSAMMLUNG

jährlich eine Tagung,
Sondertagungen

- Hauptausschüsse
- Lenkungs-ausschuss (zur Tagung der General-versammlung)

Ständige UN-Hilfsorganisationen

UNICEF	Kinderhilfswerk
UNHCR	Hoher Kommissar für Flüchtlinge
UNRWA	Palästinaflüchtlinge
UNDP	Entwicklungsprogramm
UNFPA	Bevölkerung
WFP	Ernährungsprogramm
WFC	Welternährung
UNCTAD	Welthandel
UNITAR	Ausbildungs- und Forschungsinstitut
UNU	UN-Universitäten
UNEP	Umwelt
HABITAT	Siedlungswesen
UNV	Entwicklungshelfer
INSTRAW	Institut zur Förderung der Frau

Treuhand-schaftsrat

Die 5
ständigen
Mitglieder
des Sicher-
heitsrates

Tätigkeit
suspendiert

Internationaler Gerichtshof

15 Richter
(von General-
versammlung
und Sicher-
heitsrat
gewählt)

Sonderorganisationen

ILO	Arbeit
FAO	Ernährung
UNESCO	Erziehung
WHO	Gesundheit
IMF	Währung
IBRD	Weltbank
IDA	Entwicklung
IFC	Finanzierung
ICAO	Zivilluftfahrt
UPU	Postwesen
ITU	Fernmeldewesen
WMO	Meteorologie
IMO	Seeschiffahrt
WIPO	Geistiges Eigentum
IFAD	Landwirtschaftliche Entwicklung
UNIDO	Industrielle Entwicklung
IAEA	Atomenergie
WTO	Welthandel

Organe

Die **Generalversammlung**, das zentrale politische Beratungsorgan, besteht aus den Vertretern aller Mitgliedsstaaten mit je einer Stimme. Sie kann nur Empfehlungen aussprechen.

Das bedeutendste Organ ist der **Sicherheitsrat**. Er kann für alle Mitglieder verbindliche Beschlüsse fassen, zum Beispiel Sanktionen verhängen oder UN-Friedenstruppen (»Blauhelme«) entsenden.

Der Sicherheitsrat hat fünf ständige Mitglieder (USA, Russland, Großbritannien, Frankreich, Volksrepublik China) und 10 von der Generalversammlung für zwei Jahre gewählte nicht ständige Mitglieder. Beschlüsse bedürfen der Zustimmung von mindestens 9 Mitgliedern, darunter aller ständigen Mitglieder. Jedes ständige Mitglied kann also durch einen Einspruch (Veto) das Zustandekommen eines Beschlusses allein verhindern.

Ausführendes Organ ist das Sekretariat mit dem **Generalsekretär** an der Spitze.

Sitz der Vereinten Nationen ist New York.

Der **Wirtschafts- und Sozialrat** (ECOSOC) ist ein Hilfsorgan der Generalversammlung, zuständig für »internationale Angelegenheiten auf den Gebieten der Wirtschaft, des Sozialwesens, der Kultur, der Erziehung, der Gesundheit«. Er kann dazu Untersuchungen durchführen, Konferenzen einberufen, Abkommen entwerfen und »Empfehlungen abgeben, um die Achtung und Verwirklichung der Menschenrechte und Grundfreiheiten für alle zu fördern« (Art. 62 UN-Charta).

Die **Sonderorganisationen** der UNO sind Fachorgane auf der Grundlage zwischenstaatlicher Vereinbarungen, die zum Teil schon vor Gründung der Vereinten Nationen entstanden waren (wie der Weltpostverein oder die Internationale Arbeitsorganisation). Die Sonderorganisationen verfügen über einen eigenen Haushalt, der durch Zahlungen der Mitgliedsstaaten finanziert wird.

Eine so große Organsiation wie die UN läuft Gefahr, schwerfällig zu werden. Generalsekretär Kofi Annan hat 1997 einen Plan weitreichender Reformen vorgelegt, die vor allem auf ein effizienteres Management und Einsparungen bei Personal und Verwaltungskosten zugunsten von Entwicklungsprogrammen abzielen. Wegen gegensätzlicher Interessen der Mitgliedsländer hat die nicht zuletzt von Deutschland geforderte Reform des Sicherheitsrates wenig Aussichten auf Verwirklichung. Danach sollten Deutschland und Japan und je ein Land in Afrika, Asien und Lateinamerika ständige Sitze erhalten. Ferner sollten fünf bis zehn weitere nicht ständige Sitze eingerichtet werden.

Deutschland in den Vereinten Nationen

Die Bundesrepublik Deutschland und die DDR traten 1973 den Vereinten Nationen bei. Mit der Wiederherstellung der deutschen Einheit entfiel die Mitgliedschaft der DDR.

Die Bundesrepublik war nach ihrem Beitritt vollgültiges Mitglied der Vereinten Nationen mit allen Rechten und Pflichten. Sie beteiligte sich jedoch mit Rücksicht auf die Teilung Deutschlands und die eingeschränkte Souveränität nicht an »friedenserhaltenden Maßnahmen« der UN, das heißt an Einsätzen von UN-Friedenstruppen (»Blauhelmen«). Vom wieder vereinigten Deutschland erwartet die internationale Staatengemeinschaft auch auf diesem Felde einen angemessenen Beitrag.

Der Einsatz von deutschen Streitkräften außerhalb des NATO-Bereichs war umstritten. Der Streit ging darum, ob hierzu die Verfassung geändert werden müsse, ob zumindest die Zustimmung des Bundestages erforderlich sei oder ob die Bundesregierung dies allein entscheiden könne.

Das Bundesverfassungsgericht hat 1994 entschieden, dass grundsätzlich vorher ein Beschluss des Bundestages erfolgen müsse. Die Regierung könne »bei Gefahr im Verzuge« die Entsendung von Streitkräften anordnen, müsse aber umgehend den Bundestag mit der Angelegenheit befassen. Wenn der Bundestag nicht zustimme, seien die Streitkräfte zurückzurufen.

Fahne der UNO

133

Jede Staatsform bedient sich politischer Symbole. Flaggen und Wappen sind Sinnbilder der nationalen Zusammengehörigkeit. Es sind Zeichen der Identifikation mit dem Gemeinwesen, für das sie stellvertretend stehen. Die Französische Revolution schuf mit der Trikolore, der dreifarbigen Fahne, ein Symbol des Staates, der sich auf die Volkssouveränität gründet. Auch die deutschen Farben Schwarz-Rot-Gold haben einen revolutionären Ursprung. Sie stehen seit dem 19. Jahrhundert für die Freiheit und die nationale Einheit aller Deutschen. Im Herbst des Jahres 1989 waren auf den Straßen und Plätzen Leipzigs und vieler anderer Orte schwarz-rot-goldene Fahnen zu sehen. Sie kündeten von dem Verlangen des Volkes nach Einheit in Freiheit.

Die bundesstaatliche Struktur findet in den Wappen und Flaggen der Länder Ausdruck. In ihnen wird die traditionelle Vielfalt der deutschen Regionen und Stämme deutlich. Wie stark diese Traditionen verankert sind, zeigte sich, als schon kurz nach der friedlichen Revolution in der DDR die weiß-grüne Fahne Sachsens, die weiß-rote Thüringens und die der anderen Länder gehisst wurden.

Bundeswappen

Der Adler, das Wappentier des Bundeswappens, war das Herrschaftszeichen der römischen Kaiser. Als Karl der Große das römische Kaiserreich erneuerte, übernahm er dieses Symbol kaiserlicher Macht. Die späteren deutschen Herrscher waren zumeist gleichzeitig deutsche Könige und römische Kaiser. Als deutscher König führte der Herrscher den einköpfigen, als römischer Kaiser den doppelköpfigen Adler. Nach dem Ende des Heiligen Römischen Reiches Deutscher Nation 1806 ging der Doppeladler auf die österreichische Monarchie über. Der einköpfige Adler wurde zum Staatswappen des 1871 gegründeten Deutschen Reiches, 1919 – schon in der heutigen Form – auch von der Weimarer Republik übernommen. 1950 bestimmte Bundespräsident Heuss den Adler als Staatswappen der Bundesrepublik Deutschland.

Bundesflagge

Die Farben Schwarz-Rot-Gold dienten erstmals auf dem Wartburgfest 1817 als Erkennungszeichen der deutschen Burschenschaft. Diese studentische Vereinigung hatte sich dem Kampf für nationale Einheit und politische Freiheit in Deutschland verschrieben. Im Revolutionsjahr 1848 bestimmte die Frankfurter Nationalversammlung Schwarz-Rot-Gold zur Fahne des Deutschen Bundes.

Das von Bismarck gegründete Deutsche Reich gab sich die Fahne Schwarz-Weiß-Rot. Die Weimarer Republik versuchte einen Kompromiss zwischen den beiden Fahnen: Schwarz-Rot-Gold als Reichsfarben und Schwarz-Weiß-Rot »mit den Reichsfarben in der oberen inneren Ecke« als Handelsflagge. Sie entfesselte damit aber nur einen endlosen »Flaggenstreit«. Für den Parlamentarischen Rat war es selbstverständlich, dass die Tradition von Schwarz-Rot-Gold als Farben der Einheit und Freiheit wieder aufgenommen wurde. Art. 22 GG bestimmt: »Die Bundesflagge ist schwarz-rot-gold.«

In der Praxis wird Gold durch Gelb ersetzt, ebenso wie Silber durch Weiß. Als heraldische Farben (Wappenfarben) sind Gold und Gelb sowie Silber und Weiß gleichwertig.

Am 18. Oktober 1817, dem 4. Jahrestag der Völkerschlacht bei Leipzig, feierten die Burschenschaften das Wartburgfest (kolorierter zeitgenössischer Holzstich)

Wappen und Flaggen der Bundesländer

Baden-Württemberg

Das Wappen zeigt im goldenen Feld drei übereinander schreitende schwarze Löwen mit ausgeschlagener roter Zunge. Es ist das Wappen des Geschlechtes der Hohenstaufen, die im Mittelalter Herzöge von Schwaben waren.

Das kleine Landeswappen trägt eine goldene Blattkrone. Die von den Monarchenkronen deutlich unterschiedene »Volkskrone« soll die Volkssouveränität symbolisieren.

Das große Landeswappen (ohne Abb.) zeigt über dem Hauptschild die Wappen der sechs wichtigsten Teilgebiete des Landes: Franken, Hohenzollern, Baden, Württemberg, Pfalz, Vorderösterreich. Die Flagge des Landes zeigt entsprechend den Farben des Wappens Schwarz und Gold.

Berlin

Der Bär, schwarz mit roter Zunge und roten Klauen, wird von Berlin seit dem 13. Jahrhundert im Wappen geführt, zuerst nachgewiesen auf einem Siegel zusammen mit dem Adler, dem Wappentier der Landesherrn, der Kurfürsten von Brandenburg.

Endgültig vom Adler befreit wurde der Bär erst 1919, seitdem ist er das einzige Wappenbild der Stadt, das Symbol für Berlin schlechthin. Auf dem Wappenschild ruht eine goldene Laubkrone mit einem Stirnreif aus Mauerwerk, das ein Tor in der Mitte hat.

Die Flagge mit dem Bären auf weißem Grund mit zwei schmalen roten Randstreifen ist 1911 eingeführt worden.

Bayern

 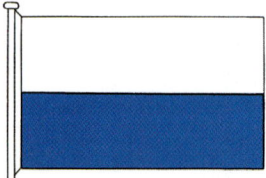

Das kleine Staatswappen des Freistaats, weißblaue Rauten, war das Wappenschild der Grafen von Bogen, eines an der Donau bei Regensburg ansässigen Geschlechts. Nach dessen Aussterben 1242 übernahmen die mit ihm verschwägerten Wittelsbacher deren Besitz und Stammwappen.

Dieses Wappen des Herzogtums Bayern ist zugleich das Herzschild des großen Staatswappens (ohne Abb.), das in vier Feldern die Wappen der anderen wichtigen bayerischen Territorien enthält: Pfalz, Franken, Niederbayern, Schwaben. Die Landesfarben sind Weiß-Blau; sie können als Streifen oder als Rauten verwendet werden.

Brandenburg

Das Land führt als Wappen den Adler der alten Markgrafschaft Brandenburg, der zum ersten Mal 1170 auf einem Siegel des Markgrafen Otto I. aus dem Geschlechte der Askanier erscheint. In der heutigen Form ist der Adler rot in silbernem Feld mit goldenen Fängen, Schnabel und »Kleestängeln« (die wohl aus der Muskulatur der Adlerflügel auf den Siegeln entstanden sind). Viele von den askanischen Markgrafen gegründete Städte nahmen den Adler des Landesherrn in ihr Wappen auf, so Potsdam, Salzwedel, Stendal, Prenzlau.

Die Farben der rot-weißen Flagge wurden dem Wappen entnommen.

Bremen

 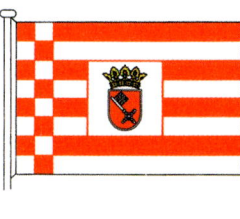

Die alte Hansestadt Bremen führt seit 1366 das Wappen mit dem silbernen Schlüssel im roten Feld. Der Schlüssel ist das Attribut des Apostels Petrus, des Schutzpatrons des Erzbistums, des Domes und auch der Stadt Bremen.

Auf dem Schild ruht eine fünfblättrige goldene Krone, die mit roten und grünen Steinen geschmückt ist. Rot und Weiß sind die Farben der Hanse, sie werden von vielen ehemaligen Hansestädten geführt.

Die Flagge zeigt acht rote und weiße Streifen und zwei Reihen von Würfeln mit dem Wappen in der Mitte. Sie wird seit mindestens 1691 verwendet und wurde 1891 als Staatsflagge festgelegt.

Hamburg

Das Wappen der Freien und Hansestadt Hamburg, schon im 12./13. Jahrhundert verwendet, zeigt im roten Schild eine weiße Burgmauer mit drei Türmen. Der mittlere Turm mit Kuppel und Kreuz weist wohl auf die Hauptkirche St. Marien hin.

Über den beiden Türmen zur Rechten und zur Linken schwebt ein Stern. Die zinnenbewehrten Türme stehen für die Befestigung und damit für die Wehrhaftigkeit der mittelalterlichen Stadt. Hamburg hat das erste Gesetz über die Führung einer Flagge erlassen: 1270 wurde vorgeschrieben, dass Schiffe einen roten Wimpel zu führen haben. Heute zeigt die hamburgische Flagge die weiße Burg des Wappens auf rotem Grund.

Hessen

 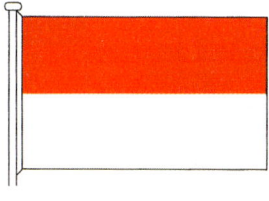

Das Wappentier des Landes Hessen, der silber-rot gestreifte Löwe im blauen Feld, ist identisch mit dem von Thüringen. Hessen war bis 1247 der westliche Teil der Landgrafschaft Thüringen. Nach der Trennung blieb der Löwe sowohl Thüringens als auch Hessens Wappenschild. Bis 1918 führte es der Großherzog von Hessen-Darmstadt. Der »Volksstaat« Hessen übernahm 1920 den Löwen als Staatswappen. Es ist 1948 auch das Wappen des Landes Hessen geworden. Auf dem Schild ruht heute ein aus einer Krone entstandenes Gebilde, es zeigt goldenes Laubwerk mit aus blauen Perlen gebildeten Früchten. Die Landesflagge zeigt die Farben des Wappenlöwen.

Mecklenburg-Vorpommern

Das Landeswappen zeigt einen schwarzen Stierkopf, der eine goldene Krone trägt, und einen roten Greifen auf silbernem Untergrund. Der Stierkopf war seit 1219 das Wappentier der verschiedenen mecklenburgischen Herrscherhäuser. Der Greif ist seit 1214 Wappen der pommerschen Herzöge und später der preußischen Provinz Pommern. Das große Landeswappen (ohne Abb.) ist viergeteilt; es enthält in zwei Feldern den Stierkopf, in den anderen den Greifen und den brandenburgischen Adler für die an Mecklenburg gelangten brandenburgischen Landesteile. Die Landesflagge kombiniert Mecklenburgs Farben Blau-Gelb-Rot mit dem pommerschen Blau-Weiß.

Niedersachsen

Das »Sachsenross« repräsentiert das alte Stammesherzogtum Sachsen, dessen Gebiet weitgehend dem heutigen Niedersachsen entspricht. Es ist ein uraltes Volkssymbol, anders als die meisten deutschen Länderwappen mithin nicht dynastischen Ursprungs.

Die welfischen Herzöge setzten das Sachsenross schon im 14. Jahrhundert in die Helmzier ihrer Wappen. Von 1714 an stand es im Wappen der Kurfürsten und Könige von Hannover, seit 1780 in dem des Herzogtums Braunschweig. Seit 1951 ist es das Wappen des Landes Niedersachsen.

Die Landesflagge zeigt die Farben Schwarz-Rot-Gold mit dem Landeswappen in der Mitte.

Rheinland-Pfalz

Im Landeswappen sind die Wappenbilder der drei wichtigsten Territorien vereint, die früher am Gebiet des heutigen Landes Anteil hatten: das rote Kreuz auf silbernem Grund des Erzbistums und Kurfürstentums Trier, das silberne Rad auf rotem Feld des Erzbistums und Kurfürstentums Mainz und der goldene Löwe mit roter Krone und roten Krallen auf schwarzem Feld der »Pfalzgrafen bei Rhein«. Auf dem Wappenschild ruht eine goldene »Volkskrone«, deren Blätter dem Weinlaub nachempfunden sind, ein Sinnbild der Volkssouveränität.

Die Landesflagge ist Schwarz-Rot-Gold mit dem Landeswappen in der oberen Ecke.

Nordrhein-Westfalen

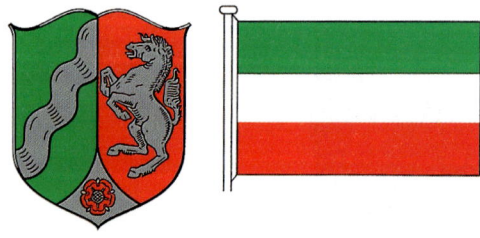

Das Wappen vereint die Wappenbilder der drei Landesteile, aus denen Nordrhein-Westfalen 1946/47 gebildet wurde. Der silberne Rhein im grünen Feld war das Wappen des preußischen Rheinlandes nach 1817. Das Sachsenross auf rotem Grund steht für Westfalen, das zum Siedlungsgebiet des sächsischen Stammes gehörte.

Im Unterschied zum sächsischen wird das »Westfalenross« steigend abgebildet. Die rote Rose mit dem goldenen Butzen und goldenen Kelchblättern im silbernen Feld ist das Wappenbild der Grafen von Lippe seit dem 13. Jahrhundert.

Die Flagge des Landes wurde aus den Farben des Wappens gebildet.

Saarland

Das Wappen des Saarlandes knüpft wie die Wappen anderer Bundesländer an die territoriale Gliederung der Zeiten des Heiligen Römischen Reiches Deutscher Nation an. Es ist aus den Wappenbildern der vier wichtigsten historischen Landesteile zusammengesetzt: Der silberne Löwe mit roter Zunge und goldener Krone auf blauem Feld ist das Wappen der Grafschaft Saarbrücken, das rote Kreuz auf Silber ist das Wappen von Kurtrier, der rote Balken mit drei silbernen Adlern auf goldenem Grund ist das Wappen der Herzöge von Lothringen, das vierte Feld zeigt den Pfälzer Löwen. Die Landesflagge hat die Farben der Bundesfahne mit dem Wappen in der Mitte.

Sachsen

 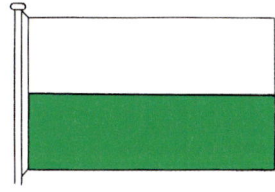

Das sächsische Wappen zeigt fünf schwarze Balken auf goldenem Grund mit einem schräg darübergelegten grünen Rautenkranz. Einen schwarzgoldenen Schild führten seit Ende des 11. Jahrhunderts die askanischen Herzöge von Sachsen.
Der Rautenkranz, ein Balken, der am oberen Rand mit vier stilisierten Blättern verziert ist, wurde hinzugefügt, um die sächsische Linie der Askanier von der anhaltinischen zu unterscheiden. Er wurde später als Ehrenkranz interpretiert.
Das Wappen wurde von den Wettinern bis 1918 und danach vom Freistaat Sachsen weitergeführt. Weiß-Grün sind die Farben des Königreichs Sachsen seit 1815. Die Tradition wurde beibehalten.

Schleswig-Holstein

Das Wappen vereint die Wappenbilder der beiden Landesteile: die zwei übereinander schreitenden Löwen, das Wappen von Schleswig, und ein silbernes »Nesselblatt« auf rotem Grund, das Wappenbild der Grafen von Holstein. Das »Nesselblatt« ist ein Schildbeschlag gewesen, der die Bretter des Schildes zusammenhielt. Zusammenstellungen der beiden Wappenbilder sind schon seit dem 14. Jahrhundert bekannt. Während der schleswig-holsteinischen Erhebung gegen Dänemark 1848/49 sollte es die Zusammengehörigkeit der »up ewig ungedeelten« (ungeteilten) Herzogtümer zum Ausdruck bringen.
Die Landesfarben Blau-Weiß Rot entstammen dem Wappen und gehen auf das Jahr 1843 zurück.

Sachsen-Anhalt

Das Landeswappen von Sachsen-Anhalt kombiniert Symbole aus den Wappen der früheren preußischen Provinz Sachsen und des Landes Anhalt. Die Provinz Sachsen führte seit 1816 das sächsische Wappen, in der Weimarer Republik zusätzlich mit dem preußischen Adler. Der Fuß des Wappenschildes zeigt einen Bären auf einer roten Zinnenmauer, der das Land Anhalt repräsentiert. Der Bär war seit dem 16. Jahrhundert das Wappen der Fürsten von Anhalt-Bernburg (Bärenburg) gewesen. Die Provinz Sachsen hatte Schwarz-Gelb als Landesfarben; da aber diese Farben schon von Baden-Württemberg geführt wurden, entschied sich der Landtag 1990 für Gelb-Schwarz.

Thüringen

 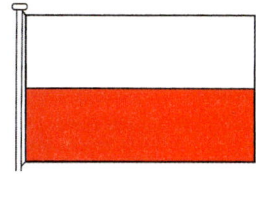

Das thüringische Landeswappen zeigt im blauen Feld einen golden gekrönten und bewehrten, achtfach rot und silbern quergestreiften Löwen, umgeben von acht silbernen Sternen. Den Löwen führten die thüringischen Landgrafen seit dem 12. Jahrhundert im Wappen, seit 1210 mit der Streifenteilung.
Die acht silbernen Sterne, die den Löwen auf blauem Grund umgeben, stehen für die sieben Kleinstaaten, aus denen Thüringen 1921 entstanden war, der achte für die später hinzugekommenen preußischen Gebietsteile.
Die weiß-rot gestreifte Landesflagge wurde 1921 geschaffen.

Die deutsche Nationalhymne

Zu den äußeren Zeichen der Verbundenheit des Bürgers mit seinem Staat gehört eine Hymne, die bei feierlichen Anlässen gemeinsam gesungen wird. Wie die Flagge der Bundesrepublik Deutschland geht auch die Nationalhymne auf die Zeit vor der Revolution von 1848 zurück: Der Text des »Liedes der Deutschen« wurde im Jahre 1841 auf der Insel Helgoland von August Heinrich Hoffmann von Fallersleben zu einer Melodie von Joseph Haydn verfasst. Er bringt angesichts der damaligen politischen Zersplitterung in Deutsch-

Einigkeit und Recht und Freiheit
Für das deutsche Vaterland!
Danach laßt uns alle streben
Brüderlich mit Herz und Hand!
Einigkeit und Recht und Freiheit
Sind des Glückes Unterpfand –
Blüh' im Glanze dieses Glückes,
Blühe deutsches Vaterland!

Presse- und Informationsamt der Bundesregierung

Nr. 89/S. 713   Bonn, den 27. August 1991

Bulletin

Das Deutschlandlied ist Nationalhymne der Bundesrepublik Deutschland

Briefwechsel zwischen Bundespräsident von Weizsäcker und Bundeskanzler Dr. Kohl

Der Bundespräsident und der Bundeskanzler haben folgenden Briefwechsel zur Nationalhymne für die Bundesrepublik Deutschland geführt:

Der Bundespräsident   Bonn, den 19. August 1991

An den
Bundeskanzler der
Bundesrepublik Deutschland
Herrn Dr. Helmut Kohl
Bonn

Sehr geehrter Herr Bundeskanzler,

die staatliche Einheit der Deutschen wurde rechtlich durch den Einigungsvertrag und den Beitritt der ehemaligen DDR zur Bundesrepublik Deutschland gemäß Artikel 23 des Grundgesetzes vollzogen.

Seit dem 3. Oktober 1990 gilt auch die Nationalhymne der bisherigen Bundesrepublik für das vereinte deutsche Volk.

Das „Lied der Deutschen", von Hoffmann von Fallersleben vor hundertfünfzig Jahren in lauteren Gedanken verfaßt, ist seither selbst der deutschen Geschichte ausgesetzt gewesen. Es wurde geachtet und bekämpft, als Zeichen der Zusammengehörigkeit und gemeinsamen Verantwortung verstanden, aber auch in nationalistischer Übersteigerung mißbraucht.

Als ein Dokument deutscher Geschichte bildet es in allen seinen Strophen eine Einheit.

Auf Grund des Briefwechsels zwischen Bundespräsident Heuss und Bundeskanzler Adenauer vom 29. April/2. Mai 1952 hat sich im Laufe der vergangenen Jahrzehnte die 3. Strophe des Liedes mit der Musik von Haydn als Hymne der Bundesrepublik Deutschland im Bewußtsein der Bevölkerung fest verankert.

Gerade in der Zeit der Teilung hat sie den tiefen Wunsch der Deutschen nach Rechtsstaatlichkeit und nach Einheit in Freiheit ausgedrückt.

Dieses Ziel haben sich unsere Landsleute in den Bundesländern Mecklenburg-Vorpommern, Brandenburg, Sachsen-Anhalt, Sachsen, Thüringen und im Ostteil von Berlin friedlich errungen.

Die 3. Strophe des Hoffmann-Haydn'schen Liedes hat sich als Symbol bewährt. Sie wird im In- und Ausland gespielt, gesungen und geachtet. Sie bringt die Werte verbindlich zum Ausdruck, denen wir uns als Deutsche, als Europäer und als Teil der Völkergemeinschaft verpflichtet fühlen.

Die 3. Strophe des Liedes der Deutschen von Hoffmann von Fallersleben mit der Melodie von Joseph Haydn ist die Nationalhymne für das deutsche Volk.

Mit freundlichen Grüßen

Ihr
R. Weizsäcker

Bundesrepublik Deutschland
Der Bundeskanzler   23. August 1991

An den
Bundespräsidenten der
Bundesrepublik Deutschland
Herrn Dr. Richard von Weizsäcker
Bonn

Sehr geehrter Herr Bundespräsident,

„Einigkeit und Recht und Freiheit" – mit diesem Dreiklang gelang es uns, nach 1949 die erfolgreichste rechtsstaatliche Demokratie unserer Geschichte zu gestalten und den Wunsch nach nationaler Einheit wachzuhalten.

Der Wunsch aller Deutschen, die Einheit ihres Vaterlandes in Freiheit zu vollenden, kam im Deutschlandlied besonders eindringlich zum Ausdruck.

Heute, nach der Wiedervereinigung Deutschlands, verpflichtet uns auch das Deutschlandlied, für die Menschen in den neuen Bundesländern eine rechtsstaatliche Ordnung zu verwirklichen.

Der Wille der Deutschen zur Einheit in freier Selbstbestimmung ist die zentrale Aussage der 3. Strophe des Deutschlandlieds. Deshalb stimme ich Ihnen namens der Bundesregierung zu, daß sie Nationalhymne der Bundesrepublik Deutschland ist.

Mit freundlichen Grüßen

Ihr
Helmut Kohl

Inhalt

land die Sehnsucht der deutschen Bevölkerung nach einem geeinten Vaterland zum Ausdruck. Nach dem Ersten Weltkrieg erhob der erste Reichspräsident der Weimarer Republik, Friedrich Ebert, das »Lied der Deutschen« zur deutschen Nationalhymne. Die erste Strophe des Deutschlandliedes wurde, vor allem auch im Ausland, vielfach verkannt und missdeutet. Der als Aufruf gemeinte Einleitungssatz dieser Strophe: »Deutschland, Deutschland über alles« konnte jedoch in der Zeit der politischen Uneinigkeit, in der Hoffmann von Fallersleben lebte, nur als ein Bekenntnis verstanden werden, für das noch nicht geschaffene einige Deutsche Reich die besten Kräfte und Gefühle einzusetzen. Im Jahre 1952 wurde in einem Briefwechsel zwischen dem ersten Bundespräsidenten, Theodor Heuss, und Bundeskanzler Konrad Adenauer das Lied wieder als Nationalhymne anerkannt. Adenauer: »Bei staatlichen Veranstaltungen soll die dritte Strophe gesungen werden.« Gerade ihr Text – »Einigkeit und Recht und Freiheit für das deutsche Vaterland« – hat den Anspruch aller Deutschen auf Verwirklichung ihrer staatlichen Einheit auch in den Jahrzehnten der Teilung wachgehalten. In ihrem Briefwechsel vom August 1991 bestätigten Bundespräsident Richard von Weizsäcker und Bundeskanzler Helmut Kohl diese Tradition des »Liedes der Deutschen« für das vereinigte Deutschland: »Als ein Dokument deutscher Geschichte bildet es in allen seinen Strophen eine Einheit … Die 3. Strophe des Liedes der Deutschen von Hoffmann von Fallersleben mit der Melodie von Joseph Haydn ist die Nationalhymne für das deutsche Volk.«

Europaflagge

Übernational ist die Flagge der Europäischen Union, das Symbol für Europa schlechthin. Sie ist blau mit einem Kreis von zwölf goldenen Sternen. Die Zahl der Sterne ist unveränderlich auf zwölf festgesetzt. Diese Zahl soll im Anschluß an antike und christliche Vorstellungen Vollkommenheit und Vollständigkeit versinnbildlichen.
Die blaue Europaflagge ist 1955 vom Europarat geschaffen worden. 1985 wurde sie als Flagge der Europäischen Gemeinschaft übernommen.

Stichwortverzeichnis

Bildnachweis:
Archiv für Kunst und Geschichte, Berlin: 6, 24
Archiv Gerstenberg, Wietze: 10 (rechts)
©artur/Jörg Hempel/ Köln: 19
Bildarchiv Preußischer Kulturbesitz, Berlin: 10 (links), 18, 94, 135
Bundesarchiv: 14
Bundesbildstelle, Berlin: 12, 13, 30, 45, 46, 47 (oben), 53, 58, 61, 78, 80 (oben u. unten), 81 (oben), 83 (oben u. unten), 84 (oben u. unten), 85 (oben), 86, 131
Bundesministerium der Finanzen, Berlin: 105, 128 (links)
Bundesministerium der Verteidigung, Bonn: 103 (oben)
Bundesrechnungshof, Bonn: 92
Deutsche Presse-Agentur, Frankfurt: 9 (oben), 22, 28 (oben), 40, 49 (oben), 81 (unten), 85 (unten), 87, 103 (unten), 107, 115, 130 (oben u. unten), 133, 141 (unten)
Deutscher Bundestag, Berlin: 64, 66
Europäische Kommission, Vertretung in der Bundesrepublik Deutschland, Berlin: 121 (oben u. unten), 127 (unten)
Europäisches Parlament, Informationsbüro für Deutschland, Berlin: 127 (oben)
Europäisches Währungsinstitut, 1997/Europäische Zentralbank/1998, Frankfurt: 128 (unten)
©Andreas Froese, Berlin (Umschlagvorderseite)
Hoffmann-von-Fallersleben-Gesellschaft e.V., Wolfsburg: 141 (oben)
Kreativwettbewerb der Zeitungen in Deutschland 1994, »Wählen gehen«, Regionalpresse, Zeitungs Marketing Gesellschaft/ZMG, Frankfurt: 9 (unten und Umschlagrückseite)
Landtag Nordrhein-Westfalen, Düsseldorf: 77 (Bernd Schälte)
Rudolf Riedl, Bonn: 26, 49 (unten)
Norbert Simianer, Ostfildern: 28 (unten), 47 (unten)
Stadt Bochum: 100 (oben)
Getty Images/Ken Fisher: 31

©studio kohlmeier, Berlin: 57, 60
SV-Bilderdienst, München: 35, 68, 70
Ullstein Bilderdienst, Berlin: 7, 11, 71, 97 (oben) Jochen Kenke, 97 (unten) Hans-Peter Merten, 100 (unten) Harald Lange
Wahlplakate S. 36/37: Konrad-Adenauer-Stiftung, Friedrich-Ebert-Stiftung, Friedrich-Naumann-Stiftung

Schaubilder:
Wilhelm Heyne Verlag, München: 117
Wolfgang Rudzio, Oldenburg: 43
Societäts-Verlag, Frankfurt: 44
Verlag J.H.W. Dietz, Bonn: 35 (unten)
Wissenschaftsverlag Volker Spiess, Berlin: 38
Europäische Kommission, Vertretung der Bundesrepublik Deutschland, Berlin: 124

Die Schaubilder auf S. 29, 33 (unten), 35, 61, 65, 69, 74, 79, 82, 93, 108, 109, 110, 111, 112, 116, 124, 129 und 132 wurden nach Erich Schmidt Verlag Zahlenbilder gestaltet und teilweise nach eigenem Ermessen verändert. Wir danken für die Überlassung der Nutzungsrechte.

Die Schaubilder auf S. 33 (oben), 39 und 126 (oben) wurden nach Globus Kartendienst GmbH gestaltet und teilweise nach eigenem Ermessen verändert. Wir danken für die Überlassung der Nutzungsrechte.

Karikaturen:
Walter Hanel: 51
Paul Labowsky: 54
Burkhard Mohr: 5, 8, 23, 67, 76, 89, 113, 119, 142
Ivan Steiger: 48
Dr. Jan Tomaschoff: 95
Günther Kellner, Unterrichtsbogen zum aktuellen Wirtschaftsgeschehen, Hans Krohn Verlag, Bremen: 43